船舶原理与性能计算

主　编　张远双　容　琼
主　审　吴春芳

哈尔滨工程大学出版社
Harbin Engineering University Press

内容简介

全书内容分为两个部分，第一部分为船舶静力学，研究船舶在不同情况下的浮性、稳性和抗沉性等问题，同时介绍了几种近似计算的方法，并附有计算实例；第二部分为船舶动力学，对船舶的阻力、推进、操纵及摇摆等问题进行了简要介绍。

本书适用于高等职业院校船舶类专业师生教学使用，也可供有关专业教师在教学时参考。

图书在版编目(CIP)数据

船舶原理与性能计算 / 张远双，容琼主编. —哈尔滨 : 哈尔滨工程大学出版社，2023. 12
ISBN 978-7-5661-4065-4

Ⅰ. ①船… Ⅱ. ①张… ②容… Ⅲ. ①船舶原理 ②船舶性能-计算 Ⅳ. ①U661

中国国家版本馆 CIP 数据核字(2023)第 212071 号

船舶原理与性能计算
CHUANBO YUANLI YU XINGNENG JISUAN

选题策划 雷 霞
责任编辑 雷 霞
封面设计 李海波

出版发行 哈尔滨工程大学出版社
社 址 哈尔滨市南岗区南通大街 145 号
邮政编码 150001
发行电话 0451-82519328
传 真 0451-82519699
经 销 新华书店
印 刷 哈尔滨午阳印刷有限公司
开 本 787 mm×1 092 mm 1/16
印 张 12. 75
字 数 320 千字
版 次 2023 年 12 月第 1 版
印 次 2023 年 12 月第 1 次印刷
定 价 ISBN 978-7-5661-4065-4
定 价 42. 00 元
http://www. hrbeupress. com
E-mail:heupress@ hrbeu. edu. cn

前　　言

高职船舶工程技术专业群的人才培养方案明确指出，主要培养从事船舶设计与制造等岗位的高素质技术技能型人才，要求学生掌握船舶总体设计的基本原理和基本方法，具备船舶航海性能分析和计算等方面的基本能力。

为实现人才培养目标，贯彻落实《职业教育提质培优行动计划（2020—2023 年）》的重要精神，编者结合“双高”建设的特点和需要，组织编写了《船舶原理与性能计算》教材，该教材是船舶工程技术等专业的专业标准制订和课程建设的重要组成部分，适合作为高职船舶工程技术类专业的教材。

《船舶原理与性能计算》为纸质活页式教材，以“高等数学”“机械工程基础”和“船体识图与制图”等课程为基础，系统介绍了船舶航海性能分析与计算的基本原理和基本方法。其主要内容包括船舶浮性、稳性、抗沉性、快速性、操纵性和耐波性的基本概念、基本原理及基本分析计算方法等，为学生进一步学习“船舶总体设计”“船体强度与结构设计”“船体生产设计”等核心专业课程奠定了良好的基础。

本书由武汉船舶职业技术学院的张远双、容琼担任主编，负责组稿和统稿，由郭佳、郑兰、刘建全、黄迎春、王佩瑜参编。武汉船舶职业技术学院的吴春芳对本书进行了审核并提出了宝贵意见，在此一并表示衷心的感谢！

本书的编写出版和与之相配套的课程建设，是该课程教学内容和教学方法改革的一种尝试，殷切希望广大师生在今后的教学实践中提出宝贵意见，以便不断改进。

编　者

2022 年 3 月

目　　录

绪论 ………………………………………………………………………… 1

项目一　船体形状及近似计算 ……………………………………………… 2

第一节　主尺度、船型系数和尺度比 …………………………………… 2

第二节　船体计算的数值积分法 ………………………………………… 7

第三节　数值积分法在船体计算中的应用实例 ………………………… 11

项目二　浮性 ……………………………………………………………… 20

第一节　浮性概述 ………………………………………………………… 20

第二节　船舶质量和重心位置的计算 …………………………………… 23

第三节　船舶在正浮状态下排水体积和浮心位置的计算 ……………… 25

第四节　浮性曲线 ………………………………………………………… 28

第五节　船舶在纵倾状态下排水体积和浮心位置的计算 ……………… 32

第六节　船舶在纵倾和横倾状态下排水体积和浮心位置的计算 ……… 34

第七节　水密度改变时船舶浮态的变化 ………………………………… 35

第八节　储备浮力及载重线标志 ………………………………………… 36

项目三　初稳性 …………………………………………………………… 42

第一节　稳性概述 ………………………………………………………… 42

第二节　浮心的移动、稳心和稳心半径 ………………………………… 45

第三节　初稳性公式和稳性高度 ………………………………………… 49

第四节　船舶静水力曲线图 ……………………………………………… 52

第五节　载荷移动对船舶浮态及初稳性的影响 ………………………… 54

第六节　装卸载荷对船舶浮态及初稳性的影响 ………………………… 59

第七节　自由液面对船舶初稳性的影响 ………………………………… 64

第八节　悬挂重物对船舶初稳性的影响 ………………………………… 67

第九节　船舶在各种装载情况下浮态及初稳性的计算 ………………… 68

第十节　船舶倾斜试验简介 ……………………………………………… 71

项目四　大倾角稳性 ……………………………………………………… 75

第一节　大倾角稳性概述 ………………………………………………… 75

第二节　静稳性曲线的计算 ……………………………………………… 77

第三节　静稳性曲线的特征 ……………………………………………… 81

第四节　动稳性 …… 84
第五节　稳性衡准 …… 91
第六节　稳性的影响因素和改善稳性的措施 …… 94
项目五　抗沉性 …… 98
第一节　抗沉性概述 …… 98
第二节　舱室进水后船舶浮态及稳性的计算 …… 100
第三节　可浸长度的计算 …… 107
第四节　分舱因数及许用舱长 …… 114
项目六　流体力学基础 …… 116
第一节　流体力学的基本概念 …… 116
第二节　流体力学的基本方程 …… 120
项目七　船舶阻力 …… 123
第一节　船舶阻力的分类及成因 …… 123
第二节　估算阻力的近似方法 …… 130
第三节　船舶阻力相似理论和阻力换算 …… 134
第四节　船舶摩擦阻力的计算 …… 140
项目八　船舶推进 …… 145
第一节　概述 …… 145
第二节　螺旋桨几何特征 …… 146
第三节　螺旋桨的理论基础 …… 151
第四节　螺旋桨的工作原理 …… 158
第五节　螺旋桨模型的敞水试验 …… 165
第六节　螺旋桨与船体的相互影响 …… 168
项目九　操纵性简介 …… 177
第一节　操纵性概述 …… 177
第二节　船舶回转运动 …… 178
第三节　改善操纵性的措施 …… 183
项目十　耐波性简介 …… 189
第一节　耐波性概述 …… 189
第二节　船舶横摇 …… 192
第三节　减摇装置 …… 194
参考文献 …… 197

绪　论

《船舶原理与性能计算》以船舶原理为基础理论，对船舶的航行性能进行分析研究。船舶的航行性能包括以下六个方面：

（1）浮性：船舶在一定装载情况下浮于一定水平位置的能力而不致沉没。

（2）稳性：在外力作用下船舶发生倾斜而不致倾覆，当外力的作用消失后仍能回复到原来平衡位置的能力。

（3）抗沉性：当船体破损，海水进入舱室时，船舶仍能保持一定的浮性和稳性而不致沉没或倾覆的能力。

（4）快速性：船舶在主机额定功率下，以一定速度航行的能力。

（5）耐波性：也称适航性，指船舶在风浪海况下航行时的运动性能。

（6）操纵性：船舶在航行中按照驾驶者的意图保持既定航向的能力（即航向稳定性）或改变航行方向的能力（即回转性）。

船舶原理通常分为船舶静力学和船舶动力学两大部分。前者以流体静力学为基础，研究船舶的浮性、稳性及抗沉性等，后者以流体动力学为基础，研究船舶的阻力、推进、摇摆及操纵等。通过对船舶性能的计算分析，探讨船舶如何获得优良的航行性能。

判断是否具有优良的航行性能包括以下几方面：船舶是否具有合理的浮态和足够的稳性；是否属低阻力的优良船型；推进器的效率是否最佳；推进器与船体及主机是否匹配；是否具有良好的航向稳定性和回转性；在风浪中航行时是否会产生剧烈的摇摆运动、砰击、甲板上浪及失速等。在实际造船工作中，判断船舶是否具有优良的航行性能是有一定衡量指标的，有些指标是考虑到航海安全而由船级社乃至国际组织规定必须满足的硬指标，有些指标则是根据与长期积累的优秀船型资料相比较而确定的。

所有这些指标都和船舶的主要尺度、船体形状、装载情况等密切相关。因此，《船舶原理与性能计算》中所讨论的众多问题，都是船舶设计、建造和营运乃至新型船舶的研究开发需要用到的专业基础知识。

项目一

船体形状及近似计算

● 学习目标

知识目标

1. 掌握船体主尺度、船型系数等船形参数的定义及几何意义；
2. 理解船体近似计算法的基本原理；
3. 掌握梯形法、辛氏法的计算公式；
4. 理解曲线端点修正方法。

能力目标

1. 能够根据给出的相关数据计算船型系数；
2. 能运用梯形法和辛氏法进行船体水线面和横剖面的近似计算。

第一节　主尺度、船型系数和尺度比

船体形状对于船舶的性能(特别是航行性能)有很大的影响。在研究船舶性能之前，首先要了解船体形状(船体外形曲面)的定义和表示方法，即船体主要要素的定义及船体外形的图形表示方法。

船体主要要素:主尺度、船形系数和尺度比,是表示船体大小、形状、肥瘦程度的几何参数,这些参数对于船舶设计、建造、使用和分析性能十分有用。

船体外形可用投影到三个相互垂直的基本平面来表示。这三个基本投影平面称为主坐标平面,如图 1-1(a)所示。它们分别是中线面、中站面和基平面。

(1)中线面:通过船宽中央的纵向垂直平面,它把船体分为左右两部分,在极大多数情况下中线面也是船体的对称面。

(2)中站面:通过船长(垂线间长或设计水线长)中点的横向垂直平面,它把船体分为艏、艉两部分。

(3)基平面:通过中线面和中站面交线上的船底板上缘平行于设计水线面的平面。它与中线面、中站面相互垂直。基平面与中线面的交线称为基线。

船体外形曲面与中线面的截面称为中纵剖面，船体外形曲面与中站面的截面称为中横剖面，船体外形曲面与位于基平面以上设计吃水处并与基平面平行的截面称为设计水线面，如图 1-1(b)所示。

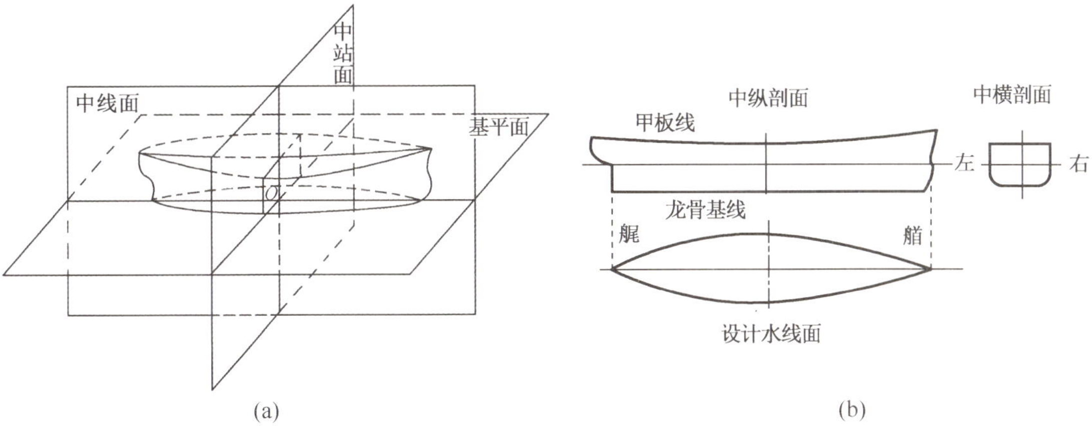

图 1-1　主坐标平面

一、船舶主尺度

船舶是一个空间几何体，它在空间所占的位置就如其他规则几何体一样，由它的某些尺度来表征，这些尺度称为船舶主尺度。

钢船船体外板的内表面称为船体的型表面。量到型表面的尺度，称为型尺寸。钢质船舶主要尺度的数字通常都是指型尺寸。

如图 1-2 所示，船舶的主尺度有以下几个。

1. 船长 L

通常选用的船长有三种，即总长、垂线间长和设计水线长。

(1) 总长 L_{OA}：自船首最前端至船尾最后端的水平距离。

(2) 垂线间长 L_{PP}：艏垂线与艉垂线之间的水平距离。艏垂线是通过设计水线与艏柱前缘的交点所作的垂线（垂直于设计水线面）；艉垂线一般在舵柱的后缘，如无舵柱，则取在舵杆的中心线上。一般情况下，如无特别说明，习惯上所说的船长常指垂线间长。

(3) 设计水线长 L_{WL}：设计水线在艏柱前缘和艉柱后缘之间的水平距离。

在船舶静水力性能计算中一般采用垂线间长 L_{PP}，在分析阻力性能时常用设计水线长 L_{WL}，而在船进坞、靠码头或通过船闸时应注意它的总长 L_{OA}。

2. 型宽 B

型宽指船体两侧型表面（不包括船体外板厚度）之间垂直于中线面的水平距离，一般指中横剖面设计水线处的宽度。最大船宽是指包括外板和伸出两舷的永久性固定突出物如护舷材、舷伸甲板等在内，并垂直于中线面的最大水平距离。

3. 型深 D

型深是在上甲板边线最低点处，自龙骨板上表面（即基线）至上甲板边线的垂直距离。

通常，甲板边线的最低点在中横剖面处。

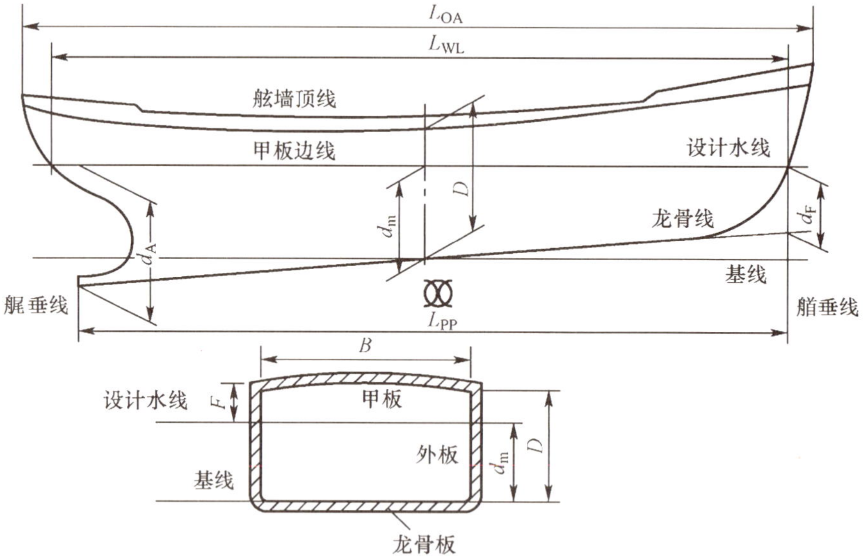

图 1-2　特征尺度定义

4. 吃水 d

吃水是基线至设计水线的垂直距离。有些船，设计的艏、艉吃水不同，则有艏吃水、艉吃水及平均吃水，当不指明时，吃水是指平均吃水，即

$$d=\frac{d_F+d_A}{2} \tag{1-1}$$

式中　d——平均吃水，也就是中横剖面处的吃水 d_m；

d_F——艏吃水，沿艏垂线自设计水线至龙骨线的延长线之间的距离；

d_A——艉吃水，沿艉垂线自设计水线至龙骨线的延长线之间的距离。

5. 干舷 F

干舷是在船侧中横剖面处自设计水线至上甲板边板上表面的垂直距离。因此，干舷 F 等于型深 D 与吃水 d 之差再加上甲板及其敷料的厚度。

二、船型系数

船舶的主尺度只能粗略地表示其几何特征，而具有相同尺度的两艘船，它们的几何特征可能有显著的差别，而船型系数能进一步表明船的几何特征，同时又与船舶的航行性能有更紧密的联系。常用的船型系数有如下几个。

1. 水线面系数 C_{WP}

C_{WP} 是与基平面相平行的任一水线面的面积 A_W 与由船长 L、型宽 B 所构成的矩形面积之比（图 1-3(a)），即

$$C_{WP}=\frac{A_W}{LB} \tag{1-2}$$

它的大小表示水线面的肥瘦程度。通常情况下 C_{WP} 指设计水线面系数。

2. 中横剖面系数 C_M

C_M 是中横剖面在水线以下的面积 A_M 与由型宽 B、吃水 d 所构成的矩形面积之比（图 1-3(b)），即

$$C_M=\frac{A_M}{Bd} \tag{1-3}$$

它的大小表示水线以下的中横剖面的肥瘦程度。

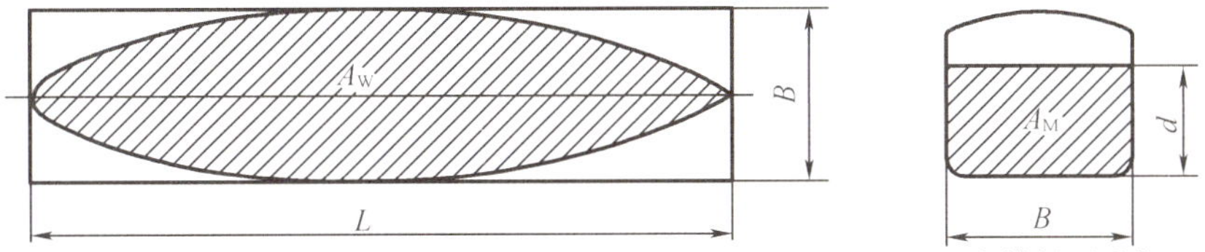

(a)水线面系数　　(b)中横剖面系数

图 1-3　水线面系数和中横剖面系数

3. 方形系数 C_B

C_B 是船体水线以下的型排水体积∇与由船长 L、型宽 B、吃水 d 所构成的长方体体积之比（图 1-4），即

$$C_B=\frac{\nabla}{LBd} \tag{1-4}$$

它的大小表示船体水下体积的肥瘦程度。

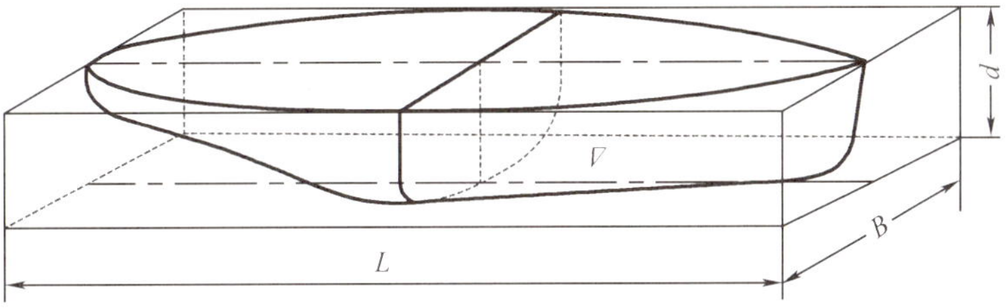

图 1-4　方形系数

4. 棱形系数 C_P

C_P 是船体水线以下的型排水体积∇与由相对应的中横剖面面积 A_M、船长 L 所构成的棱柱体体积之比（图 1-5），即

$$C_P=\frac{\nabla}{A_M L}=\frac{\nabla}{C_M BdL}=\frac{C_B}{C_M} \tag{1-5}$$

它的大小表示排水体积沿船长方向的分布情况。C_P 又称纵向棱形系数。

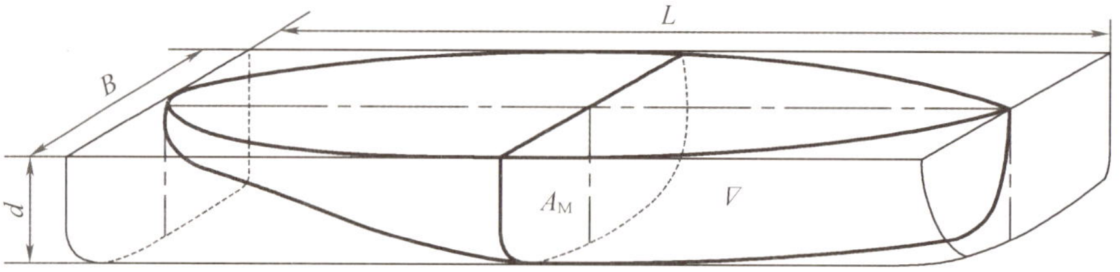

图 1-5　棱形系数

5. 垂向棱形系数 C_{VP}

C_{VP} 是船体水线以下的型排水体积∇与由相对应的水线面面积 A_W、吃水 d 所构成的棱柱体体积之比(图 1-6),即

$$C_{VP}=\frac{\nabla}{A_W d}=\frac{\nabla}{C_{WP}LBd}=\frac{C_B}{C_{WP}} \tag{1-6}$$

它的大小表示排水体积沿吃水方向的分布情况。

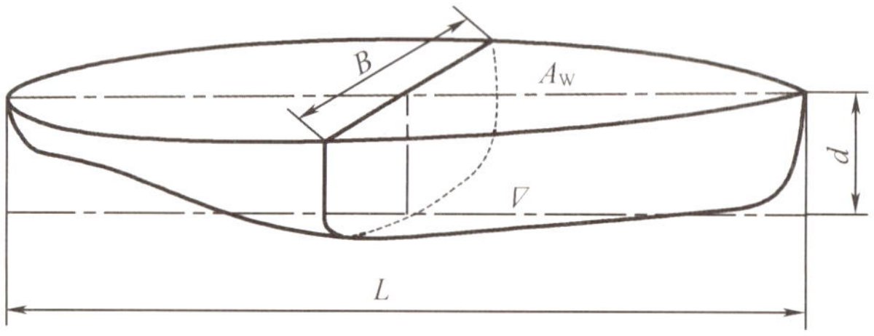

图 1-6　垂向棱形系数

上述各系数的定义,如无特别指明,通常都是指设计水线处而言。在计算不同水线处的各系数时,其船长和船宽常用垂线间长(或设计水线长)和设计水线宽,如最大横剖面不在船中处,则应取最大横剖面处的有关数据。吃水则取所计算水线处的吃水值。

三、尺度比

除上述船型系数外,还经常采用尺度比来反映主尺度之间的关系,并利用这些比值来预估船体各项性能之差异。与船舶航行性能有密切关系的主要尺度比值有如下几个。

(1) 长宽比 L/B:与船的快速性有关。该比值越大,船越细长,在水中航行时所受的阻力越小,特别是高速航行时。

(2) 船宽吃水比 B/d:与船的稳性、快速性和航向稳定性有关。

(3) 型深吃水比 D/d:与船的稳性、抗沉性、船体的坚固性及船体的容积密切相关。

(4) 船长吃水比 L/d:与船的回转性有关,比值越小,船越短小,回转越灵活。

表 1-1 是各类船舶的尺度比值和船型系数的大致范围。

表 1-1　各类船舶的尺度比值和船型系数的大致范围

船舶类型	尺度比值			船型系数		
	L/B	B/d	D/d	C_{WP}	C_M	C_B
远洋客船	8~10	2.4~2.8	1.6~1.8	0.75~0.82	0.95~0.96	0.57~0.71
沿海客货船	6~7.5	2.7~3.8	1.5~2.0	0.70~0.80	0.85~0.96	0.50~0.68
远洋货船	6~8	2.0~2.4	1.1~1.5	0.80~0.85	0.95~0.98	0.70~0.78
拖船	3~6.5	2.0~2.7	1.2~1.6	0.72~0.80	0.79~0.90	0.46~0.60
渔船	5~6	2.0~2.4	1.1~1.3	0.76~0.81	0.77~0.83	0.50~0.62
油船	4.8~7.5	2.1~3.4	1.1~1.5	0.73~0.87	0.98~0.99	0.63~0.83

第二节　船体计算的数值积分法

在船舶性能计算中，经常需要计算各种封闭曲线的面积和几何要素，如横剖面及水线面的面积及形心、水线面面积曲线的面积及形心（即排水体积及浮心）和水线面面积的惯性矩等。这些计算统称为船体计算，是船舶设计中的基础工作之一。理论上来说，这些计算都可以用定积分直接计算，但由于船体型线通常不能用解析式表达，因此一般都是根据型线图（或型值表）用数值积分方法来进行近似计算。在船体计算中，最常用的数值积分法有梯形法、辛氏法、切比雪夫法和样条曲线积分等。本节主要讨论前两种数值积分法的计算原理及计算公式。

一、梯形法

1. 计算原理

以折线近似代替原积分曲线。

2. 计算公式

如图 1-7 所示，设某一计算曲线 AB，曲线 AB 下所围面积为 A，其定积分式为

$$A=\int_a^b y\mathrm{d}x \tag{1-7}$$

式中，被积函数 $y=f(x)$。

利用梯形法求曲线 AB 下所围的面积，就是求曲线 $y=f(x)$ 所围面积 A。将面积 A 分割为若干等份 $A_1,A_2,\cdots,A_n$（图 1-7 分为 n 等份，横向坐标间距均为 l），用多条折线近似地表示曲线 $y=f(x)$，而折线下所围的面积，则是曲线 $y=f(x)$ 下所围面积的近似值。图中每一梯形的面积为

$$\frac{l}{2}(y_0+y_1),\frac{l}{2}(y_1+y_2),\frac{l}{2}(y_2+y_3),\cdots,\frac{l}{2}(y_{n-1}+y_n) \tag{1-8}$$

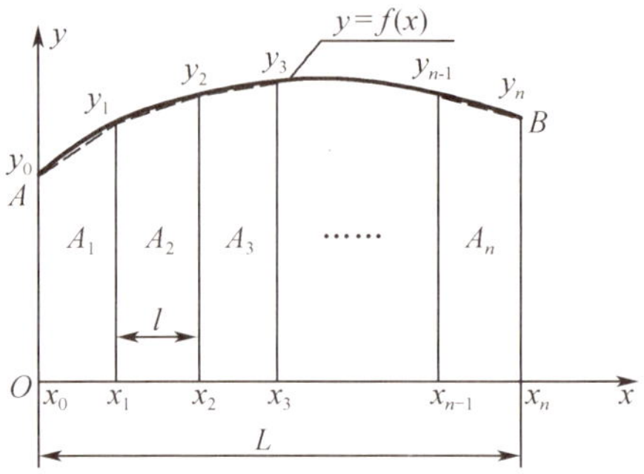

图 1-7　梯形法

故曲线 AB 下所围面积为

$$A=\int_0^n y\mathrm{d}x=l\left[\sum_{i=0}^{n}y_i-\frac{1}{2}(y_0+y_n)\right]=\sum \tag{1-9}$$

式中　$\sum\limits_{i=0}^{n}y_i$——各纵坐标(修正前)总和用 $\sum'$ 表示;

$\sum=\sum\limits_{i=0}^{n}y_i-\varepsilon$——各纵坐标修正后总和,其中 $\varepsilon=\frac{1}{2}(y_0+y_n)$ 为修正值。

3. 近似计算表格

梯形法在近似计算中,常采用规范格式的表格进行计算,一般格式如表 1-2 所示,变上限积分时的表格格式以后学习。

表 1-2　梯形法近似计算表格

坐标号	坐标值
0	y_0
1	y_1
2	y_2
⋮	⋮
$n-1$	y_{n-1}
n	y_n
修正前总和	$\sum'$
修正值	ε
修正后总和	$\sum$

(1)积分距间 l 必须是等分的;

(2)在船体计算中,对于水线面等的等分数一般为 10 或 20(即垂线间长的等分数),对于横剖面等的等分数为水线间距数。

(3)在船体计算中,等分距间大小在不同要素计算中可以是站距、水线间距等。

(4)被积函数 y 在计算不同要素时有不同的含义,如:

①计算水线面或中横剖面面积时为半宽值；

②计算排水体积时为水线面面积；

③计算惯性矩时，可以是 x^2y 或 y^3。

(5) 近似计算公式中，"0"表示积分的起点，"n"表示积分的终点。应用此公式时，具体问题具体分析。

二、辛氏法

梯形法系假设计算曲线为折线。若假设设计曲线为抛物线，则称为抛物线法。利用抛物线导出计算曲线下所围面积的公式较多，常用的有辛氏法。

1. 计算原理

以二次或三次抛物线近似代替原积分曲线。

以二次抛物线近似代替原曲线的计算方法称为辛浦生一法，以三次抛物线近似代替原曲线的计算方法称为辛浦生二法。

船体的大部分曲线事实上是与抛物线相近的，因此辛浦生法的计算结果精度较高，得到了广泛应用。

2. 计算公式

(1) 辛浦生一法

如图 1-8 所示，设某一计算曲线 AB，曲线 AB 下所围面积为 A，其定积分式为

$$A = \int_a^b y\mathrm{d}x \tag{1-10}$$

式中，被积函数 $y=f(x)$。

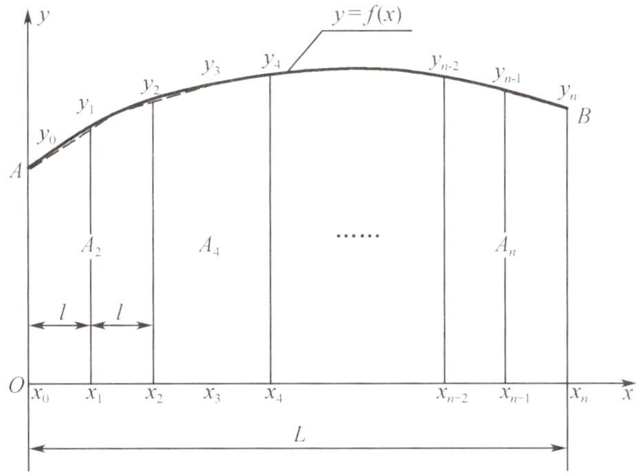

图 1-8　辛浦生一法

利用辛浦生一法求曲线 AB 下所围的面积，就是求曲线 $y=f(x)$ 所围面积 A。将面积 A 分割为若干等份 $A_2, A_4, \cdots, A_n$(图 1-8 分为 n 等份，横向坐标间距均为 l)，用多条二次抛物线近似地表示曲线 $y=f(x)$，而抛物线下所围的面积，则是曲线 $y=f(x)$ 下所围面积的近似值。

故曲线 AB 下所围面积为

$$A=\frac{l}{3}(y_0+4y_1+2y_2+4y_3+2y_4+\cdots+2y_{n-2}+4y_{n-1}+y_n)=\frac{l}{3}\sum \quad (1-11)$$

式中 $\sum=y_0+4y_1+2y_2+4y_3+2y_4+\cdots+2y_{n-2}+4y_{n-1}+y_n$

[1,4,2,4,2,…,2,4,1]称为辛氏乘数,记作 S·M;

辛浦生一法,简称【1,4,1】法。

(2)辛浦生二法

与辛浦生一法类似,以三次抛物线近似代替原曲线的计算,求曲线 AB 下所围的面积,即

$$A=\frac{3}{8}l(y_0+3y_1+3y_2+2y_3+\cdots+2y_{n-3}+3y_{n-2}+3y_{n-1}+y_n)=\frac{3}{8}l\sum \quad (1-12)$$

式中 $\sum=y_0+3y_1+3y_2+2y_3+\cdots+2y_{n-3}+3y_{n-2}+3y_{n-1}+y_n$

[1,3,3, 2,…,2,3,3,1]称为辛氏乘数,记作 S·M。

辛浦生二法,简称【1,3,3,1】法。

3. 近似计算表格

辛浦生法在近似计算中,也采用表格的形式。一般格式如表 1-3、表 1-4 所示。

表 1-3 辛浦生一法近似计算表格

坐标号	坐标值	S·M	乘积
0	y_0	1	y_0
1	y_1	4	$4y_1$
2	y_2	2	$2y_2$
3	y_3	4	$4y_3$
⋮	⋮	⋮	⋮
$n-2$	y_{n-2}	2	$2y_{n-2}$
$n-1$	y_{n-1}	4	$4y_{n-1}$
n	y_n	1	y_n
总和			$\sum$

表 1-4 辛浦生二法近似计算表格

坐标号	坐标值	S·M	乘积
0	y_0	1	y_0
1	y_1	3	$3y_1$
2	y_2	3	$3y_2$
3	y_3	2	$2y_3$
4	y_4	3	$3y_4$
⋮	⋮	⋮	⋮

表 1-4(续)

坐标号	坐标值	S·M	乘积
$n-3$	y_{n-3}	2	$2y_{n-3}$
$n-2$	y_{n-2}	3	$3y_{n-2}$
$n-1$	y_{n-1}	3	$3y_{n-1}$
n	y_n	1	y_n
总和			$\sum$

若计算曲线是二次或三次抛物线时，则用辛浦生一法或二法求出的面积，即为计算曲线下所围面积的精确值，否则就为其近似值。与梯形法相比，辛氏法的计算较为烦琐，但在相同的等分间距下，它的精确度较高，所以在船体计算中也被广泛采用。

第三节　数值积分法在船体计算中的应用实例

一、图形面积及其形心位置

数值积分法如图 1-9 所示。

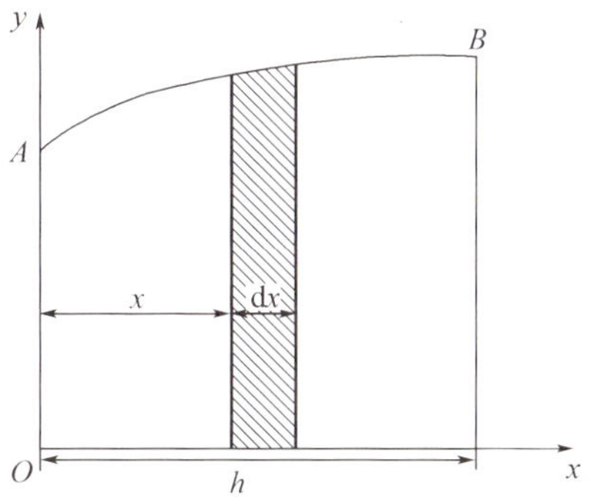

图 1-9　数值积分法

1. 曲线 $\overset{\frown}{AB}$ 所包围的面积 $A=\int_0^h y\mathrm{d}x$。

2. 面积 A 对 Oy 轴的静矩 $M_{Oy}=\int_0^h xy\mathrm{d}x$。

3. 面积 A 对 Ox 轴的静矩 $M_{Ox}=\dfrac{1}{2}\int_0^h y^2\mathrm{d}x$。

4. 面积 A 的形心位置 $G(x,y,z)$：$x=\dfrac{M_{Oy}}{A}$，$y=\dfrac{M_{Ox}}{A}$。

二、图形面积对纵、横轴的惯性矩

1. 面积 A 对 Oy 轴的惯性矩 $I_y=\int_0^h x^2y\mathrm{d}x$。

2. 面积 A 对 Ox 轴的惯性矩 $I_x=\dfrac{1}{3}\int_0^h y^3\mathrm{d}x$。

3. 面积 A 对通过形心 G 的横轴(平行于 Ox 轴)的纵向惯性矩 $I_{yG}=I_y-Ax^2$。

4. 面积 A 对通过形心 G 的纵轴(平行于 Oy 轴)的横向惯性矩 $I_{xG}=I_x-Ay^2$。

下面举几个例子来说明近似计算方法在船舶中的具体应用。

三、沿船长方向积分——水线面面积 A_W

最典型的实例是有关水线面的计算，即计算水线面面积 A_W、漂心（水线面的形心、水线面的几何中心）$F(x_F,y_F,z_F)$、水线面系数 C_{WP} 以及惯性矩 I_T 和 I_L。在造船中水线面面积 A_W 的形心称为漂心。由于水线面是左右对称的，其面积形心总是在中纵剖面上，因此只需计算其纵向位置 x_F。

1. 水线面面积 A_W

图 1-10 表示船舶在某一吃水时的水线面，由于水线面对称于中纵剖面，所以通常只给出水线面的一半，习惯上把 Oy 轴放在左舷。在进行计算时，一般将船长 L 分成 20 等份，即取 21 个站，间距 $\delta l=L/20$，站号从船尾至船首依次编为 0 至 20，各站相应的半宽为 y_0，y_1，y_2，…，y_{19}，y_{20}。

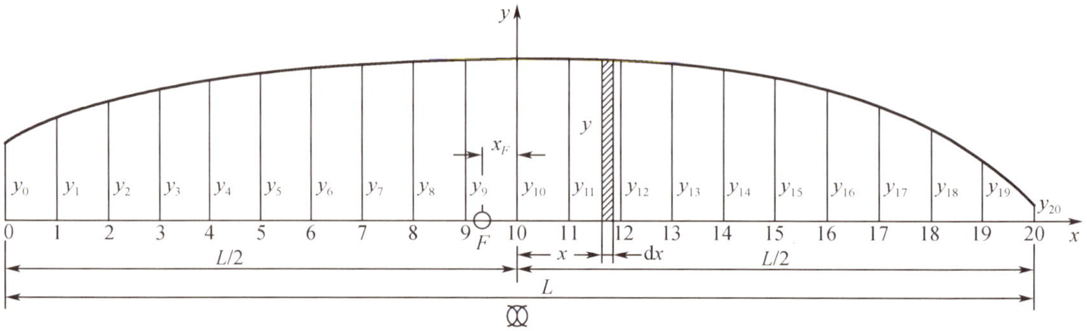

图 1-10 水线面

由图 1-10 可知，

$$A_W=2\int_{-\frac{L}{2}}^{\frac{L}{2}}y\mathrm{d}x=2l\left(\sum_{i=0}^{20}y_i-\frac{y_0+y_{20}}{2}\right) \tag{1-13}$$

2. 水线面漂心 $F(x_F,y_F,z_F)$

漂心 $F(x_F,y_F,z_F)$ 中：

$y_F=0$（水线面左右对称）；

$z_F=d$（d 为计算水线面的吃水值）。

在用梯形法进行计算时，水线面面积 A_W、漂心纵向坐标 x_F 及水线面系数 C_{WP} 的表达式可写成：

$$A_W=2\int_{-\frac{L}{2}}^{\frac{L}{2}}y\mathrm{d}x\approx 2l\sum{}'y_i \tag{1-14}$$

式中 $$\sum{}'y_i=y_0+y_1+\cdots+y_{19}+y_{20}-\frac{y_0+y_{20}}{2}$$

即计入艏、艉修正项的累加和。

$$M_{Oy}=2\int_{-\frac{L}{2}}^{\frac{L}{2}}xy\mathrm{d}x\approx 2l^2\sum{}'k_iy_i \tag{1-15}$$

式中

$$\sum{}'k_iy_i=0\cdot y_{10}+1\cdot(y_{11}-y_9)+2\cdot(y_{12}-y_8)+\cdots+9\cdot(y_{19}-y_1)+$$

$$10\cdot(y_{20}-y_0)-\frac{10\cdot(y_{20}-y_0)}{2}$$

$$X_F=\frac{M_{Oy}}{A_W}=\frac{\int_{-\frac{L}{2}}^{\frac{L}{2}}xy\mathrm{d}x}{\int_{-\frac{L}{2}}^{\frac{L}{2}}y\mathrm{d}x}\approx\delta L\frac{\sum{}'k_iy_i}{\sum{}'y_i}$$

$$C_{WP}=\frac{A_W}{LB}=\frac{2\delta L\sum{}'y_i}{LB}$$

四、沿吃水方向积分——横剖面计算

横剖面计算一般包括面积 A_S 以及面积形心垂向坐标 z_A 的计算，对中横剖面来说，还需计算中横剖面系数 C_M。

由图 1-11 可知，微面积 $\mathrm{d}A_S=2y\mathrm{d}z$。整个横剖面面积

$$A_S=2\int_0^d y\mathrm{d}z \tag{1-16}$$

式中，y 是离 Oy 轴 z 处的水线面半宽。

由图 1-11 可知，横剖面面积 A_S 对基线 Oy 轴的静矩为

$$M_{Oy}=2\int_0^d zy\mathrm{d}z \tag{1-17}$$

所以，横剖面面积形心垂向坐标 z_A 为

$$z_A=\frac{M_{Oy}}{A_S}=\frac{\int_0^d zy\mathrm{d}z}{\int_0^d y\mathrm{d}z} \tag{1-18}$$

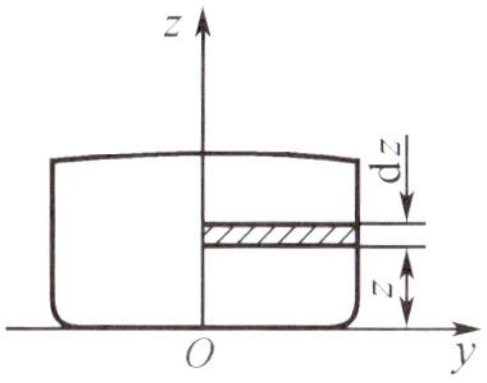

图 1-11　横剖面

图 1-12 表示某一横剖面曲线及不同吃水的半宽值，根据式(1-16)、式(1-17)、式(1-18)，如采用梯形法计算，在吃水 d 时，横剖面面积

$$A_S=2\int_0^d y\mathrm{d}z\approx2\delta d\sum{}'y_i \tag{1-19}$$

式中 $\sum{}'y_i=y'_0+y_1+\cdots+y_n-\frac{y'_0+y_n}{2}$

其中，y'_0 为经过端点修正后的半宽值；δd 为各水线等间距值。

横剖面面积 A_S 对基线 Oy 轴的静矩

$$M_{Oy}=2\int_0^d zy\mathrm{d}z\approx2(\delta L)^2\sum{}'k_iy_i \tag{1-20}$$

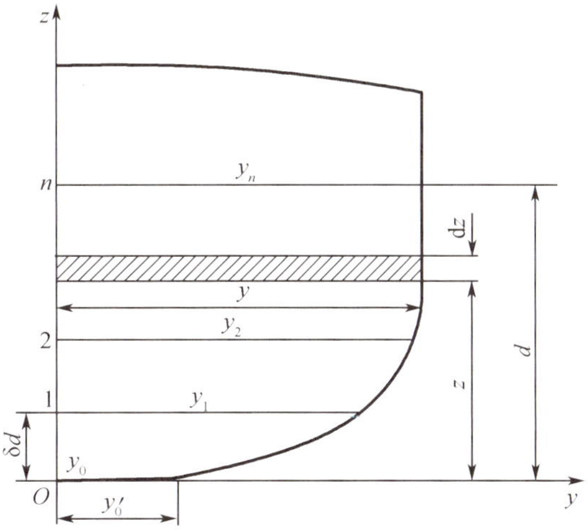

图 1-12　横剖面计算

式中

$$\sum{}'k_iy_i=0\cdot y_0+1\cdot y_1+\cdots+n\cdot y_n-\frac{0\cdot y_0+n\cdot y_n}{2}$$

横剖面面积形心垂向坐标 z_A 为

$$z_A = \frac{M_{Oy}}{A_S} = \frac{\int_0^d zy\mathrm{d}z}{\int_0^d y\mathrm{d}z} \approx \delta d \frac{\sum ' k_i y_i}{\sum ' y_i} \tag{1-21}$$

中横剖面系数 C_M 为

$$C_M = \frac{A_M}{Bd} \tag{1-22}$$

式中　A_M——船在吃水 d 以下的中横剖面面积；

B——船中横剖面处的船宽。

五、积分曲线的计算

在船体计算中，除定积分运算外，还常遇到变上限积分问题。所谓变上限积分是指积分上限为一变量，积分的结果随上限的变化而变化，是上限的函数 $F(x) = \int_0^x y\mathrm{d}x$。函数 $F(x)$ 与自变量 x 的关系曲线称为积分曲线。

如图 1-13 所示的横剖面，面积 $A_S = \int_0^z y\mathrm{d}z$，用梯形法求不同吃水时的横剖面面积。

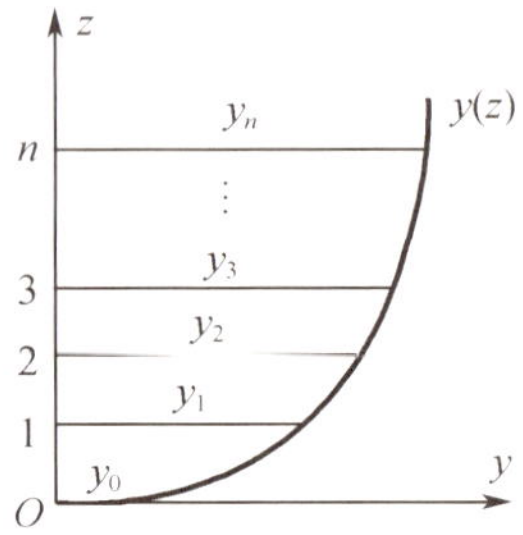

图 1-13　横剖面

(1) 当 $z=0$，$A_{S0}=0$；

(2) 当 $z=\delta d$，$A_{S1} = \int_0^h y\mathrm{d}z = \frac{1}{2}\delta d(y_0 + y_1)$；

(3) 当 $z=2\delta d$，$A_{S2} = \int_0^{2h} y\mathrm{d}z = \frac{1}{2}\delta d[(y_0 + y_1) + (y_1 + y_2)]$；

(4) 当 $z=n\delta d$，$A_{Sn} = \int_0^{nh} y\mathrm{d}z = \frac{1}{2}\delta d[(y_0 + y_1) + (y_1 + y_2) + \cdots + (y_{n-1} + y_n)]$。

梯形法积分曲线计算表格如下所示。

表 1-5　梯形法积分曲线计算表

坐标号 i	坐标值 y_i	成对和 $y_{i-1}+y_i$	积分和 $\sum i$	定积分值 $A_i=\int_0^z y\mathrm{d}z$
0	y_0	0	$\sum 0=0$	$A_0=0$
1	y_1	y_0+y_1	$\sum 1=\sum 0 +(y_0+y_1)$	$A_1=\frac{1}{2}l\sum 1$
2	y_2	y_1+y_2	$\sum 2=\sum 1 +(y_1+y_2)$	$A_2=\frac{1}{2}l\sum 2$
3	y_3	y_2+y_3	$\sum 3=\sum 2 +(y_2+y_3)$	$A_3=\frac{1}{2}l\sum 3$
⋮	⋮	⋮	⋮	⋮
$n-1$	y_{n-1}	$y_{n-2}+y_{n-1}$	$\sum (n-1)=\sum (n-2) + (y_{n-2}+y_{n-1})$	$A_{n-1}=\frac{1}{2}l\sum (n-1)$
n	y_n	$y_{n-1}+y_n$	$\sum n=\sum (n-1)+(y_{n-1}+y_n)$	$A_n=\frac{1}{2}l\sum n$

说明：

(1)成对和：$(y_{i-1}+y_i)(i=1,2,3,\cdots,n)$；

(2)积分和(或称自上而下和)：$\sum i$；

(3)积分曲线一般出现在沿吃水方向积分的情况。

六、提高计算精确度的方法

船体型线在艏艉端和舭部曲度变化较大，为了提高计算精确度，往往需要用增加中间坐标或端点修正的方法来提高其精度。

1. 增加中间坐标

如图 1-14 所示，曲线在靠近末端有显著的凸出，则在 y_4 和 y_5 之间，以及 y_5 和 y_6 之间把间距作两等分，并分别增加中间坐标 $y_{4\frac{1}{2}}$ 和 $y_{5\frac{1}{2}}$。

运用辛浦生一法分别计算 $y_0 \sim y_4$ 和 $y_4 \sim y_6$ 之间的面积，然后相加得

$$A = \int_0^{6l} y\mathrm{d}x = \frac{l}{3}(y_0 + 4y_1 + 2y_2 + 4y_3 + y_4) + \frac{l}{6}(y_4 + 4y_{4\frac{1}{2}} + 2y_5 + 4y_{5\frac{1}{2}} + y_6) \quad (1-23)$$

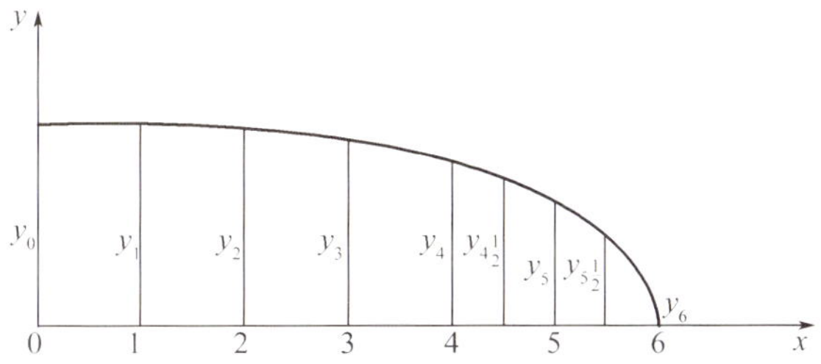

图 1-14

2. 端点(坐标)修正

端点修正一般有以下三种。

(1)曲线端点在所定的等间距坐标上

如图 1-15 所示，引直线 AB，使两阴影部分面积相等，这样 $OA=y_0'$ 为修正后的坐标。

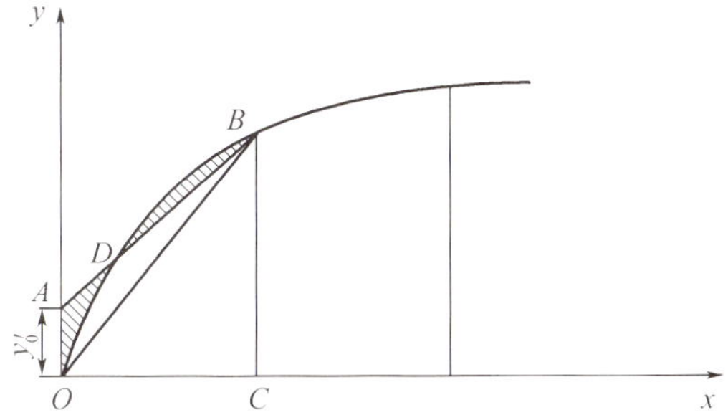

图 1-15

(2)曲线的端点未到所定的等间距坐标

如图 1-16 所示，引直线 BD，使两阴影部分面积相等，过 D 作 BE 平行线 DF，这样 $EF=y_n'$(负值)为修正后的坐标。

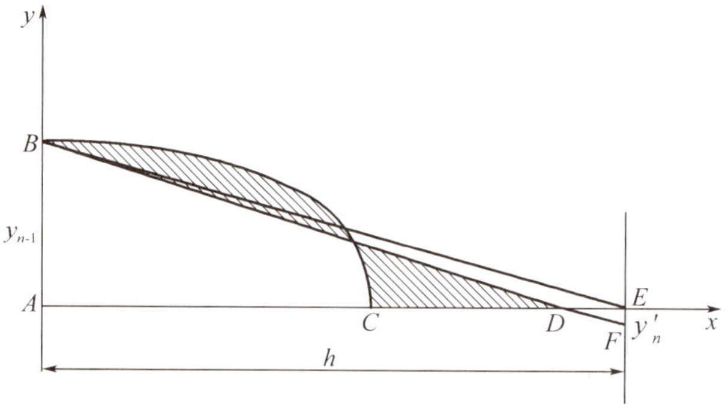

图 1-16

(3)曲线的端点超出所定的等间距坐标

如图 1-17 所示,引直线 DE,使两阴影部分面积相等,过 E 作 AD 平行线 EF,这样 $FD=y'_n$ 为修正后的坐标。

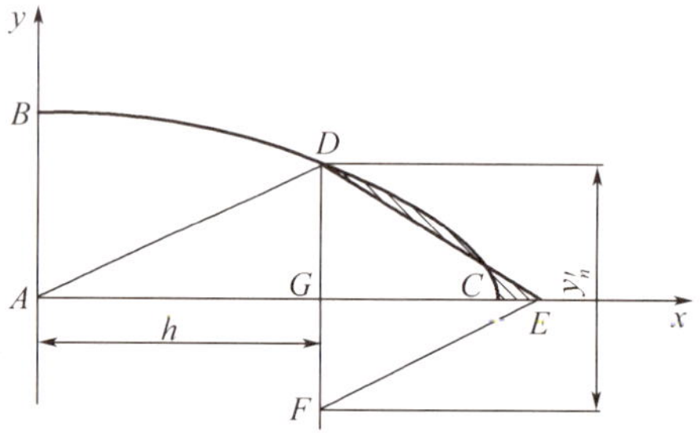

图 1-17

思考题与练习题

一、简答题

1. 航行性能包括哪几方面?

2. 船体的主尺度是怎样定义的?其尺度比的主要物理意义是什么?

3. 作图说明船型系数是怎样定义的?其物理意义是什么?试举一例说明它们之间的关系。

4. 船舶静力学计算中常用的近似计算法有哪几种?试说明梯形法和辛氏法的基本原理以及它们的优缺点。

5. 分别写出按梯形法计算水线面面积的积分公式,以及它的数值积分公式和表格计算方法。

二、判断题

1. 船舶的抗沉性亦称为破舱浮性和稳性。 ( )

2. 为了便于进行船舶性能的计算与分析,规定:船长方向为纵向,且向艏为正,向艉

为负。（　　）

3. 干舷等于型深与吃水之差再加上甲板及敷料的厚度。（　　）

4. 棱形系数大的船舶一般艏、艉比较尖瘦。（　　）

5. 用梯形法计算中横剖面面积时，等分间距一般取为站距。（　　）

6. 船舶装载一定的载荷，能浮于一定水面位置而不沉没的能力，称为浮性。（　　）

7. 在相同的等分间距下，与辛氏法相比，梯形法的精确度较高。（　　）

8. 端点修正仅对曲线端部坐标进行修正（中间坐标不能进行修正），只能修改或产生一个坐标，其目的是使端点坐标在参加数值积分时能尽量准确地计算出端点部分的面积，但图形形心不宜改变过大。（　　）

9. 水线面形状的几何中心称为漂心。（　　）

10. 水线面漂心的横向坐标值一般为零。（　　）

三、选择题

1. 船舶装载一定的载荷，能浮于一定水面位置而不沉没的能力，称为________。

A. 漂浮性　　B. 浮性

C. 抗沉性　　D. 不沉性

2. 船舶受外力作用离开平衡位置发生倾斜而不致于倾覆，当外力消除后仍能自动回复到原来平衡位置的能力，称为________。

A. 抗倾性　　B. 回复性

C. 稳定性　　D. 稳性

3. 船舶遭受海损事故舱室破损进水，仍能保持一定的浮性和稳性而不致于沉没或倾覆的能力，称为________。

A. 浮性　　B. 稳性

C. 抗破损性　　D. 抗沉性

4. 船舶的快速性主要是指________。

A. 船舶阻力大小问题　　B. 船舶阻力和推进两个方面

C. 节能船型、节能措施及方法等问题　　D. 船舶高效推进的有关问题

5. 船舶按照驾驶员的意图保持或改变其运动状态的能力，称为（　　）。

A. 驾驶性　　B. 可控性

C. 操作性　　D. 操纵性

6. 船舶实际吃水比其型吃水大________。

A. 平板龙骨厚度　　B. 船壳板厚度

C. 干舷甲板厚度　　D. 间舱甲板厚度

7. 船型系数是表示________的无因次系数。

A. 船体水下部分面积或体积肥瘦程度　　B. 船体水上部分面积或体积肥瘦程度

C. 船体大小　　D. 船体全部体积肥瘦程度

8. 船舶的水线面系数越大，表明船舶________。

A. 水线面形状越肥胖　　B. 水线面形状越瘦削

C. 水线面形状的变化趋势不定　　D. 水线面形状的肥瘦与水线面系数无关

9. 船舶的方形系数越大，表明船舶________。

A. 水下船体形状越肥胖　　B. 水下船体形状越瘦削

C. 水下船体形状的变化趋势不定　　D. 其大小与水下船体形状无关

10. 梯形法是用________来代替计算曲线。

A. 二次抛物线　　B. 折线

C. 三次抛物线　　D. 直线

四、计算题

1. 某海洋客船船长 $L=155$ m，船宽 $B=18.0$ m，吃水 $d=7.1$ m，排水体积 $\nabla=10\ 900$ m^3。中横剖面面积 $A_M=115$ m^2，水线面面积 $A_W=1\ 980$ m^2。试求：

(1) 方形系数 C_B；

(2) 棱形系数 C_P；

(3) 水线面系数 C_{WP}；

(4) 中横剖面系数 C_M；

(5) 垂向棱形系数 C_{VP}。

2. 已知某巡逻艇吃水 $d=2.05$ m，长宽比 $L/B=6.7$，船宽吃水比 $B/d=2.46$，方形系数 $C_B=0.53$，求排水体积 ∇。

3. 某军舰舰长 92.0 m，舰宽 9.1 m，吃水 $d=2.9$ m，中横剖面系数 $C_M=0.814$，方形系数 $C_B=0.468$，求：(1) 排水体积 ∇；(2) 中横剖面面积 A_M；(3) 棱形系数 C_P。

4. 对下图所示的两个横剖面的半宽及其水线间距(单位为 m)先修正其坐标，然后用梯形法计算其面积。

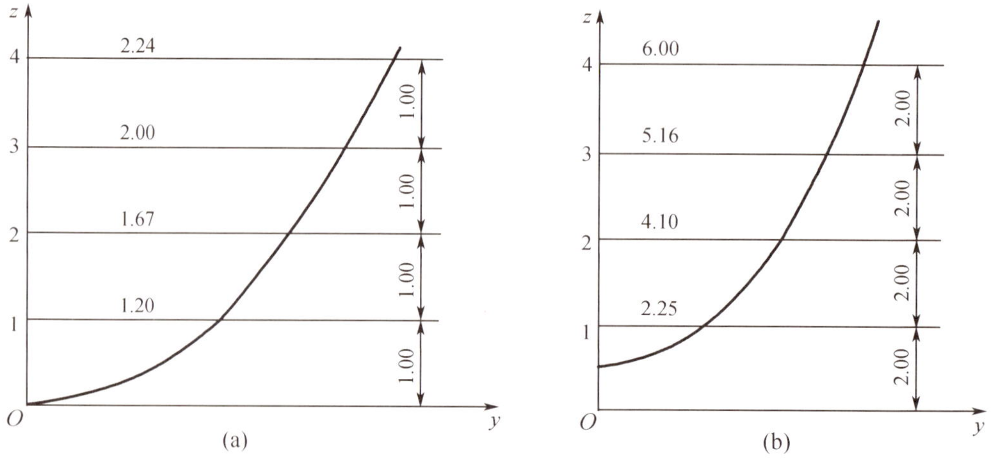

图 1-18　题 4 图

5. 某船的水线面曲线在各站号处的半宽值如表 1-6 所列(站距为 12 m):

表 1-6　题 5 表

站号	0	1	2	3	4	5	6	7	8	9	10
半宽 y_i/m	0	6.35	8.55	8.67	8.67	8.67	8.67	8.60	7.55	4.18	0

(1)画出该曲线;

(2)先修正坐标,然后列表求其面积。

项目二

浮　　性

● 学习目标

知识目标

1. 掌握船舶的平衡条件；
2. 掌握船舶质量和重心位置的计算方法；
3. 理解船舶排水量和浮心位置的计算原理，掌握计算方法；
4. 理解横剖面面积曲线和水线面面积曲线特性；
5. 掌握船舶在任意吃水下排水体积和浮心位置的计算方法；
6. 了解船舶在在纵倾状态下排水体积和浮心位置的计算方法；
7. 理解储备浮力及载重线标志的意义。

能力目标

1. 具备计算船舶质量和重心位置的能力；
2. 具备绘制静水力曲线图中浮性曲线的能力；
3. 具备运用邦戎曲线和费尔索夫图谱的能力。

浮性是船舶在一定装载情况下具有漂浮在水面(或浸没水中)保持平衡位置的能力，它是船舶的基本性能之一。本项目将分别叙述船舶漂浮在静水中的平衡条件、各种漂浮状态，以及船舶在各种浮态下的排水体积和浮心位置的计算方法。

第一节　浮性概述

一、船舶平衡条件

船舶在任一装载情况下，漂浮于水面(或浸没于水中)一定位置时，是一个处于平衡状态的浮体。这时，作用在船上的力，有船舶本身的重力以及静水压力所形成的浮力。

作用在船上的重力由船舶本身各部分的重力所组成，如船体构件、机电设备、货物、人员及行李等的重力,军舰还有武备、弹药等。这些重力形成一个垂直向下的合力,此合力就是船舶所受的重力 Wg(W 是船舶的质量),其作用点 G 称为船舶的重心。

如图 2-1 所示,当船舶漂浮于水面一定位置时,船体浸水表面的每一点都受到水的静压力,这些静压力都是垂直于船体表面的,其大小与浸水深度成正比。从图 2-1 中可以看出,船舶水下部分静水压力的水平分力互相抵消,垂直分力则形成一个垂直向上的合力,此合力就是支持船舶漂浮于一定位置的浮力 $\rho g\nabla$。合力的作用点 B 称为船舶的浮心。浮心 B 也就是船舶排水体积∇的形心。

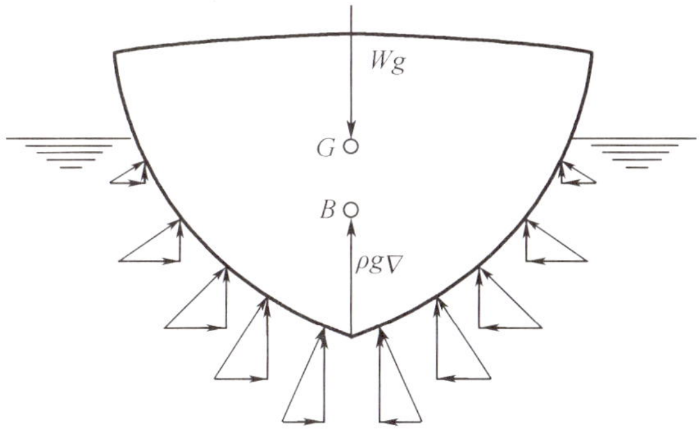

图 2-1　重心和浮心

根据阿基米德原理,物体在水中所受到的浮力等于该物体所排开的水所产生的重力。因此船舶的质量在数值上就等于船舶所排开的水的质量(通常称为排水量)。

$$\Delta g=\rho g\nabla,\quad 即\ \Delta=\rho\nabla \tag{2-1}$$

式中　g——重力加速度,9.8 m/s^2;

Δ——船舶排水量,t;

∇——船舶排水体积,m^3。

综上所述,船舶静止漂浮于一定位置时只受到两个作用力,即作用于重心 G 点并垂直向下的重力 Wg 和作用于浮心 B 点并垂直向上的浮力 $\rho g\nabla$。因此船舶的平衡条件必然是:

(1)重力与浮力的大小相等而方向相反,即

$$Wg=\rho g\nabla,即\ W=\rho\nabla$$

(2)重心 G 和浮心 B 在同一铅垂线上。

由此可知,在讨论船舶平衡问题时,要考虑重力和浮力的大小,同时还要注意这些力的作用点位置。

二、船舶坐标系

为了确切地表达重心和浮心的位置,便于进行船舶性能计算,通常采用如图 2-2 所示的固定在船舶上的 $O-xyz$ 直角坐标系统。它以三个互相垂直的坐标平面(即基平面、中站面和中线面)的交点作为原点 O,而以三个坐标平面间的交线作为坐标轴,基平面与中线面的交线是 x 轴,也就是船体的基线,指向船首为正;基平面与中站面的交线是 y 轴,指向右舷为正,中线面与中站面的交线是 z 轴,向上为正。

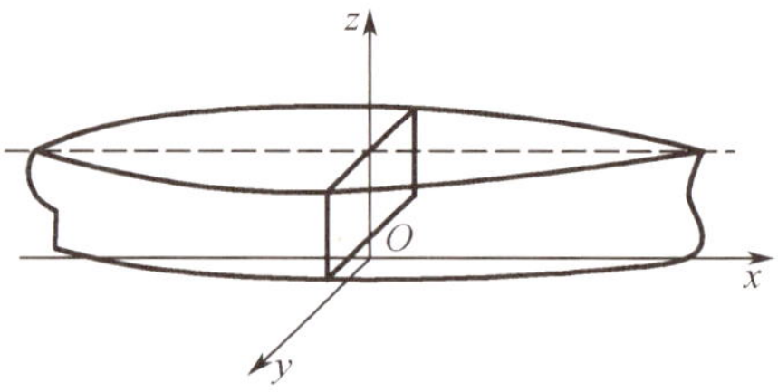

图 2-2　直角坐标系

三、船舶浮态

船舶浮于静水的平衡状态称为浮态。通常可分为：

正浮：是船舶中纵剖面和中横剖面均垂直于静止水面时的浮态。

横倾：是船舶中横剖面垂直于静止水面，但中纵剖面与铅垂平面成一横倾角 ϕ 时的浮态，横倾角 ϕ 通常以向右舷倾斜（右倾）为正，向左舷倾斜（左倾）为负。

纵倾：是船舶中纵剖面垂直于静止水面，但中横剖面与铅垂平面成一纵倾角 θ 时的浮态，纵倾角 θ 通常以向艏部倾斜（艏倾）为正，向艉部倾斜（艉倾）为负。

任意浮态：是船舶既有横倾又有纵倾时的浮态，即船舶的中纵剖面与铅垂平面有一横倾角 ϕ，同时中横剖面与铅垂平面也有一纵倾角 θ。

从上述可知，船舶的正浮、横倾、纵倾三种浮态是任意浮态的特例。船舶的浮态可用吃水、横倾角和纵倾角等参数表示。若以坐标值（x_G, y_G, z_G）表示船舶重心 G 的位置，坐标值（x_B, y_B, z_B）表示船舶浮心 B 的位置，则船在静水中正浮状态（图 2-3）下的平衡方程是：

$$\left.\begin{aligned}\Delta &= \rho \nabla \\ x_B &= x_G \\ y_B &= y_G = 0\end{aligned}\right\} \tag{2-2}$$

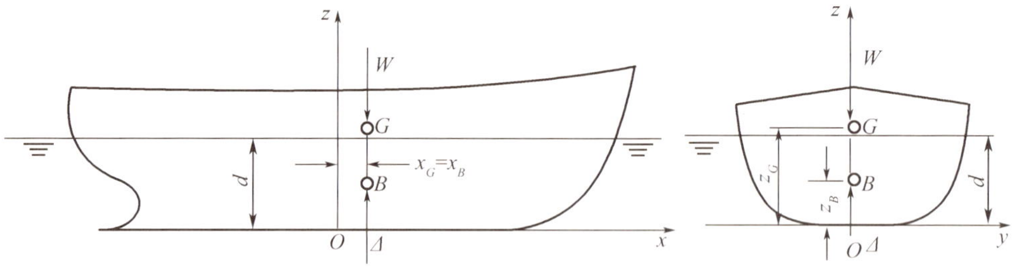

图 2-3　船正浮状态

某些船舶如拖船、游艇等，有时在设计时就令其艏、艉吃水不同（称为有龙骨设计斜度），这是一种设计纵倾，它与上述的纵倾概念是不相同的。

在上述船舶各种浮态中，重心和浮心高度之间的关系通常是：重心 G 在浮心 B 之上，即 $z_G>z_B$。

一般船舶在设计时或正常使用情况下（如满载航行时），通常都应处在正浮状态或稍有艉倾状态。至于横倾状态、大角度纵倾状态和任意状态往往都由于外力作用或船上载荷位置的改变或船舶破损后进水等引起，不适当的浮态对船舶的使用及航行性能等都是很不利的。

船舶的浮态可以用吃水 d、横倾角 ϕ 和纵倾角 θ 三个参数表示。但在实际应用中，船舶的纵倾角 θ 很难直接测出，一般都是以艏、艉吃水差表示，因此更普遍的船舶浮态参数是：艏吃水 d_F，艉吃水 d_A 和横倾角 ϕ。其他有关参数可根据这三个基本浮态参数导出：

平均吃水

$$d=\frac{d_F+d_A}{2}\text{（即船中处的吃水）} \tag{2-3}$$

纵倾值

$$t=d_F-d_A\text{（表示纵倾的大小）} \tag{2-4}$$

纵倾角

$$\theta=\arctan\frac{d_F-d_A}{L}\text{，即 }\tan\theta=d=\frac{d_F+d_A}{2}=\frac{t}{L} \tag{2-5}$$

从以上各种浮态的分析中可知，在讨论船舶的浮性问题和以后将要研究的船舶稳性等问题时，最关键的是研究船舶的质量和排水量、重心和浮心之间的相互关系及它们的计算方法。船舶的质量、重心可根据总布置图和其他有关图纸及技术资料进行分析计算，而排水量和浮心则需依据型线图和型值表进行分析计算。如何计算不同形状的船体在各种浮态下的排水体积及其形心位置（浮心位置）是船舶静力学主要研究的问题之一。

第二节　船舶质量和重心位置的计算

船舶总质量是船上各项质量的总和。若已知各个项目的质量 W_i，则船舶总质量 W 可按式（2-6）求得：

$$W = W_1 + W_2 + W_3 + \cdots + W_i = \sum_i^n W_i \tag{2-6}$$

式中，n 为组成船舶总质量的各质量项目的数目。

若已知各项质量 W_i 的重心位置（坐标值为 x_i,y_i,z_i），则船舶的重心位置（x_G、y_G、z_G）可按下式求得

$$x_G = \frac{\sum_{i=1}^n W_i x_i}{\sum_{i=1}^n W_i}$$

$$y_G = \frac{\sum_{i=1}^n W_i y_i}{\sum_{i=1}^n W_i}$$

$$z_G = \frac{\sum_{i=1}^{n} W_i z_i}{\sum_{i=1}^{n} W_i} \tag{2-7}$$

为了避免船舶处于横倾状态，在建造和使用过程中，总是设法使其重心位于中纵剖面上，即 $y_G=0$。

从式(2-6)、式(2-7)中可以看到，计算船舶质量和重心位置的方法比较简单。但由于船上各组成部分的项目繁多，需一一加以测算，工作相当烦琐。故在计算时要认真仔细地工作，以免产生差错。船舶质量和重心位置的计算通常都根据总布置图和结构图等加以分组，按表 2-1 的表格形式进行。将表中最后一行的"总值"代入式(2-6)、式(2-7)中，即得船舶质量和重心位置。

表 2-1 船舶质量和重心位置

序号	项目名称	质量 W_i/t	对基平面		对中横剖面	
			z_i/m	$W_i z_i$/(t · m)	x_i/m	$W_i x_i$/(t · m)
1	…	W_1	z_1	$W_1 z_1$	x_1	$W_1 x_1$
2	…	W_2	z_2	$W_2 z_2$	x_2	$W_2 x_2$
3	…	W_3	z_3	$W_3 z_3$	x_3	$W_3 x_3$
⋮	⋮	⋮	⋮	⋮	⋮	⋮
总值		$\sum W_i$	$\sum W_i z_i$		$\sum W_i x_i$	

组成船舶质量的名目虽多，但概括起来可归纳为两大类。

(1)固定质量：包括船体钢料、木作舾装、机电设备以及武器装备等的质量。它们的质量和重心在船舶使用过程中是固定不变的，这一类质量的总和称为船的空船质量，或船舶自身的质量。

(2)可变质量：包括货物、船员、行李、旅客、淡水、粮食、燃料、润滑油以及弹药等的质量，这一类质量的总和称为船的载重量。

船舶的排水量是空船质量与载重量之和。由于船舶在实际使用中载重量总是变化的，其排水量也随装载情况而变化，因此需要定义船舶的若干典型装载情况及相应的排水量来反映船舶的各种技术性能。现就民用船舶的排水量的定义叙述如下。

对于民用船舶来说，在最基本的两种典型装载情况下，其相应的排水量如下。

(1)空载排水量：系指船舶在全部建成后交船时的排水量，即空船质量。此时，动力装置系统内有可供动车用的油和水，但不包括航行所需的燃料、润滑油和炉水储备以及其他的载重量。

(2)满载排水量：系指在船上装载设计规定的载重量(即按照设计任务书要求的货物、旅客和船员及其行李、粮食、淡水、燃料、润滑油、锅炉用水的储备以及备品、供应品等均装载满额的质量)的排水量。

在空载排水量和满载排水量之中又可分为出港和到港两种。前者指燃料、润滑油、淡水、粮食及其他给养物品都按照设计所规定的数量带足，后者则假定这些消耗品还剩余10%。通常说的设计排水量，如无特别注明，就是指满载出港的排水量，简称满载排水量。

通常所说的万吨轮，是指它的载重量在10 000 t左右。例如某万吨级货船的满载出港排水量为17 480 t，其中空船质量为5 567 t，载货量为10 178 t，人员、淡水、燃料、粮食等为1 735 t，因此其载重量为11 913 t。

第三节　船舶在正浮状态下排水体积和浮心位置的计算

船舶排水体积和浮心位置的计算，是根据型线图及型值表来进行的。通常有垂向沿吃水方向计算和纵向沿船长方向计算两种，在应用计算机进行船舶计算时，基本上都采用纵向计算法。现分别对两种计算方式叙述如下。

一、根据水线面计算排水体积和浮心位置

此方法又称垂向计算法，首先计算各水线面面积等有关数据，然后将水线面沿吃水方向积分来计算排水体积和浮心位置。

图2-4所示为船舶吃水 d 时的正浮状态。在离基平面 z 处，取高度为 $\mathrm{d}z$ 的一薄层进行分析。

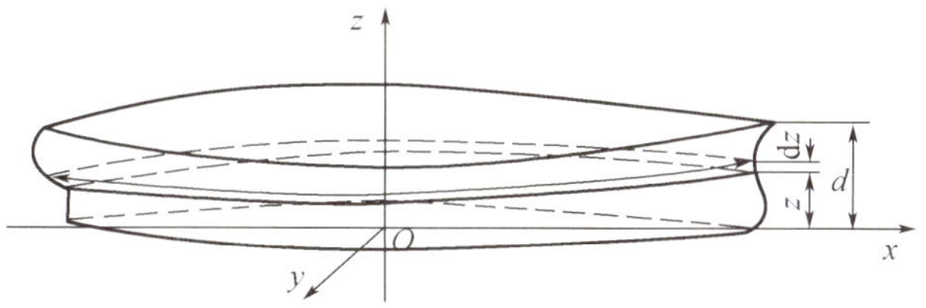

图2-4　正浮状态（一）

该薄层的微体积

$$\mathrm{d}\nabla = A_W \mathrm{d}z \tag{2-8}$$

将其沿垂向 z 从0到 d 进行积分，便得船舶在吃水 d 时的排水体积，即

$$\nabla = \int_0^d A_W \mathrm{d}z \tag{2-9}$$

式中，A_W 是离基平面 z 处的水线面面积。

该薄层的微体积 $\mathrm{d}\nabla$ 对中站面 yOz 和基平面 xOy 的静矩分别为

$$\mathrm{d}M_{yOz} = x_F A_W \mathrm{d}z \tag{2-10}$$

$$\mathrm{d}M_{xOy} = zA_W \mathrm{d}z \tag{2-11}$$

式中，x_F 是离基平面 z 处水线面面积 A_W 的漂心纵向坐标。

将式(2-10)沿垂向进行积分，便得排水体积∇对中站面 yOz 的静矩

$$M_{yOz}=\int_0^d x_F A_W \mathrm{d}z \tag{2-12}$$

因此，浮心纵向坐标

$$x_B=\frac{M_{yOz}}{\nabla}=\frac{\int_0^d x_F A_W \mathrm{d}z}{\int_0^d A_W \mathrm{d}z} \tag{2-13}$$

同理可得排水体积∇对基平面 xOy 的静矩和浮心垂向坐标：

$$M_{xOy}=\int_0^d zA_W \mathrm{d}z \tag{2-14}$$

$$z_B=\frac{M_{xOy}}{\nabla}=\frac{\int_0^d zA_W \mathrm{d}z}{\int_0^d A_W \mathrm{d}z} \tag{2-15}$$

当船舶处于正浮状态时，其浮心横向坐标 $y_B=0$。

以上导出的各种积分公式是计算船舶在某一吃水 d 时的排水体积和浮心位置的基本公式。在船舶设计和使用过程中，需要方便而迅速地确定船舶在不同吃水下的排水体积和浮心位置，因此要将上述有关基本积分公式中的积分上限 d 改为变吃水 z(或 d_i)，此时积分公式成为变上限积分。

由上可知，在计算排水体积和浮心位置时，必须计算水线面的面积及漂心纵向坐标以及它们随吃水变化的关系曲线。在具体计算时采用数值积分法，手工计算时用表格形式进行。

二、根据横剖面计算排水体积和浮心位置

此法又称纵向计算法，首先是计算各横剖面面积等有关数据，然后将横剖面沿船长方向积分来计算排水体积和浮心位置。

图 2-5 所示为船舶吃水 d 时的正浮状态。在离中站面 x 处，取长度为 dx 的一薄层进行分析。

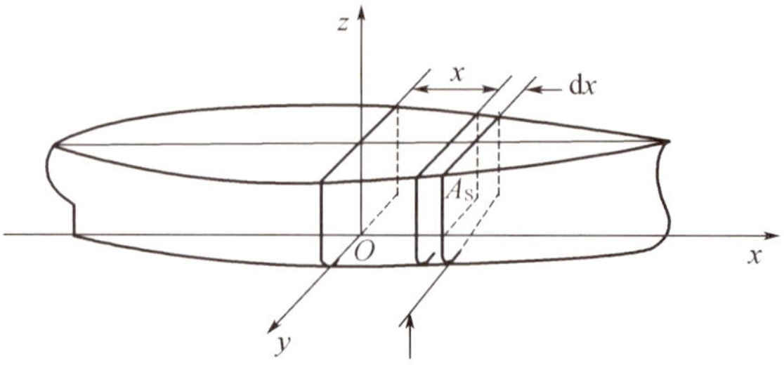

图 2-5　正浮状态(二)

该薄层的微体积

$$d\nabla = A_S dx \tag{2-16}$$

将其沿船长进行积分,即得船舶在吃水 d 时的排水体积,即

$$\nabla = \int_{-\frac{L}{2}}^{\frac{L}{2}} A_S dx \tag{2-17}$$

式中,A_S 是离中站面 x 处的横剖面面积。

该薄层的微体积 d∇对中站面 yOz 和基平面 xOy 的静矩分别为

$$dM_{yOz} = xA_S dx \tag{2-18}$$

$$dM_{xOy} = z_A A_S dx \tag{2-19}$$

式中,z_A 是离中站面 x 处的横剖面面积的形心垂向坐标。

将式(2-18)沿纵向从$-\frac{L}{2}$到$\frac{L}{2}$进行积分,便得排水体积∇对中站面 yOz 的静矩

$$M_{yOz} = \int_{-\frac{L}{2}}^{\frac{L}{2}} xA_S dx \tag{2-20}$$

因此,浮心纵向坐标

$$x_B = \frac{M_{yOz}}{\nabla} = \frac{\int_{-\frac{L}{2}}^{\frac{L}{2}} xA_S dx}{\int_{-\frac{L}{2}}^{\frac{L}{2}} A_S dx} \tag{2-21}$$

将式(2-19)沿垂向从$-\frac{L}{2}$到$\frac{L}{2}$进行积分,便得排水体积∇对基平面 xOy 的静矩

$$M_{xOy} = \int_{-\frac{L}{2}}^{\frac{L}{2}} z_A A_S dx \tag{2-22}$$

因此,浮心垂向坐标

$$z_B = \frac{M_{xOy}}{\nabla} = \frac{\int_{-\frac{L}{2}}^{\frac{L}{2}} z_A A_S dx}{\int_{-\frac{L}{2}}^{\frac{L}{2}} A_S dx} \tag{2-23}$$

当船舶处于正浮状态时,其浮心横向坐标 $y_B = 0$。

以上讨论了利用水线面面积进行垂向积分,求正浮状态下的排水体积和浮心坐标,以及利用横剖面面积进行纵向积分,求正浮状态下的排水体积和浮心坐标的计算方法,其结果完全相同。在实际计算中,可根据需要采用其中一种或同时应用两种方法进行计算,以便相互校核。一般来说,如要求取船舶在正浮状态下随吃水变化的排水体积和浮心坐标,则可采用第一种方法进行计算。在船舶使用过程中,由于载荷变化、舱室破损进水以及可浸长度、下水计算等,涉及船舶在纵倾状态下的排水体积和浮心坐标等值,或者计算船体强度时需要绘制浮力曲线图等,则常采用第二种方法进行计算。在应用计算机进行计算时,基本上都用第二种方法(即纵向计算法)。

第四节　浮性曲线

1. 横剖面面积曲线

分别算出船舶在某一吃水 d 时的各站号处的横剖面面积 A_S，以船长 L 为横坐标，以横剖面面积 A_S 为纵坐标，可绘制成如图 2-6 所示的横剖面面积曲线 $A_S=f(x)$。

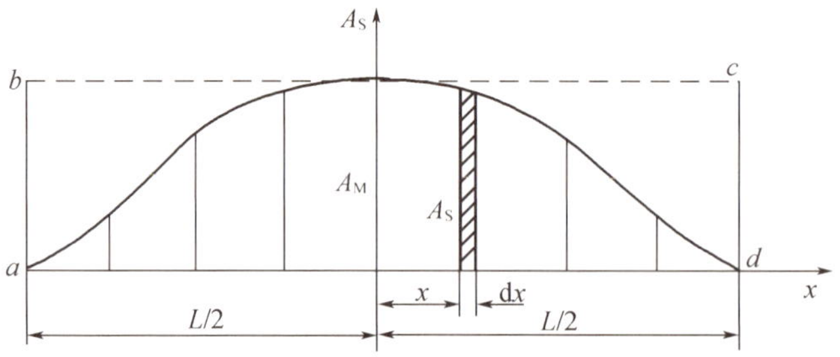

图 2-6　横剖面面积曲线

横剖面面积曲线具有下列特性：

(1)在某一吃水 d 时的横剖面面积曲线与横轴(即 x 轴)所围的面积，等于该吃水时的排水体积∇，即

$$\nabla=\int_{-\frac{L}{2}}^{\frac{L}{2}}A_B\mathrm{d}x$$

(2)横剖面面积曲线与 x 轴所围的面积，其形心的纵向坐标等于浮心纵向坐标 x_B，即

$$x_B=\frac{\int_{-\frac{L}{2}}^{\frac{L}{2}}xA_S\mathrm{d}x}{\int_{-\frac{L}{2}}^{\frac{L}{2}}A_S\mathrm{d}x}$$

(3)横剖面面积曲线与 x 轴所围的面积和以船长 L、船中横剖面面积 A_M 所构成的矩形面积之比，等于船舶在吃水 d 时的棱形系数 C_P，即

$$C_P=\frac{\text{曲线所围面积}}{\text{矩形面积 }abcd}=\frac{\nabla}{A_M L}$$

所以，横剖面面积曲线的形状反映了船舶排水体积沿船长方向的分布情况。

横剖面面积曲线的上述特性是很重要的。根据船舶在任一水线下(包括计算船舶静止在波浪上时水线呈波形曲线)的横剖面面积曲线，可以方便地求出该水线下的排水体积和浮心纵向坐标。同时该曲线通常也是设计新船型线图的主要根据之一。

2. 水线面面积曲线

分别算出船舶在各个不同吃水处的水线面面积，然后以各个吃水处的水线面面积为横坐标，以吃水为纵坐标，可绘制成如图 2-7 所示的水线面面积曲线 $A_W=f(z)$。

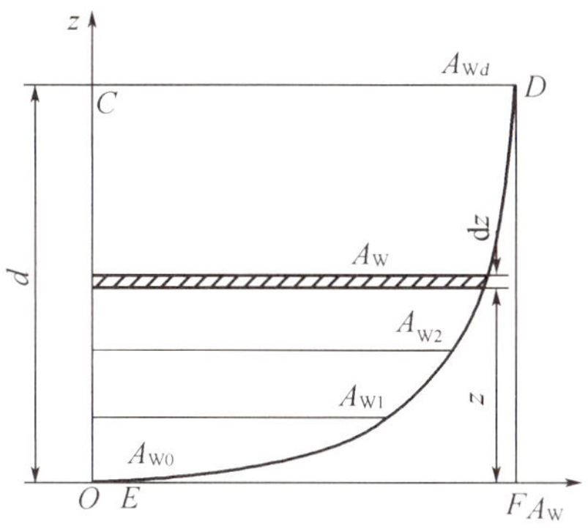

图 2-7　水线面面积曲线

水线面面积曲线具有如下特征：

（1）在某一吃水 d 时，水线面面积曲线与 Oz 轴所围的面积等于该吃水下的排水体积 ∇，即

$$\nabla=\int_0^d A_W \mathrm{d}z$$

（2）水线面面积曲线与 z 轴所围的面积，其形心的垂向坐标等于浮心垂向坐标 z_B，即

$$z_B=\frac{\int_0^d zA_W \mathrm{d}z}{\int_0^d A_W \mathrm{d}z}$$

（3）在吃水 d 以下的水线面面积曲线与 z 轴所围的面积，和以吃水 d 以及该处的水线面积 A_{Wd} 所构成的矩形面积之比，等于吃水 d 时的垂向棱形系数 C_{VP}。即

$$C_{VP}=\frac{\text{面积 }OCDE}{\text{面积 }OCDF}=\frac{\nabla}{A_{Wd}d}$$

所以，水线面面积曲线的形状反映了排水体积沿吃水方向的分布情况。

3. 每厘米吃水吨数曲线

船舶正浮时，吃水增加（或减少）1 厘米，引起排水量增加（或减少）的吨数，称为每厘米吃水吨数（TPC）。根据水线面面积曲线可以算出在任何吃水时的每厘米吃水吨数。

将 TPC 随吃水的变化规律绘制成曲线，称为每厘米吃水吨数曲线。每厘米吃水吨数曲线与水线面面积曲线形状相似。

设船舶在吃水 d 时的水线面面积为 A_W，则吃水改变 δd 时排水体积的变化

$$\delta\nabla=A_W\delta d$$

排水量的变化

$$\delta\Delta=\rho A_W\delta d$$

式中，ρ 为水的密度，t/m³。

当 $\delta d=1\ \text{cm}=\frac{1}{100}\ \text{m}$ 时，令 $\delta\Delta=\text{TPC}$，则

$$\mathrm{TPC}=\frac{\rho A_{\mathrm{W}}}{100} \tag{2-24}$$

每厘米吃水吨数 TPC(t/cm)只与 A_{W} 有关。由于水线面面积 A_{W} 是随吃水而变化的，因此 TPC 也随吃水的不同而变化。

如已知船舶在吃水 d 时的 TPC 数值，便可迅速地求出装卸质量为 p 的小量货物（不超过排水量的 10%）之后的平均吃水变化量 δd(cm)，即

$$\delta d=\frac{p}{\mathrm{TPC}} \tag{2-25}$$

式(2-25)中，装货物时 p 取为"+"，卸货物时 p 取为"-"。

4. 排水体积曲线

由水线面面积曲线的特性可知，计算排水体积的积分公式是

$$\nabla=\int_0^d A_{\mathrm{W}}\mathrm{d}z$$

如果要知道船舶在不同吃水 d 时的排水体积，只需将上式的积分上限改为吃水变量 d_i（或 z），即可得变上限积分

$$\nabla_i=\int_0^{d_i} A_{\mathrm{W}}\mathrm{d}z \tag{2-26}$$

由式(2-26)可计算并画出排水体积随吃水变化的关系曲线，此曲线称为排水体积曲线。

在实际计算中，可按表 2-2 形式进行计算。

表 2-2　排水体积表格计算

水线号	水线面面积 A_i	成对和	自上至下和	排水体积 $\nabla_i=\frac{\delta d}{2}\times$(Ⅳ)
Ⅰ	Ⅱ	Ⅲ	Ⅳ	Ⅴ
0	A_0	—	—	—
1	A_1	A_0+A_1	A_0+A_1	∇_1
2	A_2	A_1+A_2	$(A_0+A_1)+(A_1+A_2)$	∇_2
3	A_3	A_2+A_3	$(A_0+A_1)+(A_1+A_2)+(A_2+A_3)$	∇_3
⋮	⋮	⋮	⋮	⋮

根据计算所得的不同水线下的排水体积，以吃水为纵坐标，排水体积为横坐标，绘制成排水体积曲线 $\nabla=f(z)$，如图 2-8 所示。由图中可看出，该曲线的形状在吃水较小时有些"微凸"，向上走势则近似一条倾斜直线。由于 ∇ 值是根据型线图计算而得，故称为型排水体积，其中没有包括船壳板及附体（如舭龙骨、舵、支轴架、螺旋桨等）在内。包括壳板及附体在内的排水体积称为总排水体积 ∇_k，其数值可按有关图纸资料算出，也可以根据下式进行估算：

$$\nabla_k=k\nabla \tag{2-27}$$

系数 k 以取尺度大小相近的同类型船的数值为宜。通常 k 值在 1.004~1.03 范围内变化，一般小船取大值，大船取小值，如万吨级货船的 k 值约为 1.006。

排水体积曲线一般应包括三根曲线，即型排水体积∇曲线、总排水体积∇_k 曲线（也代表在淡水中的排水量）以及总排水量 Δ 曲线（$\Delta=\rho\nabla_k$，$\rho=1.025\ \mathrm{t/m^3}$）。

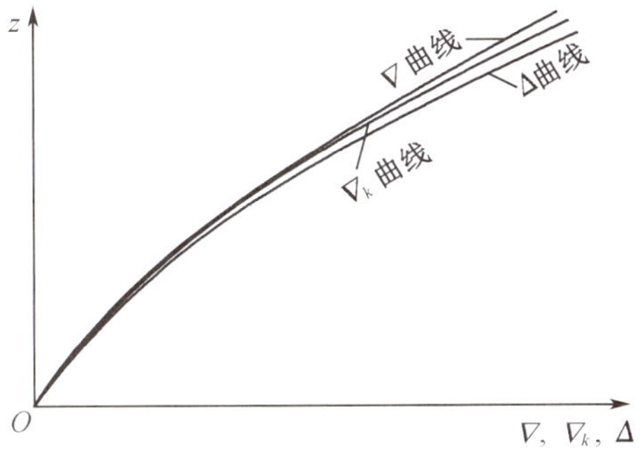

图 2-8　排水体积曲线

5. 浮心坐标曲线

船舶浮心即排水体积的形心，其位置可由纵向、横向和垂向三个坐标来确定。一般船舶水下部分左右舷是对称的，在正浮状态时，横向坐标 y_B 为零。浮心位置随吃水变化的关系曲线分别为浮心纵向坐标曲线 $x_B=f(z)$ 和浮心垂向坐标曲线 $z_B=f(z)$。

船舶在某一固定吃水 d 时，浮心纵向坐标 x_B 和垂向坐标 z_B 可按前面已导出的式（2-13）和式（2-15）进行计算。对任意吃水 z 时，浮心坐标的计算，可采用式（2-13）和式（2-15）的变上限积分求得。根据计算所得的结果，可绘制成如图 2-9、图 2-10 所示的浮心纵向坐标曲线及浮心垂向坐标曲线。

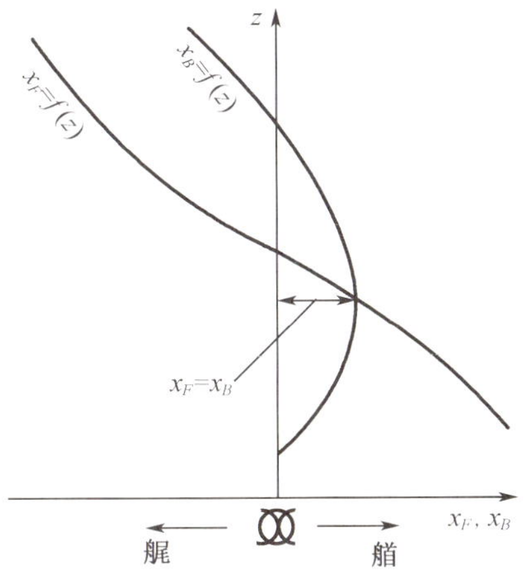

图 2-9　浮心纵向坐标

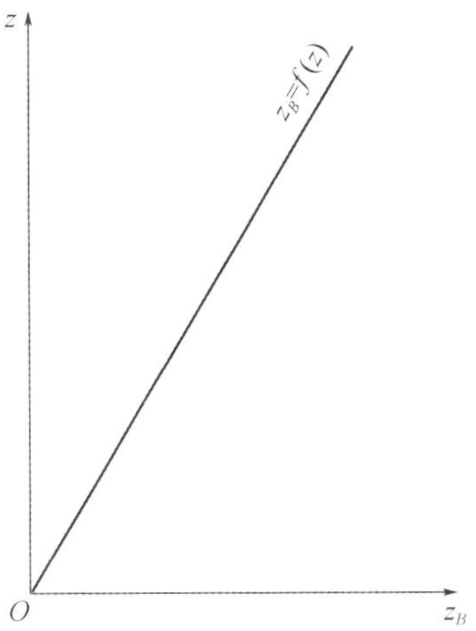

图 2-10　浮心垂向坐标

如果漂心纵坐标曲线与浮心纵坐标曲线按同一原点、同一比例绘制在一起，则在 x_F 曲线与 x_B 曲线相交处，x_B 曲线有最大值或最小值。

第五节 船舶在纵倾状态下排水体积和浮心位置的计算

前面叙述了船舶在正浮状态下的排水体积和浮心位置的计算方法,但在船舶设计、建造和使用过程中,经常需要知道船舶在纵倾状态下的排水量和浮心位置,这可以利用邦戎曲线图或费尔索夫图谱求出。现分别介绍如下。

一、邦戎曲线的组成

设船体某一站号处的横剖面如图 2-11(a)所示。该横剖面自船底到最高一层连续甲板(即上甲板)在不同吃水下的横剖面面积,可由公式 $A_S = 2\int_0^{d_i} y\mathrm{d}x$ 的变上限积分求得。

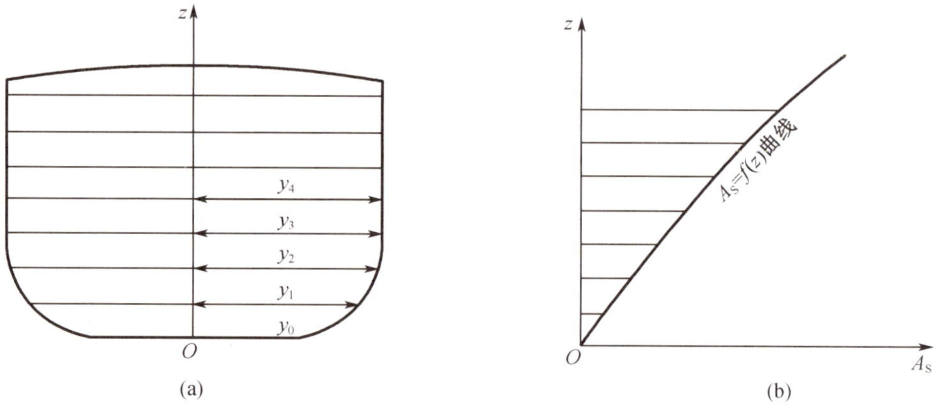

图 2-11 横剖面图形

然后以吃水 d 为纵坐标,横剖面面积 A_S 为横坐标,绘出 A_S 随 d 变化的曲线 $A_S = f(z)$。如图 2-11(b)所示。把型线图上各站号处的横剖面都进行如上计算,便可得出各横剖面在不同吃水下的面积,然后在每个站号处以吃水为纵坐标,横剖面面积为横坐标,画出其相应的 $A_S = f(z)$ 曲线,如图 2-12 所示,这一组曲线称为邦戎曲线,整个曲线图形称为邦戎曲线图,这是 19 世纪末由法国人邦戎(Bonjean)最早制成使用而得名的。后来在使用过程中,为便于计算船舶在纵倾水线下的浮心及各舱形心的垂向坐标,在邦戎曲线图上还画出横剖面面积对基平面的静矩曲线(图中用虚线表示)。为缩短图纸的长度和使用方便,在绘制邦戎曲线图时,对船长和型深采用不同比例,因此图上的船形显得短而高。

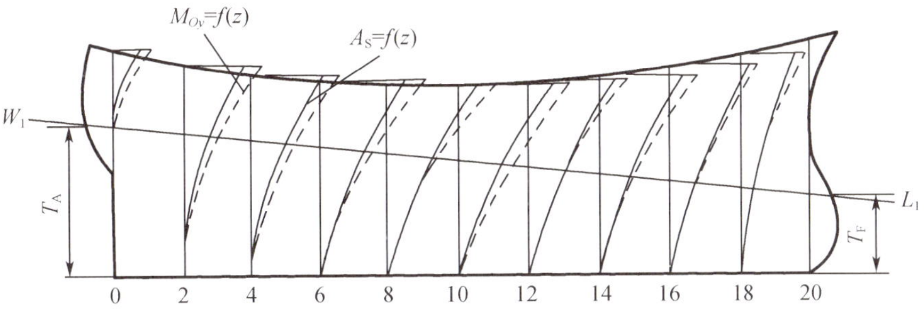

图 2-12 邦戎曲线

二、纵倾状态下船舶排水体积和浮心位置的计算

我们不深究邦戎曲线的计算和绘制，只重点学习当艏、艉吃水已知时，利用邦戎曲线计算纵倾状态下的排水体积和浮心位置，步骤如下：

(1)根据船舶的艏吃水 T_F、艉吃水 T_A，在邦戎曲线图上作出纵倾水线 W_1L_1。

(2)自纵倾水线与各站线的交点作平行于基线的直线，并分别与各站的横剖面面积曲线和横剖面面积对基面的静矩曲线相交。根据各曲线的比例量出各站处的横剖面面积 A_{S0}，A_{S1}，A_{S2}，…和面积对基面的静矩 M_{Oy0}，M_{Oy1}，M_{Oy2}，…。

(3)根据量出的数值，可绘制该纵倾水线下的横剖面面积曲线 $A_S=f(x)$ 和面积对基面的静矩曲线 $M_{Oy}=f(x)$（一般给出此图便于进行端点修正）。

(4)根据横剖面面积曲线 $A_S=f(x)$ 的特征，可知该曲线下的面积及其形心纵坐标分别为船舶在纵倾水线 W_1L_1 下的排水体积和浮心纵坐标，因此

$$\nabla = \int_{-\frac{L}{2}}^{\frac{L}{2}} A_S \mathrm{d}x$$

$$x_B = \frac{M_{yOz}}{\nabla} = \frac{\int_{-\frac{L}{2}}^{\frac{L}{2}} xA_S \mathrm{d}x}{\int_{-\frac{L}{2}}^{\frac{L}{2}} A_S \mathrm{d}x}$$

(5)横剖面面积对基面的静矩曲线 $M_{Oy}=f(x)$ 下的面积等于排水体积对基面的静矩，故可求出浮心垂向坐标，即

$$z_B = \frac{M_{xOy}}{\nabla} = \frac{\int_{-\frac{L}{2}}^{\frac{L}{2}} M_{Oy} \mathrm{d}x}{\int_{-\frac{L}{2}}^{\frac{L}{2}} A_S \mathrm{d}x}$$

邦戎曲线在船体计算中非常有用，例如稳性计算、舱容计算、可浸长度计算、下水计算以及船体总强度计算中都要用到它。

三、费尔索夫图谱

费尔索夫图谱是根据邦戎曲线计算并绘制而成的曲线图，它表明船舶在纵倾水线下的

排水体积、浮心纵向坐标与艏、艉吃水之间的关系，如图 2-13 所示。费尔索夫图谱的横坐标是艏吃水 d_F，纵坐标是艉吃水 d_A。图中有两组曲线，一组为排水体积∇的等值曲线，另一组为浮心纵向坐标 x_B 的等值曲线。

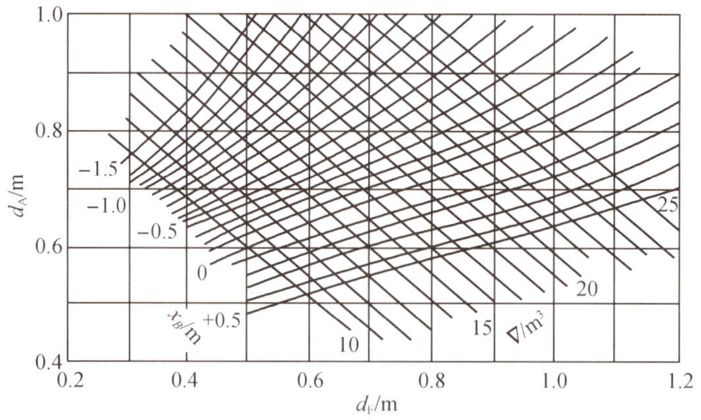

图 2-13　费尔索夫图谱

已知艏、艉吃水，可在费尔索夫图谱中直接查出相应的排水体积∇和浮心纵向坐标 x_B。反之，如已知船的排水体积∇和浮心纵向坐标 x_B，也可从图谱中查出相应的艏吃水 d_F 和艉吃水 d_A。

第六节　装卸载荷对船舶浮态及初稳性的影响

本节简单介绍一种计算方法，它可计算船舶在具有纵倾和横倾状态下的排水体积∇和浮心位置。这种方法是由苏联人符拉索夫（Flasov）提出的，他使用了三组曲线（称为符拉索夫曲线）来进行计算。符拉索夫曲线包括以下三组曲线（图 2-14）：

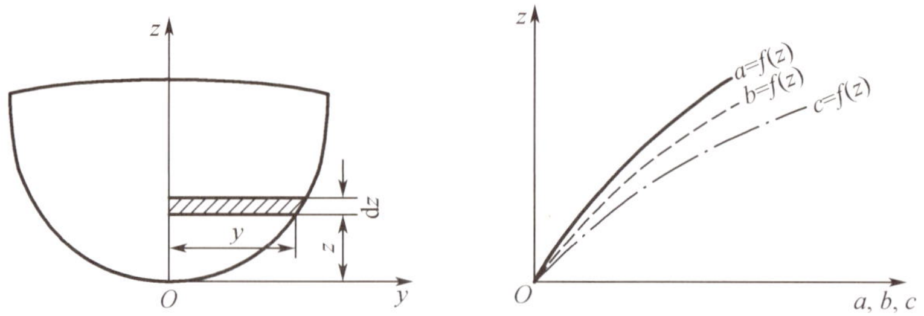

图 2-14　符拉索夫曲线

（1）船舶各站半个横剖面面积 A_S 随吃水变化的曲线组 a。

（2）船舶各站半个横剖面对中线的面矩 M_{Oz} 随吃水变化的曲线组 b。

(3)船舶各站半个横剖面对基线的面矩 M_{Oy} 随吃水变化的曲线组 c。

符拉索夫曲线的计算步骤如下:

(1)绘制符拉索夫曲线;

(2)计算排水体积和浮心坐标。

第七节　水密度改变时船舶浮态的变化

当船舶从一种密度的水域驶入另一种密度的水域时,船舶的排水量没有变化,但吃水和浮心位置等将发生变化,即浮态发生变化。

船舶初态为正浮,仅水密度 ρ 改变,讨论浮态的变化主要是分析(平均)吃水 d、横倾角 φ 和纵倾角 θ 的变化规律。

一、吃水的变化

1. 将浮性方程$\nabla=\dfrac{\Delta}{\rho}$对密度 ρ 求微分,得 $\mathrm{d}\rho=-\Delta\dfrac{\mathrm{d}\rho}{\rho^2}$。

2. $\mathrm{d}\nabla=A_{\mathrm{W}}\mathrm{d}z$,将吃水 T 代替 z 代入,得 $\mathrm{d}T=-\dfrac{\Delta}{A_{\mathrm{W}}}\dfrac{\mathrm{d}\rho}{\rho^2}$。

3. 又 $\mathrm{TPC}=\dfrac{\rho A_{\mathrm{W}}}{100}$,故 $\mathrm{d}T=-\dfrac{\Delta}{100\mathrm{TPC}}\dfrac{\mathrm{d}\rho}{\rho}$。

(1)当船舶由淡水域驶入海水域,$\mathrm{d}\rho>0$,则 $\mathrm{d}T<0$,即吃水减小;

(2)当船舶由海水域驶入淡水域,$\mathrm{d}\rho<0$,则 $\mathrm{d}T>0$,即吃水增大。

二、浮心位置的变化

1. 可推导得,$\mathrm{d}x_B=-\dfrac{\mathrm{d}\rho}{\rho}(x_F-x_B)$、$\mathrm{d}z_B=-\dfrac{\mathrm{d}\rho}{\rho}(T-z_B)$,一般船舶 $x_F<x_B$。

(1)当船舶由淡水域驶入海水域,$\mathrm{d}\rho>0$,则:$\mathrm{d}x_B>0$,浮心前移,由于重心不变,将发生艉倾;$\mathrm{d}z_B<0$,浮心下移。

(2)当船舶由海水域驶入淡水域,$\mathrm{d}\rho<0$,则:$\mathrm{d}x_B<0$,浮心后移,将发生艏倾;$\mathrm{d}z_B>0$,浮心上移。

2. 由于船体左右对称,水密度改变时浮心横向坐标不会改变。

第八节　储备浮力及载重线标志

船舶在局部破损后仍能漂浮在水面的能力是由储备浮力来保证的。所谓储备浮力是指满载水线以上主体水密部分的体积所能产生的浮力，它对稳性、抗沉性和淹湿性等有很大的影响。船体损坏后，海水进入舱室后吃水必然增加，如果船舶具有足够的储备浮力，则仍能浮于水面而不致沉没。因此储备浮力是确保船舶安全航行的一个重要指标。

储备浮力通常以满载排水量的百分数来表示，其大小根据船舶类型、航行区域以及载运货物的种类而定。内河驳船的储备浮力为其满载排水量的 10%～15%，海船为 20%～50%，军舰的储备浮力往往在 100%以上。

为保证安全航行，国际上于 1966 年制定了《1966 年国际载重线公约》（ICLL1966），以后又进行了修订，即《1966 年国际载重线公约 1988 年议定书》。中国船舶检验局也颁布了《船舶与海上设施法定检验规则》（1999），其中《国际航行海船法定检验技术规则》第 2 分册第 3 篇"载重线"、《国内航行海船法定检验技术规则》（2004）第 3 篇"载重线"和《内河船舶法定检验技术规则》（2004）第 5 篇"载重线"分别规定了对国际航行海船、国内航行海船和内河航行船舶的最小干舷、最小船首高度和载重线标志等的要求。规则规定在船中两舷侧勘画载重线标志，表明该船在不同航区、不同季节中航行时所允许的最大吃水线，以此规定船舶安全航行所需的最小干舷和最小储备浮力。

图 2-15 为国际航行船舶在船中央舷侧的载重线标志，它由外径为 300 mm、内径为 250 mm 的一圆环，和横贯圆环中心的长为 450 mm、宽为 25 mm 的一条水平线，以及在圆环前方 540 mm 处的长为 230 mm、宽为 25 mm 的若干水平线段所组成。各水平线段是船舶按其航行的区域和季节而定的载重水线，从下到上各线段及对应字母所表示的意义如下：

（1）WNA——冬季北大西洋载重线。

（2）W——冬季载重线。

（3）S——夏季载重线。

（4）T——热带载重线。

（5）F——夏季淡水载重线。

（6）TF——热带淡水载重线。

圆环两侧的字母"C""S"表示勘定干舷的检验机关是"中国船级社"。

国内航行海船的载重线标志不同于国际航行船舶，圆形标志的下方半圆为实心图形，各季载重线字母用汉语拼音字母表示。"X"为夏季，"R"为热带，"Q"为夏季淡水，"RQ"为热带淡水。内河航行船舶的载重线标志中圆环上的字母"CS"是标注在圆环的左方，字母"A"（或"B""C"）表示该船航行的区域是内河 A 级（或 B 级、C 级）航区。有的国内航行船舶的载重线标志上的字母用"ZC"字样，则表示该船是由国内各省、市、自治区的地方船舶检验机构执行检验和发证的。

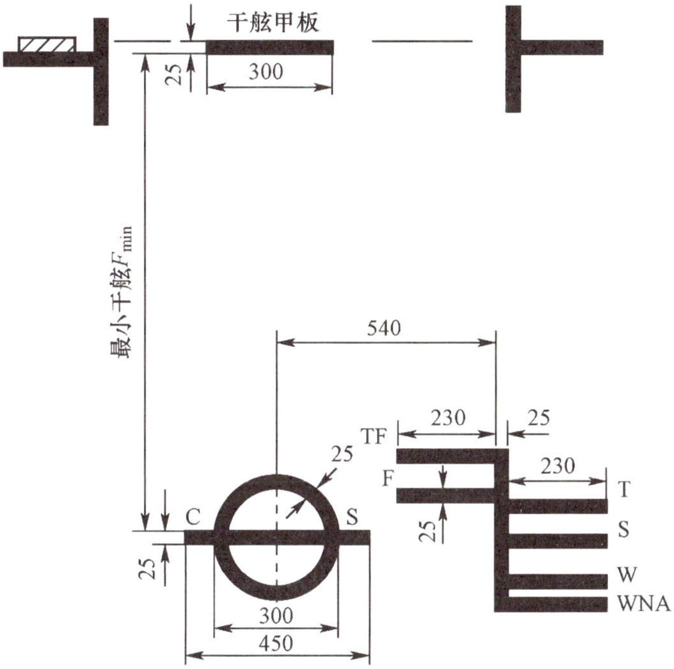

右舷载重线标志（单位为mm）

图 2-15　载重线标志

若实际吃水超过规定的载重线上缘（即载重线标志被水淹没），则表明该船已处于超载状态，其结果造成储备浮力减小，航行的安全性得不到保障，港务监督机构应不准其出港。

关于航区的划分、最小干舷的确定等，可参阅上述有关规则的规定。

思考题与练习题

一、简答题

1. 船舶的平衡条件是什么？船舶的浮态通常有哪些？表征各种浮态的参数有哪几个？

2. 船舶的质量 W 和重心位置 G 如何计算？

3. 民用船舶的空载排水量和满载排水量的含义分别是什么？

4. 按垂向计算法和纵向计算法，叙述船舶的排水体积∇和浮心位置 B 的计算原理及具体步骤，并分别写出其积分基本公式和数值积分公式，同时熟悉表格计算形式。

5. 垂向和纵向计算法通常各应用于哪种浮态？

6. 什么是每厘米吃水吨数 TPC？其公式 $TPC=\dfrac{\rho A_W}{100}$是如何导出的，它有什么用途？

7. 分别叙述水线面面积曲线 $A_W=f(z)$和横剖面面积曲线 $A_S=f(x)$的特性。

8. 分别说明型排水体积（量）、总排水体积（量）和储备浮力的含义？

9. 何谓邦戎曲线，它有什么用途？

10. 费尔索夫图谱的表达形式如何？有什么用途？试举例说明。

二、判断题

1. 船舶漂浮于水面,其排水体积的几何中心称为浮心。 (　　)
2. 船舶漂浮于水面,其排水体积的形心称为浮心。 (　　)
3. 一般情况下,船舶的重心 G 在浮心 B 之上。 (　　)
4. 纵倾角的符号规定:艉倾为正、艏倾为负。 (　　)
5. 横倾角的符号规定:右倾为正、左倾为负。 (　　)
6. 船舶的浮态可用(平均)吃水、横倾角和纵倾角来表征。 (　　)
7. 货船的载重量指的是装载的货物质量。 (　　)
8. 船舶排水量等于空船质量和载重量之和。 (　　)
9. 空船排水量是由船体钢料、木作舾装、机电设备、燃油和淡水食品及备品储量等所组成。 (　　)
10. 某 5 000 t 江海直达货船,其中的“5 000 t”一般指该船的排水量约为 5 000 t。 (　　)
11. 船舶的载重量包括空船质量、装载的货物和旅客的质量等,即船舶的排水量。 (　　)
12. 船舶的质量和重心一般是依据型线图和型值表来进行分析计算的。 (　　)
13. 船舶的空船质量一般随装载情况而改变。 (　　)
14. 垂向计算系统的基本原理是:首先计算出各横剖面面积等有关数据,然后将横剖面沿吃水方向积分来计算排水体积和浮心位置。 (　　)
15. 船体左右对称,故正浮状态时浮心横向坐标值为零。 (　　)
16. 求船舶正浮状态下不同吃水时的排水体积和浮心位置,一般采用垂向计算系统。 (　　)
17. 船舶装载一定,由武汉驶至上海,仅航区的水密度发生了改变,船的排水量相应发生变化。 (　　)
18. 船舶初态为正浮,在航行过程中水密度改变,船舶将产生纵倾,但不产生横倾。 (　　)
19. 储备浮力的大小常以满载排水量的百分数表示。 (　　)
20. 载重线标志表明船舶在不同航区、不同季节航行时所允许的最大吃水线。若实际吃水超过载重线下缘,则船舶超载。 (　　)

三、选择题

1. 船舶在一定装载情况下的漂浮能力称为________。

A. 浮性　　B. 稳性

C. 适航性　　D. 抗沉性

2. 船舶的漂心 F 是指________。

A. 船舶排水体积的形心　　B. 船舶水线面的几何中心

C、船舶所受重力的作用点　　D. 船舶倾斜前后两条浮力作用线的交点

3. 船舶水线面的几何中心称为________。

A. 漂心 B. 浮心

C. 重心 D. 稳心

4. 船舶的浮心 B 是指船舶________。

①船舶排水体积的形心;②船舶排水体积形状的几何中心;③船舶所受浮力的作用中心。

A. ①② B. ②③

C. ③ D. ①②③

5. 船舶重力作用中心称为________。

A. 稳心 B. 漂心

C. 浮心 D. 重心

6. 已知某船左舷吃水等于右舷吃水,则由此判断船舶浮态为________。

A. 无横倾 B. 平吃水

C. 艏倾 D. 艉倾

7. 已知某船的艏吃水等于艉吃水,则由此判断船舶浮态为________。

A. 艏倾 B. 无法断定

C. 艉倾 D. 平吃水

8. 按我国定义,船舶吃水差(纵倾值)是指船舶________。

A. 艏、艉吃水之差 B. 装货前后吃水之差

C. 满载与空载吃水之差 D. 左、右舷吃水之差

9. 某军舰舰长 98.0 m,舰宽 10.0 m,吃水 3.2 m,方形系数 0.468,则排水体积为________ m^3。

A. 950 B. 58

C. 1 232 D. 1 468

10. 空船质量不包括下面的哪一项________。

A. 消防设施 B. 船员

C. 船上工作艇 D. 主机

11. 船舶的载重量一般不包括________。

A. 货物质量 B. 燃油质量

C. 船体钢料质量 D. 食品和淡水质量

12. 民船的设计排水量一般指________。

A. 满载出港排水量 B. 满载到港排水量

C. 空载出港排水量 D. 空载到港排水量

13 垂向计算系统的基本原理是:首先计算出各________等有关数据,然后将其沿吃水方向积分来计算排水体积和浮心位置。

A. 水线面 B. 横剖面

C. 纵剖面 D. 以上均可

14 纵向计算系统的基本原理是:首先计算出各________等有关数据,然后将其沿船长

方向积分来计算排水体积和浮心位置。

A. 水线面　　B. 横剖面

C. 纵剖面　　D. 以上均可

15. 横剖面面积曲线与 x 轴所围图形的形心纵向坐标等于________纵向坐标。

A. 浮心　　B. 重心

C. 稳心　　D. 漂心

16. 根据横剖面面积曲线不能得到的船型要素为________。

A. 排水体积　　B. 棱形系数

C. 方形系数　　D. 浮心纵向坐标

17. 水线面面积曲线与 z 轴所围图形的形心垂向坐标等于________垂向坐标。

A. 浮心　　B. 重心

C. 稳心　　D. 漂心

18. 根据水线面面积曲线不能得到的船型要素为________。

A. 排水体积　　B. 纵向棱形系数

C. 方形系数　　D. 浮心垂向坐标

19. 某船吃水 $d=9.0$ m 时，水线面面积 $A_W=1\ 800\ m^2$，则对应的海水每厘米吃水吨数 TPC 为________。

A. 16.0　　B. 18.1

C. 18.45　　D. 16.4

20. 船舶的壳板系数 k 通常________。

A. 随船舶的增大而减小　　B. 随船舶的增大而增大

C. 与船舶大小无关　　D. 与船舶大小的关系不能确定

21. 邦戎曲线图一般由两组曲线组成，其中一组为横剖面面积曲线，另一组为________曲线。

A. 水线面面积　　B. 型排水体积

C. 浮心纵向坐标　　D. 横剖面面积对基面的静矩

22. 根据船舶的艏、艉吃水，由邦戎曲线图可查出________的大小。

A. 水线面面积　　B. 横剖面面积

C. 型排水量体积　　D. 浮心纵向坐标

23. 当船舶排水量一定时，由淡水港进入海水港则________。

A. 平均吃水增加　　B. 平均吃水减少

C. 平均吃水不变　　D. 变化趋势不定

24. 船舶由海水驶入淡水时________。

A. 排水量不变，吃水增加，浮心后移，略有艏倾

B. 排水量不变，吃水增加，浮心前移，略有艉倾

C. 排水量不变，吃水增加，浮心位置及纵倾状态的变化趋势不定

D. 排水量不变，吃水减少，浮心位置及纵倾状态的变化趋势不定

25. 船舶的储备浮力是指________。

A. 水密空间的大小

B. 保留的排水体积

C. 所保留的干舷高度值

D. 满载水线以上的船体主体水密空间所提供的浮力

项目三

初 稳 性

● **学习目标**

知识目标

1. 掌握船舶稳性的基本概念；
2. 掌握船舶初稳性高及复原力矩的计算方法；
3. 了解静水力曲线图中稳性曲线的绘制方法；
4. 理解质量移动和装卸载荷对船舶浮态及初稳性的影响，掌握相关计算方法；
5. 理解自由液面和悬挂质量对船舶浮态及初稳性的影响，掌握相关计算方法；
6. 了解船舶典型装载情况下浮态和初稳性的计算方法；
7. 掌握船舶倾斜试验原理和方法。

能力目标

1. 具备计算船舶初稳性高的能力；
2. 具备识读静水力曲线图中稳性曲线的能力；
3. 具备计算质量移动和装卸载荷对船舶浮态及初稳性的影响的能力；
4. 具备计算自由液面和悬挂质量对船舶浮态及初稳性的影响的能力；
5. 具备识读船舶典型装载情况下浮态和稳性计算书的能力；
6. 具备进行船舶倾斜试验的能力。

第一节 稳性概述

一、稳性的概念

稳性是指船舶受外力作用，离开平衡位置发生倾斜而不致于倾覆，当外力消除后能自动回复到原来平衡位置的能力。

当船舶静止漂浮于水面某一位置时，受到重力和浮力两个作用力，其大小相等，但方向相反，而且两者的作用点在同一铅垂线上，这时船舶处于平衡状态。但船舶在海上航行时，经常受到风浪等各种外力的干扰，产生倾斜，这样就破坏了原来正浮时的平衡状态。船舶在受到外力干扰产生倾斜后会不会翻转？当外力消失后船舶会不会回复到原来的平衡位置？这就是船舶的稳性问题。

二、船舶具备稳性的根本原因

如图 3-1(a)所示，船舶在外力作用(横倾力矩 M_H)下发生横向倾斜(简称横倾)，船的重心位置 G 不变，但排水体积的形状发生改变，浮心由 B 改变到 B_1。此时，重力和浮力形成一个力偶矩。

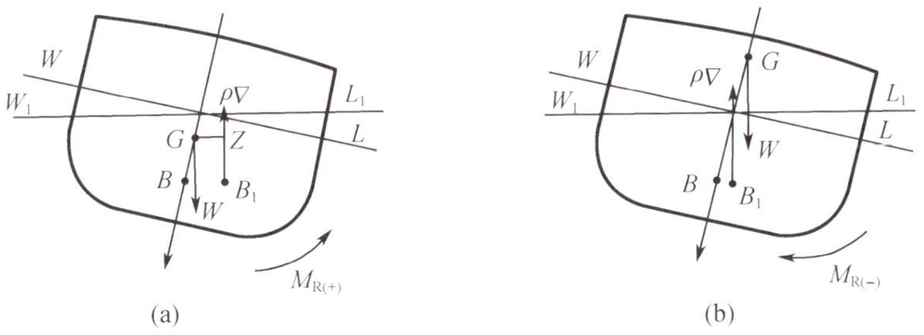

图 3-1　横剖面

自重心 G 作直线 GZ 垂直于通过 B_1 的垂线(即浮力作用线)，则力偶矩等于 $\Delta\overline{GZ}$，称为复原力矩，通常以 M_R 来表示，即

$$M_R=\Delta\overline{GZ} \tag{3-1}$$

式中，Δ 为排水量；$\overline{GZ}$ 为复原力臂；M_R 为复原力矩，它的大小是衡量船舶稳性的一个重要指标。

若复原力矩与倾斜力矩的方向相反，则它起着抵抗倾斜的作用，M_R 为正值。此时，一旦外力消失，它能使船舶回复到原来正浮的平衡位置。若复原力矩与倾斜力矩的方向相同，这不仅不起抵抗倾斜的作用，反而促使船舶继续倾斜，此时 M_R 为负值，如图 3-1(b)所示。

造成船舶离开原来平衡位置的是倾斜力矩，它产生的原因有：风和浪的作用、船上货物的移动、旅客集中于某一舷侧、拖船的急牵、火炮的发射以及船舶回转等，其大小取决于这些外界条件。促使船舶回复到原来平衡位置的是复原力矩，其大小取决于排水量、重心和浮心的相对位置等因素。因此，在倾斜力矩和复原力矩这一对相互影响的力矩中，前者是外因，后者是内因。

船舶在纵倾力矩 M_T 作用下发生纵向倾斜(简称纵倾)亦会产生复原力矩(或称为回复力矩)，阻碍船舶的纵向倾斜使船舶不至于倾覆，当外力消除后仍使船舶自动回复到原来平衡位置，使船舶具备纵(向)稳性。

横倾力矩 M_H 和纵倾力矩 M_T 合称为倾斜力矩。

三、稳性的分类

1. 按倾斜方向来分

(1)横稳性：船舶横向倾斜时的稳性。

(2)纵稳性：船舶纵向倾斜时的稳性。

2. 按倾斜力矩的性质来分

(1)静稳性:倾斜力矩缓慢作用于船,使船的倾斜角速度很小或忽略不计时的稳性。

(2)动稳性:倾斜力矩突然作用于船,使船舶倾斜有明显角速度时的稳性。

3. 按倾斜角度的大小来分

(1)初稳性(或称小倾角稳性):一般指倾斜角度小于10°或上甲板边缘开始入水前的稳性。

(2)大倾角稳性:船舶作大角度(一般为10°以上)横向倾斜的稳性或上甲板边缘开始入水后的稳性。

4. 按船舱状态来分

(1)完整稳性:船舶的舱室为完整状态时的稳性。

(2)破舱稳性:船舶的舱室为破损进水状态时的稳性。

在本章及下章中讨论船舶稳性问题时,着重研究船舶复原力矩的计算及其有关的影响因素;同时把稳性问题分为初稳性和大倾角稳性两部分进行讨论。

把稳性划分为上述两部分的原因是,在研究船舶初稳性时可以引入某些假定,既使浮态的计算简化,又能较明确地获得影响初稳性的各种因素之间的规律。此外,船舶的纵倾一般都属于小角度倾斜情况。大角度倾斜一般只在横向倾斜时产生,因此大倾角稳性也称为大倾角横稳性。本章将讨论初稳性问题。

四、欧拉定理和重心移动原理

1. 欧拉定理

在讨论初稳性时,两等体积倾斜水线面的交线通过原水线面的漂心。这样,当已知船舶的倾角及原水线面的漂心位置后,可立即确定小倾角倾斜后的等体积水线的位置。

2. 重心移动原理

为了便于研究船舶在倾斜后浮心的移动情况,先简要介绍一下重心移动原理。图3-2表示由质量 W_1 及 W_2 两个物体所组成的系统,其总质量 $W=W_1+W_2$,重心在 G 点。若将其中质量为 W_1 的物体从重心 g_1 点移至 g_2 点,则总质量 W 的重心将自 G 点移至 G_1 点,即

$$\overline{GG_1} /\!/ \overline{g_1g_2},\quad \overline{GG_1}=\frac{W_1}{W}\overline{g_1g_2} \tag{3-2}$$

式(3-2)表明,整个重心移动方向平行于局部重心移动方向,且重心移动的距离与质量成反比。

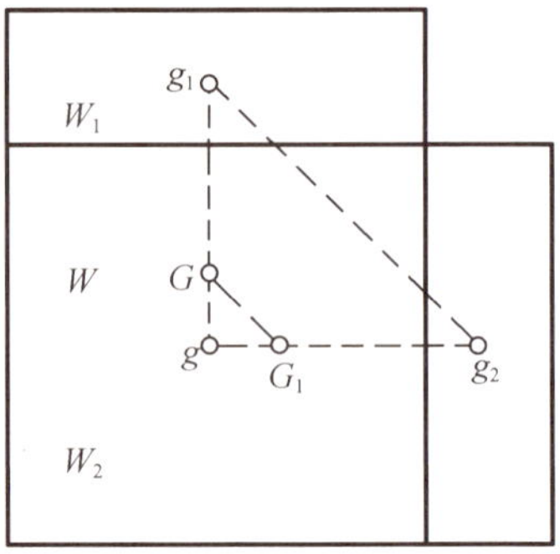

图 3-2

第二节　浮心的移动、稳心和稳心半径

船舶在外力作用下产生倾斜以后，其水下部分体积的形状发生了变化，因此体积形心（即浮心）必然向倾斜的一侧移动，而新的浮心位置的计算确定，则是求出复原力矩的关键。在讨论稳性问题时，首先需要确定倾斜水线的位置，这样才能求出浮心位置和浮力作用线的位置，然后分析复原力矩的大小及方向。

一、等体积倾斜水线

如图 3-3 所示，设船舶平浮时的水线为 WL，在外力作用下横倾一小角度 ϕ 后的水线为 W_1L_1。由于船仅受倾斜力矩的作用，排水体积保持不变，故倾斜水线 W_1L_1 应是等体积倾斜水线。为了确定 W_1L_1 的位置，对入水楔形 LOL_1 和出水楔形 WOW_1 分别进行分析。

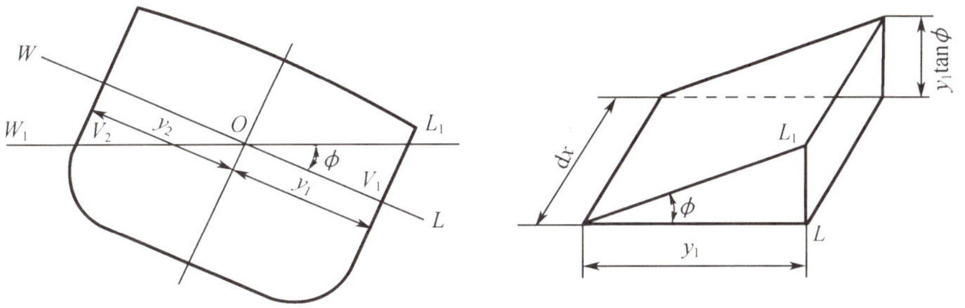

图 3-3　等体积倾斜水线

三角形 LOL_1 的面积为

$$\frac{1}{2}y_1^2\tan\phi$$

沿船长取 dx 一小段，其体积为

$$dV_1=\frac{1}{2}y_1^2\tan\phi dx$$

整个入水楔形的体积为

$$V_1=\int_{-\frac{L}{2}}^{\frac{L}{2}}\frac{1}{2}y_1^2\tan\phi dx=\tan\phi\int_{-\frac{L}{2}}^{\frac{L}{2}}\frac{1}{2}y_1^2dx$$

同理，可以求出出水楔形的体积为

$$V_2=\tan\phi\int_{-\frac{L}{2}}^{\frac{L}{2}}\frac{1}{2}y_2^2dx$$

在等体积倾斜的情况下，出水楔形的体积和入水楔形的体积必然相等，即 $V_1=V_2$。由此可得

$$\int_{-\frac{L}{2}}^{\frac{L}{2}}\frac{1}{2}y_1^2dx=\int_{-\frac{L}{2}}^{\frac{L}{2}}\frac{1}{2}y_2^2dx \tag{3-3}$$

积分 $\int_{-\frac{L}{2}}^{\frac{L}{2}} \frac{1}{2}y_1^2\mathrm{d}x$ 及 $\int_{-\frac{L}{2}}^{\frac{L}{2}} \frac{1}{2}y_2^2\mathrm{d}x$ 分别表示水线面 WL 在轴线 $O—O$ 两侧的面积对于轴线 $O—O$ 的静矩，如图 3-4 所示。因此，式(3-3)表示水线面 WL 对于轴线 $O—O$ 的面积静矩等于零，亦即 $O—O$ 通过水线面 WL 的形心(或称为漂心)。

由此可以得出结论：两等体积水线面的交线 $O—O$ 必然通过原水线面 WL 的漂心。这样，当已知船的倾角 ϕ(小角度)及原水线面 WL 的漂心位置后，立即可以确定倾斜角 ϕ 以后的等体积水线 WL 的位置。

上述结论同样适用于船舶的纵倾情况。

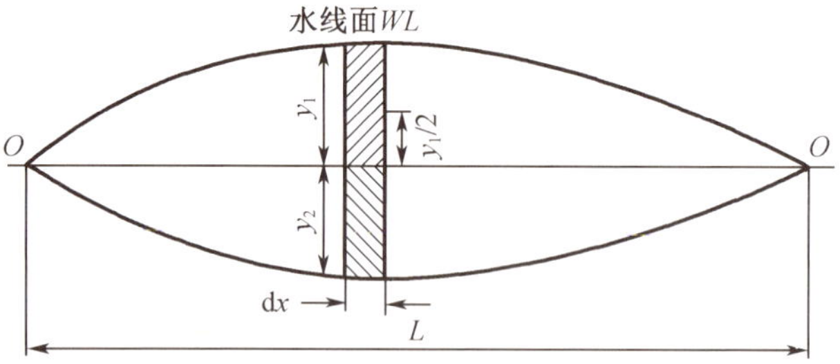

图 3-4　水线面

二、浮心的移动

现根据重心移动原理来分析船舶倾斜后浮心的移动距离。如图 3-5 所示，船在平浮时的水线为 WL，排水体积为∇，横倾小角度 ϕ 后的水线为 W_1L_1。设 V_1、V_2 表示入水及出水楔形的体积，g_1、g_2 表示入水及出水楔形的体积形心。由于 $V_1=V_2$，因此可以认为，船在横倾至 W_1L_1 时的排水体积相当于把楔形 WOW_1 这部分体积移至 LOL_1 处，其形心则自 g_2 移至 g_1。设船横倾后的浮心自原来的 B 点移至 B_1 点，利用重心移动原理，可以求得浮心的移动距离为

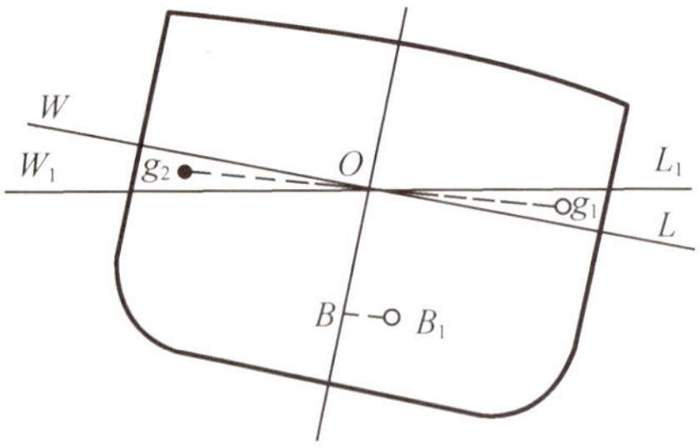

图 3-5　浮心移动

$$\overline{BB_1}=\frac{V_2}{\nabla}\overline{g_1g_2} \tag{3-4}$$

且

$$\overline{BB_1}//\overline{g_1g_2}$$

由于 $V_1=V_2$，故

$$\overline{g_1 O}=\overline{g_2 O}=\frac{1}{2}\overline{g_1 g_2}$$

代入式(3-4),得

$$\overline{BB_1}=2\frac{V_1}{\nabla}\overline{g_1 O} \tag{3-5}$$

式(3-5)右端 $\overline{g_1 O}$ 是入水楔形体积对于倾斜轴线 $O—O$ 的静矩。从图 3-6 中可以看出

$$V_1\overline{g_1 O}=\int_{-\frac{L}{2}}^{\frac{L}{2}}\frac{1}{2}y\cdot y\tan\phi\mathrm{d}x\cdot\frac{2}{3}y=\frac{1}{3}\tan\phi\int_{-\frac{L}{2}}^{\frac{L}{2}}y^3\mathrm{d}x$$

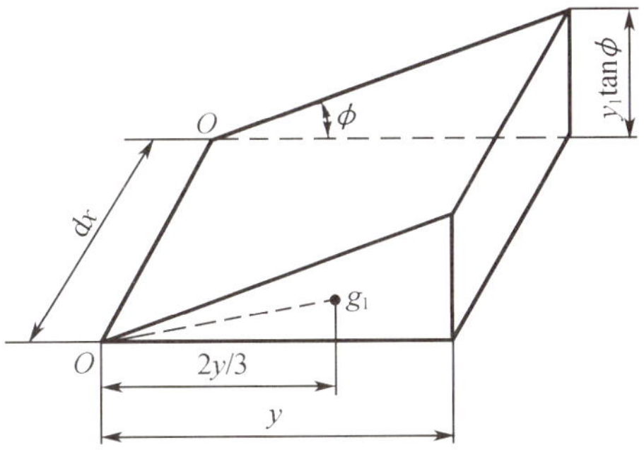

图 3-6 入水楔形

在 ϕ 为小角度时,$\tan\phi\approx\phi$,故

$$2V_1\overline{g_1 O}=\frac{2}{3}\phi\int_{-\frac{L}{2}}^{\frac{L}{2}}y^3\mathrm{d}x$$

积分式 $\frac{2}{3}\int_{-\frac{L}{2}}^{\frac{L}{2}}y^3\mathrm{d}x$ 为水线面 WL 的面积对于纵向中心轴线 $O—O$ 的横向惯性矩 I_T,因此

$$2V_1\overline{g_1 O}=I_T\phi \tag{3-6}$$

将式(3-6)代入式(3-5)得

$$\overline{BB_1}=\frac{I_T}{\nabla}\phi \tag{3-7}$$

由式(3-7)可见,浮心移动的距离 $\overline{BB_1}$ 与横向惯性矩 I_T、横倾角 ϕ 成正比,而与排水体积∇成反比。

三、稳心及稳心半径

船舶在横倾 ϕ 角后,浮心自原来的位置 B 沿某一曲线移至 B_1,这时浮力的作用线垂直于 W_1L_1,并与原正浮时的浮力作用线(中线)相交于 M 点(图 3-7)。当 ϕ 为小角度时,曲线 BB_1 可看作是圆弧的一段,M 点为曲线 BB_1 的圆心,而 $\overline{BM}=\overline{B_1M}$ 为曲线 BB_1 的半径。船舶在小角度倾斜过程中,可假定倾斜前后的浮力作用线均通过 M 点,因此,M 点称为横稳心(或初稳心),$\overline{BM}$ 称为横稳心半径(或初稳心半径)。

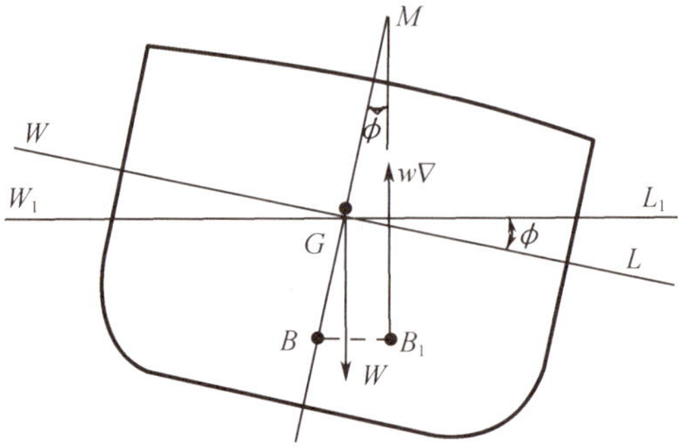

图 3-7　稳心与稳心半径

当 ϕ 为小角度时，$\widehat{BB_1} \approx \overline{BB_1} = \overline{BM}\phi$，将它代入式(3-7)，则得横稳心半径

$$\overline{BM} = \frac{I_{\mathrm{T}}}{\nabla} \tag{3-8}$$

式(3-8)的导出是在研究等体积小角度倾斜时所得到的，而在实际解决初稳性问题时，可推广到倾斜角度小于 10°的情况。这相当于假定船舶在等体积小角度倾斜过程中，浮心移动曲线是以横稳心半径为半径的圆弧，稳心 M 点位置保持不变，浮力作用线均通过稳心 M。根据这个假定既可使讨论问题简化，又能在使用中计算简便。

船舶在等体积纵倾时的情况，与上面所讨论的横倾情况相同，完全可以得出类似的结果(图 3-8)。纵稳心半径为

$$\overline{BM_{\mathrm{L}}} = \frac{I_{\mathrm{LF}}}{\nabla} \tag{3-9}$$

式中，I_{LF} 为水线面面积 A_{W} 对于通过该水线面漂心 F 的横轴的纵向惯性矩：

$$I_{\mathrm{LF}} = I_{\mathrm{L}} - A_{\mathrm{W}} x_F^2 \tag{3-10}$$

式中，x_F 为水线面 WL 的漂心 F 的纵向坐标，I_{L} 为水线面面积 A_{W} 对于通过该水线面中站处 Oy 横轴的纵向惯性矩：

$$I_{\mathrm{L}} = 2\int_{-\frac{L}{2}}^{\frac{L}{2}} x^2 y \mathrm{d}x$$

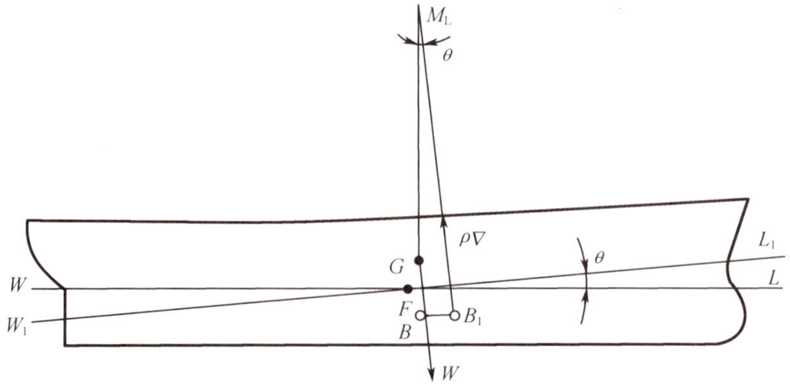

图 3-8　纵稳心

从式(3-8)及式(3-9)可知,如能算出 I_L 及 I_{LF},则可求得稳心半径 $\overline{BM}$ 及 $\overline{BM_L}$。在实际计算中,水线面面积惯性矩可根据型线图或型值表用近似计算法求得。

第三节　初稳性公式和稳性高度

一、初稳性公式和稳性高

船舶横倾某一小角度 ϕ 时,如船上的货物并未移动,则重心位置 G 保持不变,而浮心则自 B 点移至 B_1 点,如图 3-9(a)所示。此时重力 W 的作用点 G 和浮力 Δ 的作用点 B_1 点不在同一铅垂线上,因而产生了一个复原力矩 M_R 点,即

$$M_R = \Delta\overline{GZ} = \Delta\overline{GM}\sin\phi \qquad (3-11)$$

式中　$\overline{GZ}$——复原力臂;

$\overline{GM}$——横稳性高,亦称初稳性高。

当横倾角度较小时,$\sin\phi \approx \phi$,故式(3-11)可写成

$$M_R = \Delta\overline{GM}\phi \qquad (3-12)$$

式(3-11)或式(3-12)称为初稳性公式。

从复原力矩 M_R 和横倾方向(或从稳心 M 和重心 G 的相对位置)之间的关系,可以判断船舶平衡状态的稳定性能。

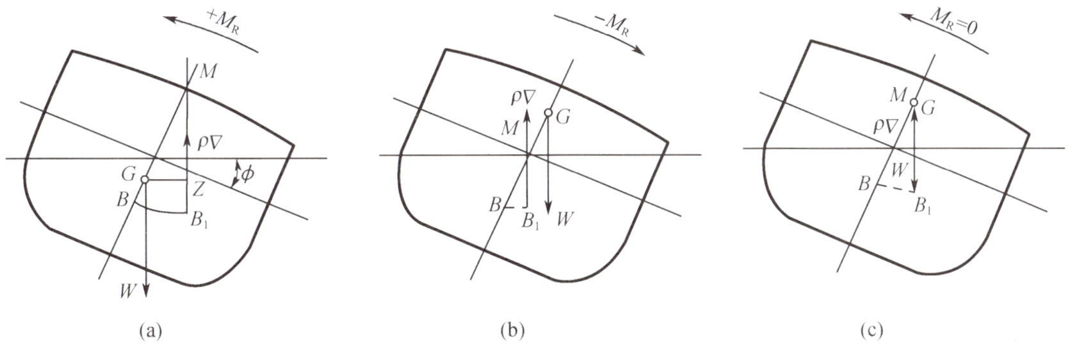

图 3-9　重心与稳心的关系

(1)重心 G 在稳心 M 之下,M_R 的方向与横倾方向相反,当外力消失后,它能使船舶回复至原来的平衡状态,所以称为稳定平衡(图 3-9(a))。此时,$\overline{GM}$ 和 M_R 都为正值。

(2)重心 G 在稳心 M 之上,M_R 的方向与横倾方向相同,它使船舶继续倾斜而不再回复至原来的平衡状态,所以称为不稳定平衡(图 3-9(b))。此时,$\overline{GM}$ 和 M_R 都为负值。

(3)重心 G 和稳心 M 重合,$\overline{GM}=0$,$M_R=0$,当外力消失后,船不会回复到原来位置,也不

会继续倾斜,称为中性平衡或随遇平衡(图 3-9(c))。

船舶在水面上的平衡状态不外乎上述三种情况,其中(2)(3)两种情况是不允许出现的,因为这种船舶在倾斜后不可能回复到原来的平衡位置,也就是说,这种船舶的稳性得不到保证。

从式(3-11)或式(3-12)中可以看出:船舶在一定排水量下产生小横倾时,横稳性高,即 $\overline{GM}$ 越大,复原力矩 M_R 也越大,也就是抵抗倾斜力矩的能力越强。因此,横稳性高 $\overline{GM}$ 是衡量船舶初稳性的主要指标。但是横稳性高过大的船,摇摆周期短,在海上遇到风浪时会产生急剧的摇摆,所以横稳性高的数值要选取适当。表 3-1 所列为各类船舶在设计排水量时横稳性高的大体范围,表 3-2 所列为我国建造的一些船舶的横稳性高的数值。

表 3-1　各类船舶横稳性高的范围

船舶类型	$\overline{GM}$/m	船舶类型	$\overline{GM}$/m
客船	0.3~1.5	战列舰	2.0~3.0
干货船	1.3~1.0	巡洋舰	0.9~1.8
油船	1.5~2.5	驱逐舰	0.7~1.2
拖船	0.5~0.8	鱼雷艇	0.5~0.8
渔船	1.5~1.0	潜艇(水上)	0.3~0.8
航空母舰	2.7~3.5	潜艇(水下)	0.2~0.4

表 3-2　我国建造的一些船舶的横稳性高

船舶类型	$\overline{GM}$/m	船舶类型	$\overline{GM}$/m
12 000 t 货船	0.97	4 500 m^3 挖泥船	2.17
7 500 t 远洋客货船	0.74	24 000 t 油船	3.48
25 000 t 散装货船	1.30	1 080 马力拖船	1.03

根据初稳性公式,可以求得引起船舶横倾 1°所需的横倾力矩公式。以 M_0 表示引起横倾 1°所需的横倾力矩,令 $\phi = 1° = \frac{1}{57.3}$ rad,根据式(3-12),横倾力矩和复原力矩相平衡,即

$$M_0 = \frac{\Delta \overline{GM}}{57.3} \tag{3-13}$$

如有横倾力矩 M_H 作用于船上,则由此引起的横倾角度

$$\phi = \frac{M_H}{M_0}$$

二、纵稳性

船舶在纵倾时,浮心的移动情况、重力 W 与浮力 Δ 的作用点位置等如图 3-10 所示。依照上述推导方法,可以求得船舶在纵倾时的复原力矩

$$M_{RL}=\Delta\overline{GM}_L\sin\theta \tag{3-14}$$

式中，$\overline{GM}_L$ 为纵稳性高。

由于船舶的纵倾角度 θ 较小，故 $\sin\theta\approx\theta$，代入式(3-14)得

$$M_{RL}=\Delta\overline{GM}_L\theta \tag{3-15}$$

式(3-14)或式(3-15)称为纵稳性公式。纵稳心 M_L 较重心 G 高得多。通常，纵稳性高 $\overline{GM}_L$ 与船长 L 为同一数量级，因此在设计船舶时，除浮吊等特种船舶外，一般不必考虑纵向稳性问题。

通常用艏艉的吃水差来表达船舶的纵倾情况。若船长为 L，艏艉吃水差为 t（艏倾时 t 取作正值，艉倾时 t 取作负值），则纵倾角 θ 为

$$\theta\approx\tan\theta=\frac{t}{L} \tag{3-16}$$

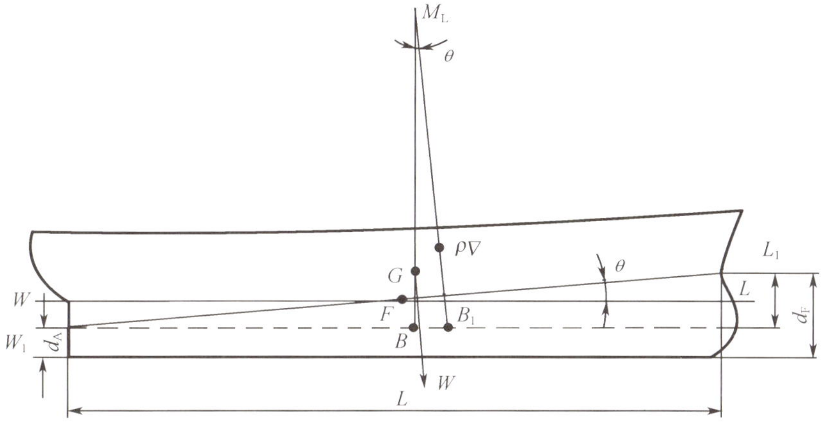

图 3-10　纵倾与浮心

将式(3-16)代入式(3-15)，得

$$M_{RL}=\Delta\overline{GM}_L\frac{t}{L} \tag{3-17}$$

根据式(3-17)可以求得引起船舶纵倾 1 cm 所需的纵倾力矩（即每厘米纵倾力矩）公式。以 MTC 表示每厘米纵倾力矩，令 $t=1\text{ cm}=\frac{1}{100}\text{ m}$，代入式(3-17)，则有

$$\text{MTC}=\frac{\Delta\overline{GM}_L}{100L} \tag{3-18}$$

由于浮心和重心之间的距离 $\overline{BG}$ 与纵稳心半径 $\overline{BM}_L$ 相比是一个小值，因此可以认为 $\overline{GM}_L\approx\overline{BM}_L$，式(3-18)可近似写成：

$$\text{MTC}=\frac{\Delta\overline{BM}_L}{100L}$$

如有纵倾力矩 M_T 作用于船上，由此引起的纵倾值 t（以厘米计）为

$$t=\frac{M_{\mathrm{T}}}{\mathrm{MTC}}$$

概括说来，船舶初稳性中最重要的问题是，弄清楚浮心 B、重心 G 和稳心 M 的位置以及三者之间的关系，这里可作简短的小结如下：

初稳性高 $\overline{GM}$ 是衡量船舶初稳性的重要指标，可写成：

$$\overline{GM}=z_B+\overline{BM}-z_G \tag{3-19}$$

式中，z_B 为浮心高度，$\overline{BM}$ 为初稳心半径（或称横稳心半径）；z_G 为重心高度。

令 $\overline{BG}=z_G-z_B$ 为浮心和重心之间的距离，则式（3-19）亦可写成：

$$\overline{GM}=\overline{BM}-\overline{BG}$$

同样，纵稳性高 $\overline{GM_{\mathrm{L}}}$ 可写成：

$$\overline{GM_{\mathrm{L}}}=z_B+\overline{BM_{\mathrm{L}}}-z_G \tag{3-20}$$

式中，$\overline{BM_{\mathrm{L}}}$ 为纵稳心半径。

式（3-20）又可写成：

$$\overline{GM_{\mathrm{L}}}=\overline{BM_{\mathrm{L}}}-\overline{BG}$$

第四节　船舶静水力曲线图

在上述各节中，讨论了船舶在静止正浮状态下浮性和初稳性的基本原理及其计算问题。这些计算结果通常都要绘制成综合性的曲线图，即船舶静水力曲线图。图 3-11 为某货船的静水力曲线图。

一、静水力曲线的概念

所谓静水力曲线是指船舶静止正浮状态下浮性要素、初稳性要素和船型参数等随吃水的变化规律曲线。

图 3-11 中一般应包括下列曲线：

（1）型排水体积 ∇ 曲线。

（2）总排水体积 ∇_k 曲线。

（3）总排水量 Δ_k 曲线。

（4）浮心纵向坐标 x_B 曲线。

（5）浮心垂向坐标 z_B 曲线。

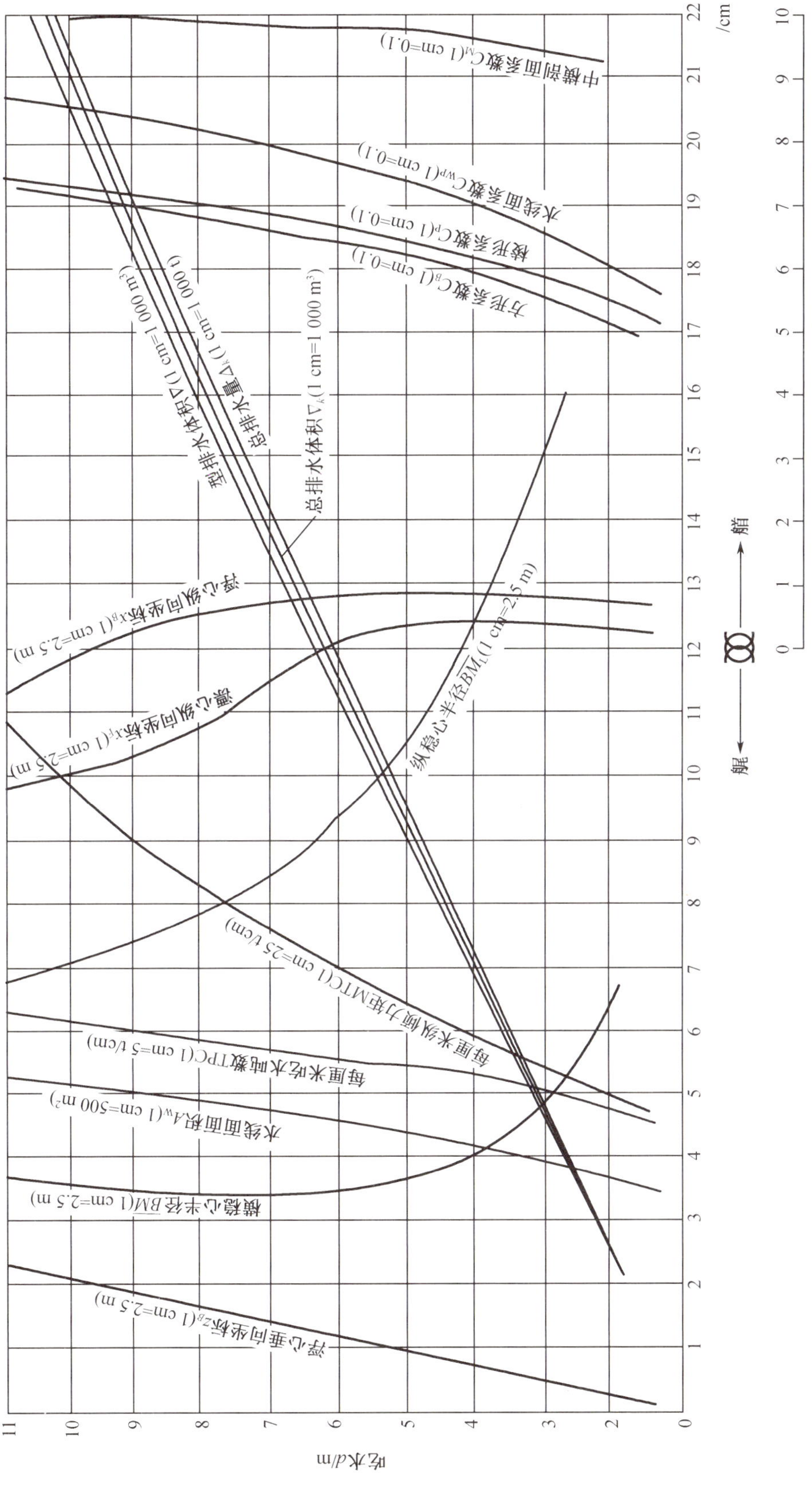

图3-11　某货船的静水力曲线图

(6)水线面面积 A_W 曲线。

(7)漂心纵向坐标 x_F 曲线。

(8)每厘米吃水吨数 TPC 曲线。

(9)横稳心半径 $\overline{BM}$ 曲线。

(10)纵稳心半径 $\overline{BM_L}$ 曲线。

(11)每厘米纵倾力矩 MTC 曲线。

(12)水线面系数 C_{WP} 曲线。

(13)中横剖面系数 C_M 曲线。

(14)方形系数 C_B 曲线。

(15)棱形系数 C_P 曲线。

其中,(1)~(8)为浮性曲线,(9)~(11)为稳性曲线,(12)~(15)为船型系数曲线。

各造船厂或设计部门目前都是用计算机进行船舶静水力曲线计算并绘制静水力曲线图。在用手工计算时一般都按表格进行。

第五节　载荷移动对船舶浮态及初稳性的影响

在营运过程中,船舶上的部分载荷经常发生位置的移动。例如:液体、散货滑移,船员和乘客的移动,以及为了调整浮态而进行的调压载水操作等。在船上移动小载荷时,船舶的浮态和初稳性将可能发生变化。

我们可应用初稳性公式解决这些问题,主要讨论小载荷移动对(平均)吃水、横倾角、纵倾角、横稳性高和纵稳性高的影响。小载荷指的是,使研究问题在初稳性范围内,一般假定小载荷 p 不超过排水量的 10%,且移动的距离较小。

当船上的载荷移动时,船的排水量虽然保持不变,但其浮态和初稳性是变化的。为简便计,先分别讨论重心在垂向、横向及纵向的移动情况,然后再研究重心在任意方向的移动情况。

一、垂向(竖向)移动

将船上某一质量为 p 的载荷自 A 点(垂向坐标 z_1)沿垂直方向移至 A_1 点(垂向坐标 z_2),移动的距离为 z_2-z_1,如图 3-12 所示。由于船的排水量和浸水部分的形状都没有变化,故浮心 B 及稳心 M 的位置保持不变。至于船的重心,则由原来的 G 点垂向移动至 G_1 点,根据重心移动原理可得

$$\overline{GG_1}=\frac{p(z_2-z_1)}{\Delta}$$

从图 3-12 中可以看到,由于重心的移动,引起了初稳性高的改变。设原来的初稳性高

为 $\overline{GM}$，新的初稳性高为 $\overline{G_1M}$，则有

$$\overline{G_1M}=\overline{GM}-\overline{GG_1}$$

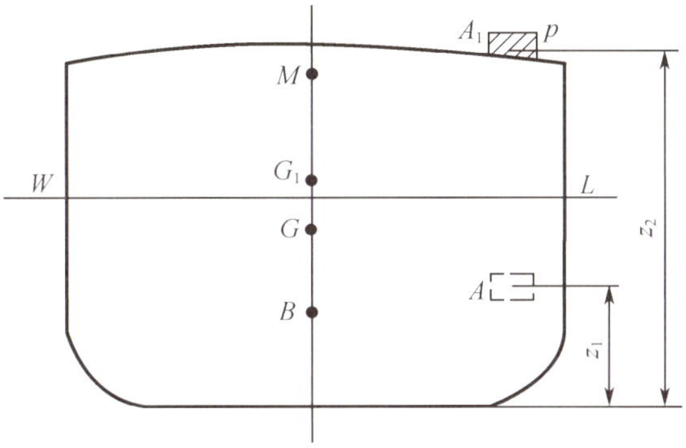

图 3-12　载荷的垂向移动

即

$$\overline{G_1M}=\overline{GM}-\frac{p(z_2-z_1)}{\Delta} \quad (3\text{-}21)$$

式中 p 为载荷的质量。同理，新的纵稳性高

$$\overline{G_1M_L}=\overline{GM_L}-\frac{p(z_2-z_1)}{\Delta} \quad (3\text{-}22)$$

通常纵稳性高的数值很大，$\overline{GG_1}$ 相对 $\overline{GM_L}$ 来说是一个小量，在实用上常可认为 $\overline{G_1M_L}\approx\overline{GM_L}$。

从式(3-21)可见，如把载荷垂直向上移动，则将提高船的重心，其结果使初稳性高减小。由此可见，提高船的重心对稳性不利。反之，如把载荷向下移动，则将降低船的重心，其结果使初稳性高增加，故降低船的重心是提高船舶稳性的有效措施之一。

二、横向移动

将船上质量为 p 的载荷自 A 点(横向坐标 y_1)沿横向水平方向移至 A_1 点(横向坐标 y_2)，移动的距离为 y_2-y_1，如图 3-13 所示。船的重心自原来的 G 点横向移动至 G_1 点，根据重心移动原理可得

$$\overline{GG_1}=\frac{p(y_2-y_1)}{\Delta}$$

这时，重力的作用线通过 G_1，不再与原来的浮心 B 在同一铅垂线上。因此，船舶将发生横倾，浮心自 B 点向横倾一侧移动。当倾斜到某一角度 ϕ 时，新的浮心 B_1 与 G_1 在同一铅垂线上，船就保持新的平衡状态，并浮于新的水线 W_1L_1。

载荷的横向移动相当于形成一个横倾力矩

$$M_H=p(y_2-y_1)\cos\phi$$

船在横倾 ϕ 角后的复原力矩

$$M_R = \Delta \overline{GM} \sin\phi$$

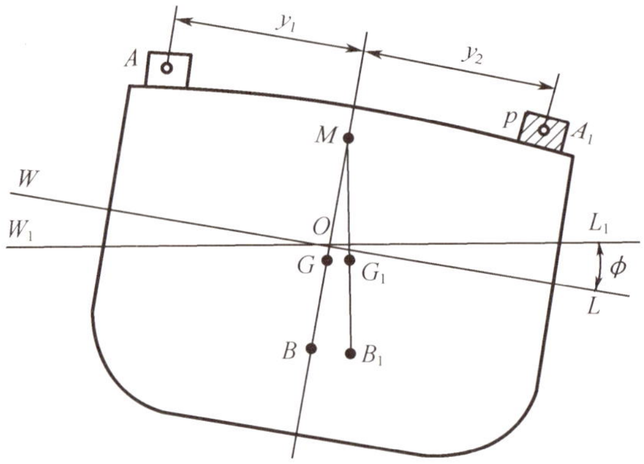

图 3-13　载荷的横向移动

由于船横倾至 ϕ 角时已处于平衡状态，故 $M_R = M_H$，即

$$\Delta \overline{GM} \sin\phi = p(y_2 - y_1)\cos\phi$$

根据上式，可以求得质量为 p 的载荷横向移动后船的横倾角正切

$$\tan\phi = \frac{p(y_2 - y_1)}{\Delta \overline{GM}} \tag{3-23}$$

三、纵向移动

将船上质量为 p 的载荷自 A 点(纵向坐标 x_1)沿纵向水平移至 A_1 点(纵向坐标 x_2)，移动的距离为 $x_2 - x_1$，如图 3-14 所示。船的重心由 G 点移至 G_1 点，因此船将产生纵倾，并浮于新的水线 W_1L_1，其纵倾角为 θ，应用上述质量横向移动的处理办法，完全可以得到类似的结果。参照式(3-23)可知，质量为 p 的荷载沿纵向移动后船的纵倾角可由下式求得

$$\tan\theta = \frac{p(x_2 - x_1)}{\Delta \overline{GM}_L} \tag{3-24}$$

船舶纵倾通常用艏艉吃水差来表示，因此需要了解质量为 p 的载荷沿纵向移动后艏艉吃水的变化情况。在本章第二节中已经证明：等体积倾斜的水线面 W_1L_1 与原水线面 WL 的交线必然通过 WL 的漂心 F。这样，艏、艉吃水的变化可从图 3-14 中的三角形 LFL_1 及水线面 W_1L_1 求得

$$\delta d_F = \left(\frac{L}{2} - x_F\right)\tan\theta = \left(\frac{L}{2} - x_F\right)\frac{p(x_2 - x_1)}{\Delta \overline{GM}_L} \tag{3-25}$$

$$\delta d_A = -\left(\frac{L}{2} + x_F\right)\tan\theta = -\left(\frac{L}{2} + x_F\right)\frac{p(x_2 - x_1)}{\Delta \overline{GM}_L} \tag{3-26}$$

若船原来的艏吃水为 d_F，艉吃水为 d_A，则质量沿纵向移动后的艏、艉吃水分别为

$$d_F' = d_F + \delta d_F = d_F + \left(\frac{L}{2} - x_F\right)\frac{p(x_2 - x_1)}{\Delta \overline{GM}_L}$$

$$d'_A = d_A + \delta d_A = d_A - \left(\frac{L}{2} + x_F\right)\frac{p(x_2 - x_1)}{\Delta \overline{GM_L}} \tag{3-27}$$

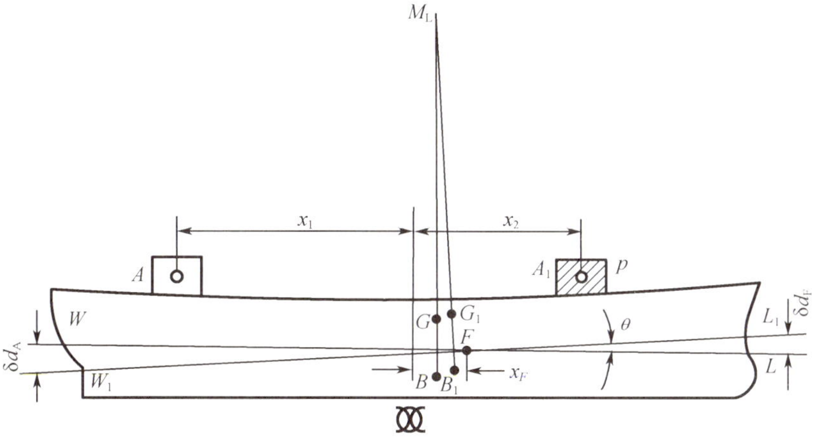

图 3-14　载荷的纵向移动

四、任意方向移动

将船上质量为 p 的载荷自 A_1 点（坐标(x_1, y_1, z_1)）移至 A_2 点（坐标(x_2, y_2, z_2)），如图 3-15 所示。

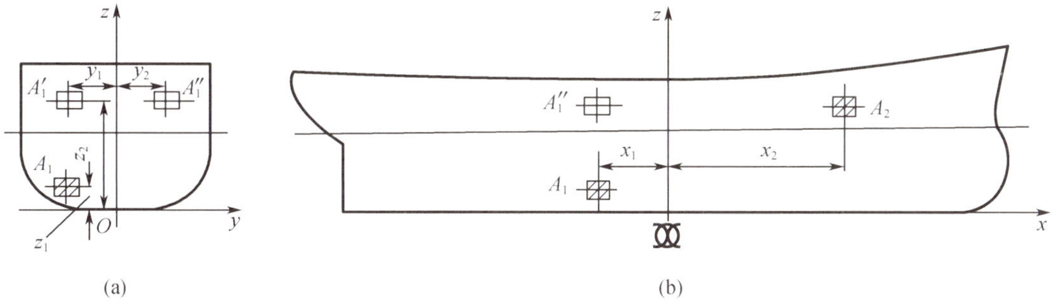

图 3-15　载荷沿任意方向移动

根据运动的分解，将质量为 p 的载荷从点 A_1 移至点 A_2 可分解为三步：

A. 垂向移动：$A_1(x_1, y_1, z_1) \rightarrow A'_1(x_1, y_1, z_2)$。

B. 横向移动：$A'_1(x_1, y_1, z_2) \rightarrow A''_1(x_1, y_2, z_2)$。

C. 纵向移动：$A''_1(x_1, y_2, z_2) \rightarrow A_2(x_2, y_2, z_2)$。

综合垂向、横向和纵向三个方向的移动规律，可得任意方向移动的规律。

至于船的浮态及稳性所发生的变化，同样可以认为是由三个方向分位移的变化所产生的总结果。这样，便可按照下列步骤，求得载荷沿任意方向移动后船的浮态及稳性。首先考虑载荷沿垂直方向移动，求出新的稳性高 $\overline{G_1M}$ 及 $\overline{GM_L}$，再利用已求得的新的稳性高，求出横倾角 ϕ，纵倾角 θ 及艏、艉吃水 d_F、d_A。

(1)新的稳性高

$$\overline{G_1M}=\overline{GM}-\frac{p(z_2-z_1)}{\Delta}$$

$$\overline{G_1M_L}=\overline{GM_L}-\frac{p(z_2-z_1)}{\Delta}$$

(2)横倾角正切

$$\tan\phi=\frac{p(y_2-y_1)}{\Delta\overline{G_1M}}$$

(3)纵倾角正切

$$\tan\phi=\frac{p(x_2-x_1)}{\Delta\overline{GM_L}}$$

(4)艏、艉吃水的变化

$$\delta d_F=\left(\frac{L}{2}-x_F\right)\frac{p(x_2-x_1)}{\Delta\overline{GM_L}}$$

$$\delta d_A=-\left(\frac{L}{2}+x_F\right)\frac{p(x_2-x_1)}{\Delta\overline{GM_L}}$$

(5)船的最后艏、艉吃水

$$d'_F=d_F+\delta d_F$$

$$d'_A=d_A+\delta d_A$$

必须指出:在讨论上述问题时,是按坐标系统进行分析的,在应用有关公式计算船的浮态和稳性时,须弄清正负号的关系,以免发生错误。这里再着重说明一下:x 值在船中前为正值,在船中后为负值;y 值在右舷为正值,在左舷为负值;z 值在基线以上为正值,在基线以下为负值;横倾角 ϕ 向右舷倾斜为正值,向左舷倾斜为负值;纵倾角 θ(或艏、艉吃水差 t)艏倾为正值,艉倾为负值。在根据式(3-23)、式(3-24)计算 ϕ、θ 时,其绝对值表示它们的大小,符号(正或负)只是表示倾斜的方向。

例题 某船的船长 $L=110$ m,船宽 $B=11.5$ m,艏吃水 $d_F=3.3$ m,艉吃水 $d_A=3.2$ m,排水量 $\Delta=2\ 360$ t,初稳性高 $\overline{GM}=0.8$ m,纵稳性高 $\overline{GM_L}=115$ m,漂心纵向坐标 $x_F=-2.2$ m。现将船上质量 $p=50$ t 的载荷自位置 1 处(25 m, 3 m, 2.5 m)移到位置 2 处(10 m, 1.5 m, 6 m),求船的浮态和初稳性。

解 (1)新的初稳性高

$$\overline{G_1M}=\overline{GM}-\frac{p(z_2-z_1)}{\Delta}=0.8-\frac{50\times(6-2.5)}{2\ 360}=0.726\ \text{m}$$

(2)新的纵稳性高

$$\overline{G_1M_L}\approx\overline{GM_L}=115\ \text{m}$$

(3)船的横倾角正切

$$\tan\phi=\frac{p(y_2-y_1)}{\Delta\overline{G_1M}}=\frac{50\times(1.5-3)}{2\ 360\times0.726}=-0.044$$

即 $\phi=2.5°$,向左舷倾斜。

(4)船的纵倾角正切

$$\tan\theta=\frac{p(x_2-x_1)}{\Delta GM_L}=\frac{50\times(10-25)}{2\ 360\times115}=-0.002\ 76$$

即 $\theta=0.16°$,表示艉倾。

(5)船倾斜后的艏、艉吃水

$$d'_F=d_F+\left(\frac{L}{2}-x_F\right)\tan\theta=3.3+(55+2.2)\times(-0.002\ 76)=3.14\ \text{m}$$

$$d'_A=d_A-\left(\frac{L}{2}+x_F\right)\tan\theta=3.2-(55-2.2)\times(-0.002\ 76)=3.35\ \text{m}$$

第六节　装卸载荷对船舶浮态及初稳性的影响

在船上装卸小量载荷时,会引起船舶排水量及重心发生变化,从而使船舶的浮态及初稳性也产生变化。我们可应用初稳性公式解决这些问题。

一、装卸小量载荷对船舶浮态及初稳性的影响

在船上任意位置处增加小量载荷,会使船的吃水增加,并产生横倾和纵倾。我们主要讨论小量载荷装卸对(平均)吃水、横倾角、纵倾角、横稳性高和纵稳性高的影响。为了简便起见,在任意位置(x,y,z)装卸小量载荷,分两个步骤进行讨论:

第一步:假定在水线面漂心 F 的垂线上$(x_F,0,z)$装载小量载荷。这样,只改变船的平均吃水和稳性高,而不产生横倾和纵倾。

第二步:把小量载荷由$(x_F,0,z)$移到指定的位置(x,y,z),以确定船的横倾和纵倾。

1. 在漂心的垂线上装卸小量载荷

设船原平浮于水线 WL,吃水为 d,排水量为 Δ,浮心 B、重心 G、稳心 M、漂心 F 的位置如图 3-16 所示。现将质量为 p 的载荷装在通过漂心 F 垂直线上的 A 处,其坐标为$(x_F,0,z)$。

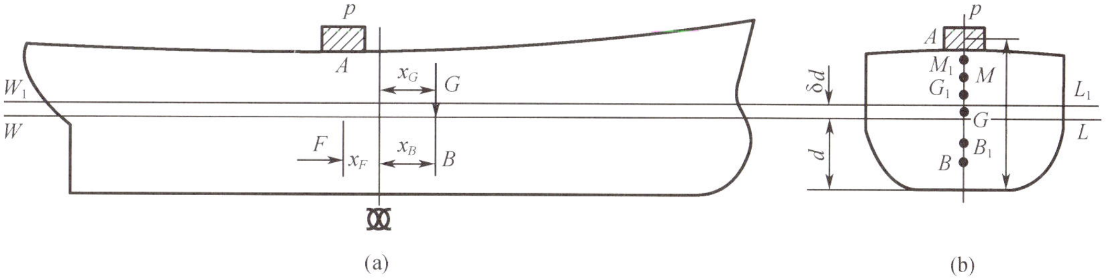

图 3-16　漂心垂直线上装卸载荷对船舶浮态及初稳性的影响

船在增加载荷质量前平浮于水线 WL,这时有

$$\Delta=\rho\nabla$$

$$x_G=x_B$$

船在增加载荷 p 后浮于水线 W_1L_1,设平均吃水的增量是 δd,水线 WL 与 W_1L_1 之间所增加的一薄层排水体积为 δV,则

$$\Delta+p=\rho(\nabla+\delta V)$$

$$p=\rho\delta V$$

上式表明,载荷质量 p 由排水量的增量 $\rho\delta V$ 所平衡。由于 p 是小量载荷,水线面 WL 与 W_1L_1 十分接近,可以认为 δV 的体积形心与水线面 WL 的漂心在同一垂直线上,因此,载荷质量 p 与排水量增量 $\rho\delta V$ 的作用点在同一铅垂线上。这时船将不产生横倾和纵倾,而只是增加平均吃水,其增加值为

$$\delta d=\frac{\delta V}{A_{\mathrm{W}}}=\frac{p}{\rho A_{\mathrm{W}}} \tag{3-28}$$

式中,A_{W} 为 WL 的水线面积。

但是,这时船的浮心、重心及稳心分别由原来的 B、G、M 点移至 B_1、G_1、M_1 点,因而稳性高也将由原来的 $\overline{GM}$ 变为 $\overline{G_1M_1}$。为了确定新的稳性高,须先讨论船在横倾某一小角度 ϕ 时复原力矩的情况。

设新的稳性高为 $\overline{G_1M_1}$,则横倾角为 ϕ 时的复原力矩

$$M_{\mathrm{R}}=(\Delta+p)\overline{G_1M_1}\sin\phi \tag{3-29}$$

同时,复原力矩也可以从图 3-17 所示的情况中求得

$$M_{\mathrm{R}}=\Delta\overline{GM}\sin\phi-p\overline{CA}\sin\phi$$

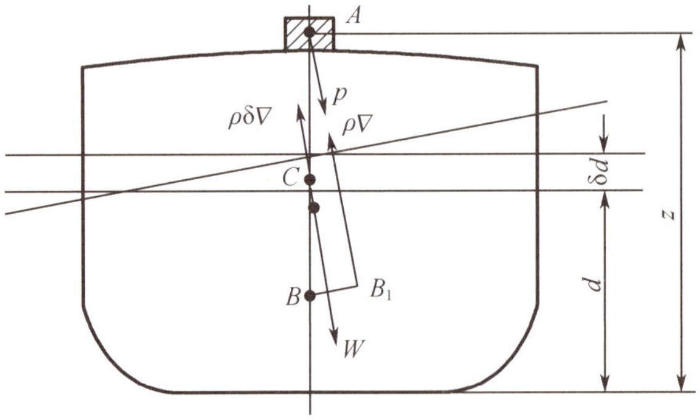

图 3-17 复原力矩图

式中 $\overline{CA}$ 为排水量增量 $\rho\delta\nabla$的作用点至载荷质量 p 的作用点之间的垂向距离,即

$$\overline{CA}=z-\left(d+\frac{\delta d}{2}\right)$$

故

$$M_{\mathrm{R}}=\Delta\overline{GM}\sin\phi-p\left[z-\left(d+\frac{\delta d}{2}\right)\right]\sin\phi \tag{3-30}$$

比较式(3-29)和式(3-30),可得到以下等式:

$$(\Delta+p)\overline{G_1M_1}=\Delta\overline{GM}-p\left[z-\left(d+\frac{\delta d}{2}\right)\right]$$

经整理后可得新的初稳性高

$$\overline{G_1M_1}=\overline{GM}+\frac{p}{p+\Delta}\left(d+\frac{\delta d}{2}-z-\overline{GM}\right) \tag{3-31}$$

根据式(3-31),可以判断载荷的高度 z 对于初稳性高的影响。从式(3-31)可看出:

若 $z=d+\frac{\delta d}{2}-z-\overline{GM}$,则 $\overline{G_1M_1}=\overline{GM}$, 即初稳性高不变;

若 $z>d+\frac{\delta d}{2}-z-\overline{GM}$, 则 $\overline{G_1M_1}<\overline{GM}$, 即初稳性高减小;

若 $z<d+\frac{\delta d}{2}-z-\overline{GM}$, 则 $\overline{G_1M_1}>\overline{GM}$, 即初稳性高增加。

由此可以设想,在船上有一高度为 $z=d+\frac{\delta d}{2}-\overline{GM}$ 的平面(称为中和面或极限平面),当载荷的重心刚好位于此平面时,则对初稳性高没有影响。若装载的货物高于此中和面,则减小初稳性高,反之,将增加初稳性高。

对于装载货物质量 p 后对纵稳性的影响,与上述情况相似,参照式(3-31)可得新的纵稳性高

$$\overline{G_1M_{L1}}=\overline{GM_L}+\frac{p}{p+\Delta}\left(d+\frac{\delta d}{2}-z-\overline{GM_L}\right) \tag{3-32}$$

由于 $d+\frac{\delta d}{2}-z$ 的数值和 $\overline{GM_L}$ 相比是小量,可以忽略,因此新的纵稳性高可近似写成:

$$\overline{G_1M_{L1}}\approx\overline{GM_L}-\frac{p}{p+\Delta}\overline{GM_L}\approx\frac{\Delta}{p+\Delta}\overline{GM_L} \tag{3-33}$$

在卸除小量载荷的情况下,同样可以应用上述有关公式分析计算船舶的浮态及初稳性,只需把载荷质量 p 改为 $-p$,并应注意到平均吃水的增量 δd 是负值。

2. 在任意位置装卸载荷对船舶浮态及稳性的影响

设质量为 p 的载荷装在船上 A 处,其坐标为(x,y,z),如图 3-18 所示。质量 p 加在船上任意位置 A 处而引起浮态及稳性的变化,可按下列步骤求得。

(1)先假定质量 p 装在 $A_1(x_F,0,z)$ 处,则

平均吃水增量

$$\delta d=\frac{p}{\rho A_W}$$

新的初稳性高

$$\overline{G_1M_1}=\overline{GM}+\frac{p}{p+\Delta}\left(d+\frac{\delta d}{2}-z-\overline{GM}\right)$$

新的纵稳性高

$$\overline{G_1M_{L1}}=\overline{GM_L}+\frac{p}{p+\Delta}\left(d+\frac{\delta d}{2}-z-\overline{GM_L}\right)\approx\frac{\Delta}{p+\Delta}\overline{GM_L}$$

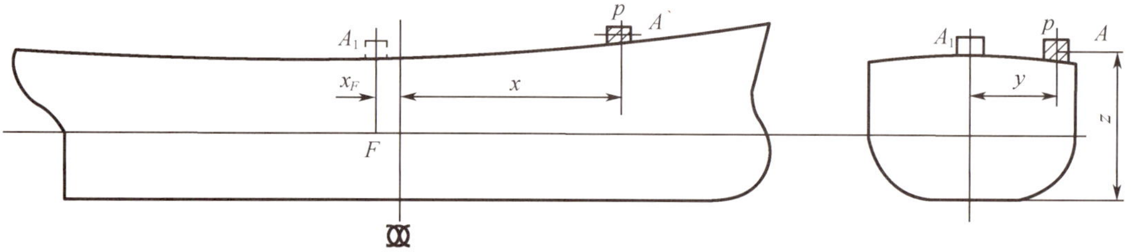

图 3-18　任意位置上装卸载荷对船舶浮态及稳性的影响

(2)将质量 p 自 $A_1(x_F,0,z)$ 移至 $A(x,y,z)$ 处,则

$$\tan\phi=\frac{py}{(\Delta+p)\overline{G_1M_1}}$$

$$\tan\theta=\frac{p(x-x_F)}{(\Delta+p)\overline{G_1M_{L1}}}$$

艏、艉吃水的变化

$$\delta d_F=\left(\frac{L}{2}-x_F\right)\frac{p(x-x_F)}{(\Delta+p)\overline{G_1M_{L1}}}$$

$$\delta d_A=-\left(\frac{L}{2}+x_F\right)\frac{p(x-x_F)}{(\Delta+p)\overline{G_1M_{L1}}}$$

(3)船的最后艏、艉吃水

$$d'_F=d_F+\delta d+\delta d_F$$

$$d'_A=d_A+\delta d+\delta d_A$$

在卸除小量载荷的情况下,也可应用上述各式,只需将质量 p 改为 $-p$。

例题　某海船 $L=91.5$ m, $B=14.0$ m, $d_F=3.75$ m, $d_A=4.45$ m,平均吃水 $d_m=4.1$ m, $\rho=1.025$ t/m^3, $\Delta=3\ 340$ t, $A_W=936.6$ m^2, $x_F=-3.66$ m, $\overline{GM}=0.76$ m, $\overline{GM_L}=101$ m。现将质量 $p=150$ t 的载荷装在船上坐标为 $x=6$ m, $y=0.5$ m, $z=7$ m 处,求装上载荷后船的浮态和初稳性。

解　(1)装载 p(单位 t)后的平均吃水增量

$$\delta d=\frac{p}{\rho A_W}=\frac{150}{1.025\times936.6}=0.156\ \text{m}$$

(2)新的稳性高

$$\overline{G_1M_1}=\overline{GM}+\frac{p}{p+\Delta}\left(d_m+\frac{\delta d}{2}-z-\overline{GM}\right)=0.76+\frac{150}{150+3\ 340}\left(4.1+\frac{0.156}{2}-7-0.76\right)=0.61\ \text{m}$$

$$\overline{G_1M_{L1}}\approx\frac{\Delta}{p+\Delta}\overline{GM_L}=\frac{3\ 340}{150+3\ 340}\times101=96.66\ \text{m}$$

(3)横倾角正切

$$\tan\phi=\frac{py}{(\Delta+p)\overline{G_1M_1}}=\frac{150\times0.5}{(3\ 340+150)\times0.61}=0.035\ 2$$

即 $\theta\approx2°$,向右舷倾斜。

(4)纵倾角正切

$$\tan\theta=\frac{p(x-x_F)}{(\Delta+p)\overline{G_1M_{L1}}}=\frac{150\times(6+3.66)}{(3\ 340+150)\times96.66}=0.004\ 3$$

即 $\theta\approx0.25°$,表示艏倾。

(5)艏、艉吃水的变化

$$\delta d_F=\left(\frac{L}{2}-x_F\right)\tan\theta=\left(\frac{91.5}{2}+3.66\right)\times0.004\ 3=0.212\ \text{m}$$

$$\delta d_A=-\left(\frac{L}{2}+x_F\right)\tan\theta=-\left(\frac{91.5}{2}-3.66\right)\times0.004\ 3=-0.181\ \text{m}$$

(6)最后船的艏、艉吃水

$$d'_F=d_F+\delta d+\delta d_F=3.75+0.156+0.212=4.12\ \text{m}$$

$$d'_A=d_A+\delta d+\delta d_A=4.45+0.156-0.181=4.43\ \text{m}$$

二、装卸大量载荷对船舶浮态及初稳性的影响

当船上增加或卸除大量的载荷(超过排水量的10%)时,应用上面有关公式来计算船舶的浮态和稳性就不够准确了。这是因为在装卸大量载荷时,船的吃水变化较大,因此新水线与原水线的水线面面积、漂心位置等差别较大。在这种情况下,应根据静水力曲线图中有关资料进行计算,才能得到比较正确的结果。这里需要应用的静水力曲线资料如下:

(1)排水量 Δ 曲线。

(2)浮心坐标 x_B 及 z_B 曲线。

(3)漂心纵向坐标 x_F 曲线。

(4)横稳心半径 $\overline{BM}$ 曲线。

(5)每厘米纵倾力矩 MTC 曲线。

设船舶原来的排水量为 Δ,重心纵向坐标为 x_G,重心垂向坐标为 z_G。当装上大量载荷 p(其重心在坐标(x,y,z)处)后,排水量 $\Delta_1=\Delta+p$。此时,船的重心位置为

$$x_{G_1}=\frac{\Delta x_G+px}{\Delta+p}$$

$$z_{G_1}=\frac{\Delta z_G+pz}{\Delta+p}$$

在静水力曲线图横坐标上按比例量取排水量 $\Delta+p$,从这点作垂线与排水量曲线相交,再从交点引水平线与纵坐标轴相交,即得相应的正浮吃水 d_1,如图3-19所示,根据吃水 d_1 可从有关曲线上量得 x_{B1}、z_{B1}、$\overline{KB_1}$、$\overline{B_1M_1}$、x_{F1} 及 MTC_1 等数值。

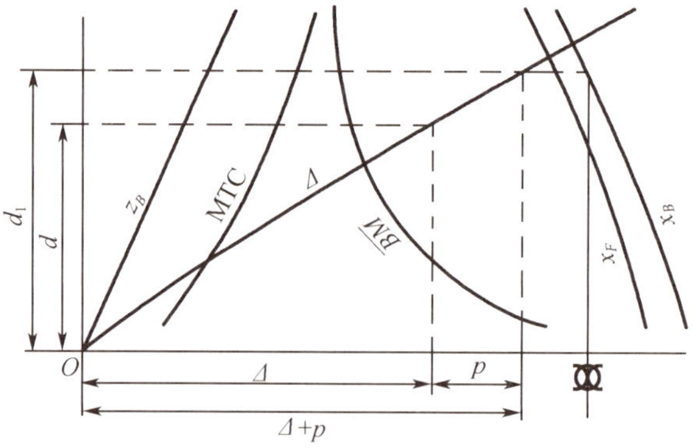

图 3-19　静水力曲线图

因此,排水量为 $\Delta+p$ 时的初稳性高

$$\overline{G_1M_1}=\overline{KB_1}+\overline{B_1M_1}=z_{G1}$$

进而可得横倾角正切

$$\tan\phi=\frac{py}{(\Delta+p)\overline{G_1M_1}}$$

船的重心 G_1 和浮心 B_1 不一定在同一铅垂线上,由此所引起的纵倾力矩可以从下式求得:

$$M_{\mathrm{T}}=(\Delta+p)(x_{G1}-x_{B1})$$

此时,船的纵倾为

$$t=\frac{M_{\mathrm{T}}}{100\mathrm{MTC}_1}$$

船的艏、艉吃水为

$$d_{\mathrm{F}}=d_1+\left(\frac{L}{2}-x_{F1}\right)\frac{t}{L}$$

$$d_{\mathrm{A}}=d_1-\left(\frac{L}{2}+x_{F1}\right)\frac{t}{L}$$

对于卸除载荷的情况,也可用同样的方法进行计算,这时在静水力曲线图的横坐标上应截取的排水量为 Δ 和 $\Delta-p$,在应用有关公式时需把载荷质量 p 改为 $-p$。

第七节　自由液面对船舶初稳性的影响

船上装载液体的舱柜(淡水舱、燃油舱和压载水舱等),如果舱内液体没有装满,则船舶在倾斜过程中,舱内的液体也将流向倾斜的一舷,且液面保持与水面一致,这种可以自由流动的液体表面称为自由液面。

当液体流动后,液体体积的形状发生变化,它的重心向倾斜一侧移动,因而产生一个额外的倾斜力矩，其结果是降低船的稳性。

我们讨论自由液面对初稳性的影响，主要分析自由液面影响后的稳性高。

如图 3-20 所示，设船的排水量为 Δ，自由液体的体积为 V，液体的密度为 ρ_1。当船处于正浮状态时，其重心在 G 点，舱内的自由液面 CD 平行于水线 WL，其重心在 a 点。当船横倾一小角度 ϕ 后，舱内液体的自由表面也发生倾斜而变为 $C'D'$，且平行于新水线 W_1L_1，其重心由 a 点移至 a_1 点。设在 a 点加上一对大小相等、方向相反的共线力 $\rho_1 V$，则可以看作船的重心不变，但增加了一个横倾力矩，其数值为

$$M_h = \rho_1 V\overline{aa_1} = \rho_1 V\overline{am}\sin\phi \tag{3-34}$$

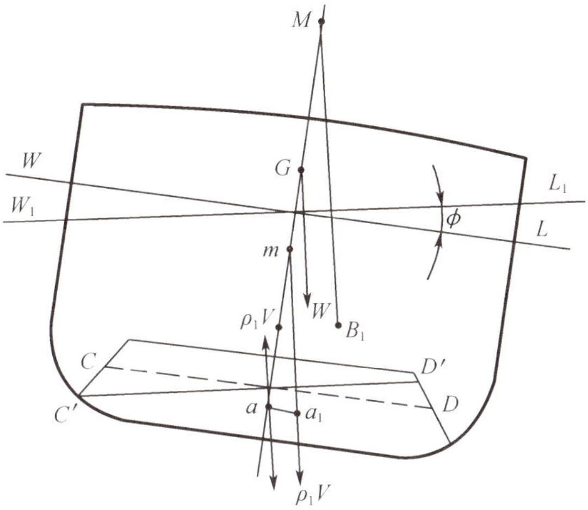

图 3-20　自由液面对船舶初稳性的影响

式中，m 为自由液体倾斜后重力作用线和正浮时重力作用线的交点；$\overline{am}$ 为液体重心移动曲线 aa_1 在 a 处的曲率半径。这种情况和本章第二节中讨论船舶等体积倾斜时浮心移动的情况相类似。在小倾角范围内，aa_1 可看作圆弧，m 为其圆心，$\overline{am}$ 为其半径。参照式(3-6)可知

$$\overline{am} = \frac{i_x}{V}$$

式中 i_x 为自由液面的面积对其倾斜轴线的横向惯性矩；V 为舱内液体的体积。

这样，自由液面产生的横倾力矩可写成：

$$M_h = \rho_1 V\frac{i_x}{V}\sin\phi = \rho_1 i_x \sin\phi$$

因此，在船横倾 ϕ 角后，除了船本身的复原力矩 $M_R = \Delta\overline{GM}\sin\phi$ 外，还有一个自由液面所产生的横倾力矩。在这种情况下，船的实际复原力矩

$$M_{R1} = \Delta\overline{GM}\sin\phi - \rho_1 i_x \sin\phi = \Delta\left(\overline{GM} - \frac{\rho_1 i_x}{\Delta}\right)\sin\phi \tag{3-35}$$

或船的实际初稳性高

$$\overline{G_1M}=\overline{GM}-\frac{\rho_1 i_x}{\Delta} \tag{3-36}$$

式中$-\frac{\rho_1 i_x}{\Delta}$称为自由液面对初稳性高的修正值。其数值只与自由液面的形状大小、船的排水量有关,而与自由液体的体积无关。

由上式可见,自由液面的影响使初稳性高减少了$\frac{\rho_1 i_x}{\Delta}$。参照式(3-21)可知,这个影响相当于把液体的重心由 a 点提高到 m 点,因此 m 点亦称为自由液体的虚重心。

用类似方法可以求得自由液面对于纵稳性高的影响:

$$\overline{G_1M_L}=\overline{GM_L}-\frac{\rho_1 i_y}{\Delta} \tag{3-37}$$

式中 i_y 为自由液面的面积对其倾斜轴线的纵向惯性矩。

如果船上有几个自由液面的舱柜,则可先算出各自的 $\rho_1 i_x$,然后把它们加起来除以船的排水量,即得所有自由液面对初稳性高的修正值 $-\frac{\sum \rho_1 i_x}{\Delta}$, 则

$$\overline{G_1M}=\overline{GM}-\frac{\sum \rho_1 i_x}{\Delta} \tag{3-38}$$

同理,对于纵倾情况有

$$\overline{G_1M_L}=\overline{GM_L}-\frac{\sum \rho_1 i_y}{\Delta} \tag{3-39}$$

从式(3-36)可以看出,自由液面的影响是减小了船的初稳性高,即降低了船的初稳性。如果自由液面的面积很大,可能使船失掉初稳性。为了减小自由液面对初稳性的不利影响,最有效的办法是在船内设置纵向舱壁。

下面举一个简单例子以说明设置纵向舱壁对减小自由液面影响的效果。

设有一个长为 l,宽为 b 的矩形自由液面,如图 3-21(a)所示。在横倾时,该自由液面对于其倾斜轴的惯性矩

$$i_x=\frac{1}{12}lb^3$$

若采用纵向舱壁将其分成两个相同的部分,如图 3-21(b)所示,则自由液面 A_1 及 A_2 对于其倾斜轴的面积惯性矩的总和

$$\sum_{j=1}^{2} i_{xj}=2\,\frac{1}{12}l\left(\frac{b}{2}\right)^3=\frac{1}{4}\cdot\frac{lb^3}{12}$$

由此可见,用纵向舱壁将自由液面等分后,自由液面对稳性的不利影响可减小至$\frac{1}{4}$。

同样可以证明,如果用两道纵向舱壁将自由液面分成三等份,则其影响可减小至$\frac{1}{9}$。进一步可得推论,将舱室进行 n 等分后,自由液面的影响可减少到未分舱前$\frac{1}{n^2}$。

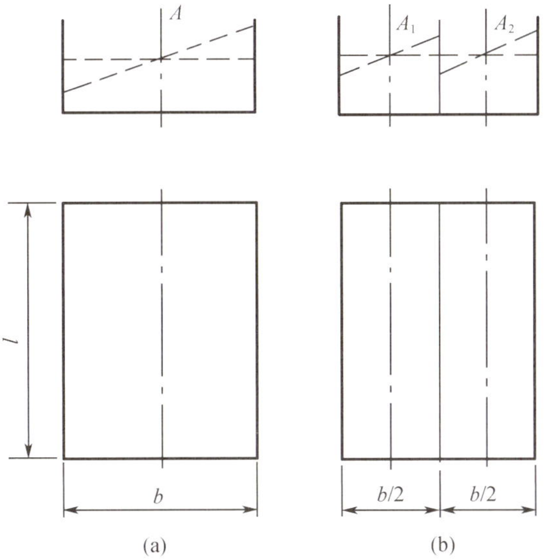

图 3-21　自由液面等分后对稳性的影响

因此,船上宽度较大的油舱、水舱等通常都要设置纵向舱壁,以减小自由液面对稳性的不利影响。

第八节　悬挂重物对船舶初稳性的影响

船舶的悬挂载荷(亦称为悬吊载荷、悬挂重物、悬吊重物等)有悬挂肉类、未固定的救生艇、用吊杆起货、渔船起网,以及未加固定的悬挂重物等。悬挂载荷随船舶的倾斜而摆动,将产生一横倾力矩,对初稳性会产生不利影响。

设船上有一悬挂于 A 点的重物,其重心位于 D 点,悬挂长度 l,如图 3-22 所示。当船横倾一小角度 ϕ 后,重物自 D 移至 D_1 点。若在 D 点加上一对大小相等、方向相反的共线力 p,则可以看作船的重心不变,但增加了一个横倾力矩,即

$$M_h = pl\sin\phi$$

故船在横倾 ϕ 角时的实际复原力矩

$$M_{R1} = \Delta\overline{GM}\sin\phi - pl\sin\phi = \Delta\left(\overline{GM} - \frac{pl}{\Delta}\right)\sin\phi \tag{3-40}$$

或船的实际初稳性高

$$\overline{G_1M} = \overline{GM} - \frac{pl}{\Delta} \tag{3-41}$$

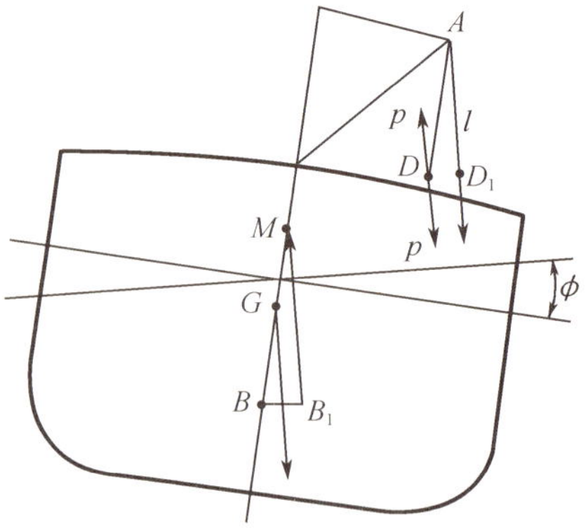

图 3-22　悬挂重物对稳性的影响

由上式可见,悬挂重物的影响使初稳性高减小了$\frac{pl}{\Delta}$。参照式(3-21)可知,这个影响相当于把重物自 D 点垂向移至悬挂点 A,故 A 点称为悬挂重物的虚重心。

用同样方法,可以求得悬挂重物情况下船的纵稳性高

$$\overline{G_1M_L}=\overline{GM_L}-\frac{pl}{\Delta} \tag{3-42}$$

最后,简要介绍一下装卸液体载荷或悬挂重物对船舶浮态和稳性的影响,对于这类问题,在计算稳性高时必须考虑下列两种影响:

(1)首先根据式(3-31)、式(3-32)算出装卸载荷后的稳性高。

(2)再考虑自由液面或悬挂载荷对稳性高的影响,这可根据式(3-38)、式(3-39)或式(3-40)、式(3-41)求得其最后的稳性高,并据此进行船舶浮态的计算。

第九节　船舶在各种装载情况下浮态及初稳性的计算

在上面各节中,讨论了装卸载荷对船舶浮态和稳性的影响,应用这些原理,就可以计算船舶在各种装载情况下的浮态和初稳性。

船舶的装载情况千变万化,不可能一一加以计算,故在设计阶段,只对几种典型的装载情况进行浮态和初稳性的计算,其中应包括初稳性最恶劣时的装载情况。我国船舶检验局颁发的《船舶与海上设施法定检验规则》中,对各类船舶(如客船、货船、油船、拖船、渔船等)所需计算的基本装载情况有明确的规定,并对各类船舶的最小初稳性高也做了规定,如果计算结果符合有关规则的要求,则表示所设计的船舶具有足够的初稳性。

对于普通货船来说,所需计算的典型装载情况有满载出港、满载到港、空载(或压载)出港和空载(或压载)到港四种状态。

船舶在各种装载情况下浮态和初稳性的计算,通常包括下列三个部分:

(1)各种装载情况下质量和重心位置的计算——每种典型载况单独列一张计算表。

(2)各种装载情况下浮态及初稳性的计算——每种典型载况单独列一张计算表。

(3)各种装载情况下浮态及稳性计算综合表——主要将各种载况下算得的船舶浮态和稳性进行汇总,便于全面了解船舶的浮态和稳性情况。

如表 3-3、表 3-4、表 3-5 所示,列举了某船的计算实例,以供参考。

表 3-3　载况质量和重心位置计算(满载出港)

项目	质量 W_i/t	重心距船中 x_{G_i}/m	重心距中线 y_{G_i}/m	重心距基线 z_{G_i}/m
空船	859.00	-4.03	0	3.80
固定质量	10.80	-12.84	0	4.41
供给品	0.30	-29.00	0	2.40
燃油	89.66	-0.60	0	0.72
柴油	21.56	-21.70	0	1.45
淡水	17.02	-31.73	0	3.51
滑油	2.83	-24.60	0	0.30
压载水	0.00	4.22	0	0.73
货物	1604.83	4.24	0	4.11
其他	67.05	4.24	0	4.11
总计 Σ	Δ=2 673.05	x_G=0.879	y_G=0.000	z_G=3.868

注:此种表格还有满载到港、压载出港、压载到港 3 张,此处从略。

表 3-4　各载况的浮态及初稳性计算

项目	单位	符号及公式	满载出港	满载到港	压载出港	压载到港
排水量	t	Δ	2 673.050	2 557.37	1 469.89	1354.21
平均吃水	m	D	4.400	4.237	2.618	2.437
重心纵向坐标	m	x_G	0.879	1.295	-1.879	-1.329
浮心纵向坐标	m	x_B	0.994	1.077	1.653	1.701
重心竖向坐标	m	z_G	3.868	3.985	2.593	2.705
纵稳心距基线高	m	$\overline{GM}_L=z_{ML}-z_G$	84.249	85.489	117.271	126.181
纵向初稳性高	m	$\mathrm{MTC}=\Delta\dfrac{\overline{GM}_L}{100L}$	80.381	81.504	114.678	123.476
每厘米纵倾力矩	t·m	x_F	31.597	30.652	24.789	24.590
漂心纵向坐标	m	x_G-x_B	-0.978	-0.782	1.082	1.186
纵倾力臂	m	$M_T=\Delta(x_G-x_B)$	-0.115	0.218	-3.532	-3.030
纵倾力矩	t·m	$\delta d=\dfrac{M_T}{100\mathrm{MTC}}$	-306.840	557.949	-5 191.68	-4 102.71

表 3-4(续)

项目	单位	符号及公式	满载出港	满载到港	压载出港	压载到港
纵倾值	m	$\delta d=\frac{M_T}{100MTC}$	-0.097	0.182	-2.094	-1.668
艏吃水增量	m	$\delta d_F=\left(\frac{L}{2}-x_F\right)\left(\frac{\delta d}{L}\right)$	-0.050	0.093	-1.014	-0.805
艉吃水增量	m	$\delta d_A=-\left(\frac{L}{2}+x_F\right)\left(\frac{\delta d}{L}\right)$	0.047	-0.089	1.081	0.863
艏吃水	m	$d_F=d+\delta d_F$	4.350	4.330	1.604	1.631
艉吃水	m	$d_A=d+\delta d_A$	4.447	4.148	3.698	3.300
横稳心距基线高	m	z_M	5.125	5.121	6.040	6.330
未修正初稳性高	m	$\overline{GM}_0=z_M-z_G$	1.257	1.136	3.447	3.625
自由液面修正值	m	$\delta\overline{GM}$	0.047	0.049	0.086	0.093
实际初稳性高	m	$\overline{GM}=\overline{GM}_0-\delta\overline{GM}$	1.210	1.087	3.361	3.532

表 3-5　各载况的浮态及稳性总结表

项目	单位	符号	满载出港	满载到港	压载出港	压载到港	要求
排水量	t	Δ	2 673.05	2 557.37	1 469.89	1 354.21	
平均吃水	m	d	4.400	4.237	2.618	2.437	
艏吃水	m	d_F	4.350	4.330	1.604	1.631	
艉吃水	m	d_A	4.447	4.148	3.698	3.300	
重心纵向坐标	m	x_G	0.879	1.295	-1.879	-1.329	
重心竖向坐标	m	z_G	3.868	3.985	2.593	2.705	
进水角	°	θ_j	29.044	30.417	44.738	46.642	
横摇周期	s	T_θ	7.488	7.996	4.676	4.673	
实际初稳性高	m	$\overline{GM}$	1.210	1.087	3.361	3.532	≥0.150
30 度处复原力臂*	m	L_m	0.728	0.724	1.680	1.653	≥0.200
最大复原力臂对应角*	°	θ_m	41.785	41.160	55.515	55.874	≥30.000
消失角*	°	θ_V	≥80.000	84.417	≥80.000	≥80.000	
稳性衡准数*		R	6.885	6.971	11.194	9.933	≥1.000
稳性校核结果			满足要求	满足要求	满足要求	满足要求	

注:带*号项目是大倾角稳性的计算结果

第十节　船舶倾斜试验简介

一、倾斜试验的原理

当船正浮于水线 WL 时，其排水量为 Δ。若将船上 A 点处质量为 p 的重物横向移动某一距离 l 至 A_1 点，则船将产生横倾并浮于新水线 W_1L_1，如图 3-23 所示。

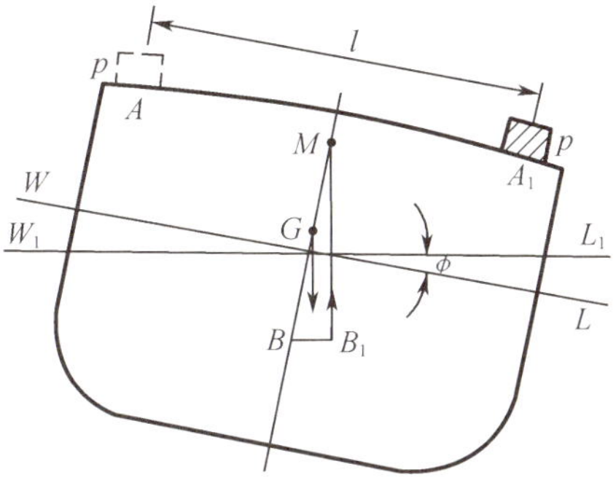

图 3-23　横向移动重物时船的横倾

从船上载荷移动的计算公式可知，此时船的横倾角 ϕ 正切

$$\tan\phi=\frac{pl}{\Delta\overline{GM}} \tag{3-43}$$

式(3-43)也可改写为

$$\overline{GM}=\frac{pl}{\Delta\overline{GM}} \tag{3-44}$$

将式(3-44)代入式(3-43)，即可得到船重心垂向坐标 z_G 的计算式：

$$z_G=(z_B+\overline{BM})-\frac{pl}{\Delta\tan\phi} \tag{3-45}$$

若已测得船的艏吃水、艉吃水和船中吃水，即可根据静水力曲线或邦戎曲线求得船的排水量 Δ、浮心垂向坐标 z_B、横稳心半径 $\overline{BM}$ 及浮心纵向坐标 x_B，另外已知移动质量 p、横向移动距离 l，并测量出横倾角 ϕ，将它们分别代入式(3-45)后，即可得到船的重心垂向坐标 z_G。在有初始纵倾的情况下，可根据式(3-46)求得重心纵向坐标 x_G。

$$x_G=x_B+(z_G-z_B)\tan\theta \tag{3-46}$$

二、倾斜试验方法

试验前，应先测量艏、艉吃水和船中吃水以及水的质量密度，以便精确地求出排水量。

倾斜试验所用的移动重物一般是生铁块，将它们分成 p_1、p_2、p_3、p_4 四组，堆放于甲板上指定的位置（参阅图 3-24），每组重物的质量相等，即 $p_1=p_2=p_3=p_4$。

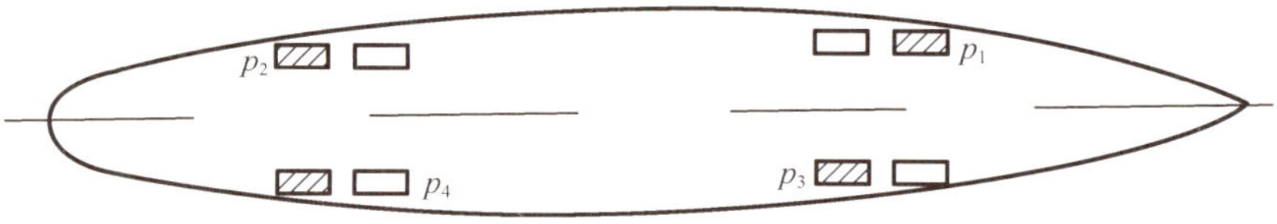

图 3-24　倾斜试验移动重物的布置

为了形成足够的倾斜力矩，使船能产生 2°~4°的横倾角，移动重物的总质量为船舶排水量的 1%~2%，移动的距离 l 约为船宽的 $\frac{3}{4}$。

横倾角 ϕ 一般用如图 3-25 所示的摆锤进行测量。摆锤用细绳挂在船上的 O 点处，下端装有水平标尺。当船横倾时，可在标尺上读出摆锤移动的横向距离 k，则船的横倾角正切值为

$$\tan\phi=\frac{k}{\lambda}$$

式中，λ 为悬挂点 O 至标尺的垂直距离。为了减小测量误差，λ 应尽可能取得大些。

摆锤下端装有翼板并浸在油槽或水槽内，其目的是使摆锤能迅速停止摆动，便于读得精确的 k 值。通常在船上设置 2~3 个摆锤，分别装在艏部、中部和艉部。横倾角 ϕ 取几个摆锤所得数据的平均值。

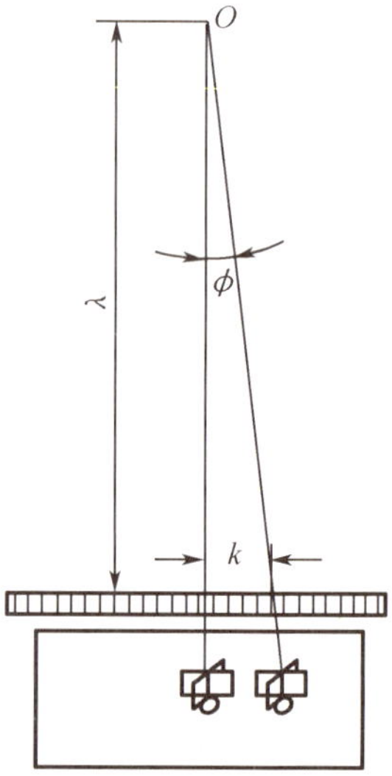

图 3-25　横倾角与摆锤图示

此外，横倾角也可用 U 形玻璃水管测量。设 U 形管中两侧玻璃管中心的横向水平距离为 λ，在横倾后 U 形管中两侧玻璃管的水位高度相差 b，则船的横倾角正切

$$\tan\phi=\frac{b}{\lambda}$$

为了提高试验结果的精确程度，应使被试验的船舶重复倾斜几次，亦即在试验时需按一定的次序将船上各组重物重复移动多次，每次将重物作横向移动后，应计算其横倾力矩 M 及测量相应的横倾角 ϕ。设整个试验共倾斜 n 次，每次相应的力矩为 $M_1, M_2, \cdots, M_n$，横倾角为 $\phi_1, \phi_2, \cdots, \phi_n$，则可根据下式

$$\overline{GM}=\frac{M}{\Delta\tan\phi}$$

算出各次的 $\overline{GM}$ 值，然后取其算术平均值，即得船的初稳性高。

但在实际计算中，常用最小二乘法原理以求得更准确的 $\overline{GM}$ 数值。

$$\overline{GM}=\frac{1}{\Delta}\cdot\frac{\sum_{i=1}^{n}M_i\tan\phi_i}{\sum_{i=1}^{n}M_i\tan^2\phi_i}$$

三、倾斜试验注意事项

为保证试验的正确性，在试验时应注意以下几点。

(1)应选择风力不大于2级的晴天进行试验，试验地点应选在静水的遮蔽处所。试验时应注意风和水流的影响，尽可能使船艏正对风向和水流方向，最好在坞内进行倾斜试验。

(2)为不妨碍船的横倾，应将系泊缆绳全部松开。

(3)凡船上能自行移动或晃动的物体都应设法固定，机器停止运转，与试验无关人员均应离船，留在船上的人员都有固定位置，不能随意走动。

(4)船上的各类液体舱柜都应抽空或注满，以消除自由液面的影响，如有自由液面则应查明其大小，以便进行修正。

(5)试验时，将船上的装载情况(包括试验时在船上人员的质量和位置)以及船上缺少或多余的物资都应做详细记录，以便将试验结果修正到空载状态。

(6)试验时各项工作应有统一的指挥，观察记录工作务必认真仔细。

思考与练习

一、简答题

1. 何谓船舶稳性？
2. 复原力矩是怎样形成的(作图说明并写出复原力矩表达式)？
3. 何谓船舶的静稳性和动稳性？何谓船舶的横稳性和纵稳性？
4. 在研究船舶稳往时为何将稳性分成初稳性和大倾角稳性，如何划分？
5. 什么叫稳心、稳心半径？稳心半径主要与哪些因素有关？
6. 什么是船舶静水力曲线？
7. 船上质量移动(包括垂向、横向、纵向移动)对稳性和浮态的影响如何？
8. 自由液面对船舶稳性的影响如何？减小自由液面影响的办法有哪些？
9. 提高(或改善)船舶初稳性的措施有哪些？最有效的措施是什么，为什么？
10. 叙述船舶倾斜试验的目的和基本原理，试验方法、步骤和注意事项。

二、判断题

1. 若回复力矩与倾斜力矩的方向相反，则它起到抵抗倾斜的作用。　(　　)
2. 在讨论初稳性时，两等体积倾斜水线面的交线通过原水线面的漂心。　(　　)
3. 重心移动原理的基本内容是：整体重心移动方向平行于局部重心移动方向，且重心移动的距离与质量成正比。　(　　)
4. 一般来说，船舶的纵稳性要比横稳性好得多。　(　　)
5. 在初稳性范围内，浮心曲线的曲率中心称为稳心。　(　　)

6. 如果船舶的初稳性高为负值,则船舶一定会倾覆。 (　　)

7. 静水力曲线图中各组成曲线的自变量均为吃水。 (　　)

8. 小载荷垂向移动,船舶浮心位置发生改变。 (　　)

9. 在船上横向移动小量重物,不仅会影响浮态,而且影响初稳性高。 (　　)

10. 在船舶重心处装卸货物,只会改变船舶的吃水,不会改变其倾角。 (　　)

11. 自由液面的存在可改善船舶的初稳性。 (　　)

12. 自由液面对初稳性高影响的修正值,只与自由流动液体的密度、自由液面的形状和大小及船舶的排水量有关,而与自由液体的体积无关。 (　　)

13. 悬挂重物对初稳性的影响一般是不利的。 (　　)

14. 悬挂点为悬挂重物的虚重心。 (　　)

15. 船舶倾斜试验的目的是确定船舶的横摇周期。 (　　)

三、计算题

1. 某内河船的排水量 $\Delta=820\ \mathrm{t}$,水线面面积对 x 轴的惯性矩 $I_{\mathrm{T}}=2\ 380\ \mathrm{m}^4$,初稳性高 $\overline{GM}=1.70\ \mathrm{m}$,求重心在浮心以上的高度。

2. 某一为方形剖面的匀质物体正浮于淡水中,水的密度为 $1.000\ \mathrm{t/m^3}$,试问该物体的重量密度 w_1 为多少时才能保持其稳定漂浮状态?

3. 某船正浮时初稳性高 $\overline{GM}=0.6\ \mathrm{m}$,排水量 $\Delta=10\ 000\ \mathrm{t}$,把船内 100 t 货物向上移动 3 m,再横向移动 10 m,求货物移动后船的横倾角 ϕ。

4. 某船长 $L=100\ \mathrm{m}$,艏吃水 $d_{\mathrm{F}}=4.2\ \mathrm{m}$,艉吃水 $d_{\mathrm{A}}=4.8\ \mathrm{m}$,每厘米吃水吨数 TPC = 80 t/cm,每厘米纵倾力矩 MTC = 75 t · m,漂心纵向坐标 $x_F=4.0\ \mathrm{m}$。今在船上装载 120 t 的货物。问货物装在何处才能使船的艏吃水和艉吃水相等。

5. 某内河驳船 $\Delta=1\ 100\ \mathrm{t}$,平均吃水 $d=2.0\ \mathrm{m}$,每厘米吃水吨数 $TPC=6.50\ \mathrm{t/cm}$,在 6 个同样的舱内装石油(石油的密度 $\rho_1=0.93\ \mathrm{t/m^3}$),每个舱内都有自由液面,油舱为长方形,其尺度为 $l=15.0\ \mathrm{m}$,$b=6.0\ \mathrm{m}$。这时船的初稳性高为 $\overline{GM}=1.86\ \mathrm{m}$,若把右舷中间的一个舱中质量 $p=120\ \mathrm{t}$ 的油完全抽出,其重心垂向坐标 $z_G=0.80\ \mathrm{m}$,求船的横倾角。

项目四

大倾角稳性

● 学习目标

知识目标

1. 理解大倾角稳性的概念；
2. 熟悉静稳性曲线的计算原理、方法步骤；
3. 掌握静稳性曲线的概念和特征；
4. 初步掌握改善船舶稳性的主要措施。

能力目标

1. 能简要概括绘制静稳性曲线的计算步骤；
2. 能结合图形说明静稳性曲线的特征；
3. 会利用静、动稳性曲线作图求解最小倾覆力矩；
4. 能针对船舶稳性的不足，提出合适的改善措施。

第一节　大倾角稳性概述

由初稳性相关内容可知，船舶在一定排水量下，其初稳心高度 $\overline{GM}$ 为一定值，用它来判断船舶初稳性的好坏及计算小量载荷的装卸和移动等问题是十分简便的。但是，船舶若在较大外力矩的作用下(如遇恶劣风浪等)，其横倾角 ϕ 将超出 10°～15°范围，这时，研究初稳性的一些假定条件就不适用了，因此便不能再用初稳性来判断船舶是否具有足够的稳性。还有一些重要问题，如船舶在航行中究竟能抵抗多大的外力矩，船舶横倾到什么程度时将丧失稳性而倾覆等，都超出了初稳性的研究范围。所以，我们还需要研究船舶的大倾角稳性，以便全面考察船舶在各种装载情况下是否都具有足够的稳性。

对于小倾角情况，由初稳性相关内容可知，其复原力矩为

$$M_R = \Delta\overline{GZ} = \Delta\overline{GM}\sin\phi$$

式中，Δ 为排水量。

这一初稳性公式是建立在两个假定条件的基础上的：一是等体积倾斜轴线过原水线面

漂心；二是浮心移动曲线是圆弧的一段，其圆心为初稳心 M，半径为初稳心半径 $\overline{BM}$。

根据上述假定条件可以看出，初稳性范围内，在排水量一定的情况下，初稳心高度 $\overline{GM}$ 为一定值，因此，复原力矩仅是倾角的正弦函数，故用 $\overline{GM}$ 来判别初稳性较为简便。

大角度横倾如图 4-1 所示。船舶横倾一大角度 ϕ 后，浮于水线 $W_\phi L_\phi$。这时，船舶的重心不变，但由于排水体积的形状发生了变化，浮心由 B_0 点沿曲线移至 B_ϕ 点。这样，重力与浮力就形成了复原力矩 M_R，表达式为

$$M_R=\Delta\overline{GZ}=\Delta l$$

式中，$l=\overline{GZ}$，为重力作用线与浮力作用线之间的垂直距离，称为复原力臂或静稳性力臂。对于一定的船舶，静稳性力臂 l 随排水量 Δ、重心高度 $\overline{KG}$ 及横倾角 ϕ 的变化而变化。在排水量 Δ 及重心高度 $\overline{KG}$ 一定时，$\overline{GZ}$ 只随 Δ 的变化而变化，如图 4-2 所示。

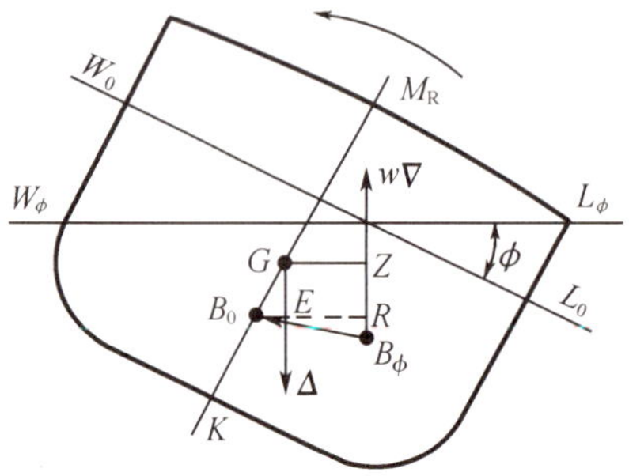

图 4-1　大角度横倾(1)

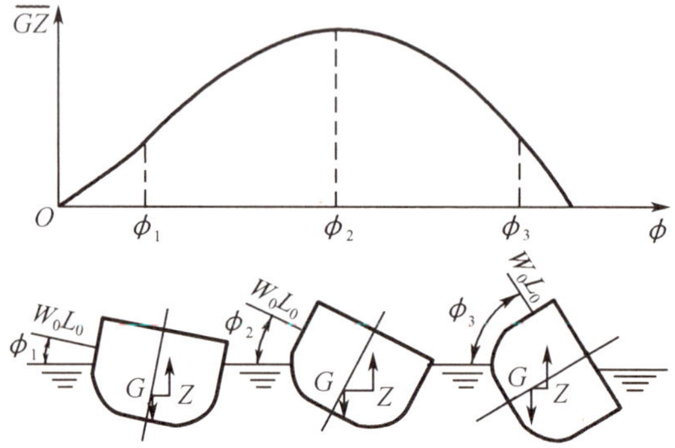

图 4-2　复原力臂随 ϕ 的变化

从小倾角和大倾角情况的复原力矩公式来看，两者几乎没有什么本质差别，即复原力矩的大小均要由复原力臂决定。但是，分析图 4-1 可发现，在大倾角时，由于入水和出水楔形形状不对称，等体积倾斜水线不再通过正浮水线面漂心，浮心移动曲线也不再是一圆弧，因此浮力作用线与船体中线也不再交于初稳心。所以，对大倾角稳性来讲，复原力矩的大小虽仍由复原力臂 l 决定，但 l 随倾角 ϕ 的变化而变化，不能简单地用公式来计算。由此可知，大倾角稳性不能套用初稳性的结论，大倾角稳性研究的主要问题是复原力矩（或力臂）随倾角的变化规律。

从图 4-1 可以看出，静稳性力臂可以用式(4-1)表示。

$$\overline{GZ}=\overline{B_0R}-\overline{B_0E} \tag{4-1}$$

或

$$l=l_b-l_g \tag{4-2}$$

式中，$l_b=\overline{B_0R}$，为浮心水平横向移动的距离，其大小完全由排水体积的形状决定，故称为形状稳性力臂；$l_g=\overline{B_0E}=\overline{B_0G}\sin\phi$，其大小主要由重心位置决定，故称为重量稳性力臂。

因静稳性力臂 l 随倾角 ϕ 的变化规律较复杂，故通常根据计算结果绘制成静稳性力臂 l 随倾角 ϕ 变化的曲线图，如图 4-3 所示。该曲线表示了船舶在倾角不同时静稳性力臂 l 的

大小，因此是衡量船舶大倾角稳性的重要依据。

如果把初稳性公式中的复原力臂 $\overline{GZ}$ 写成下式：

$$\overline{GZ}=l=\overline{GM}\sin\phi\approx\overline{GM}\phi$$

并把其随倾角的变化也画在图 4-3 上，则从图上可看出，在小倾角时，三条曲线基本上是重合的，但随着倾角的增加，初稳性公式就不符合实际情况了。这也说明了研究大倾角稳性的必要性。

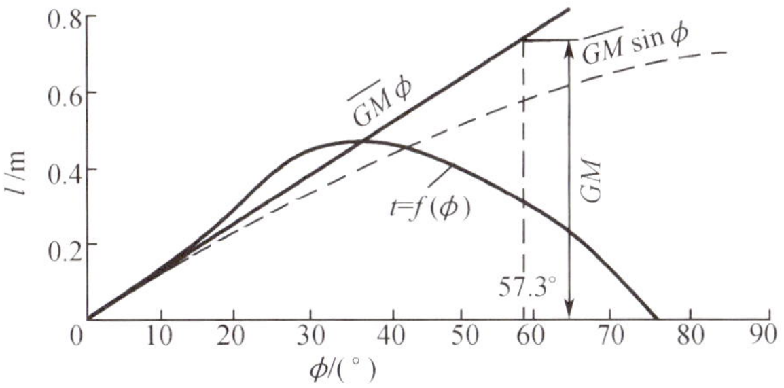

图 4-3　静稳性曲线图(1)

由上述内容可知，大倾角稳性先要研究静稳性曲线 $l=f(\phi)$ 的计算方法，然后才能根据它分析船舶的静稳性及动稳性等问题。

在关于大倾角稳性的讨论中，为了使研究问题简化，仍要假定船舶处于静水中，同时不考虑横倾时因首尾不对称而引起的纵倾影响。

第二节　静稳性曲线的计算

在大倾角稳性中，静稳性曲线的计算方法有多种，这些方法各有优缺点。下面仅介绍应用较广的一种，即变排水量法（又称郭洛瓦诺夫法或楔形法）。

一、基本原理

如图 4-4 所示，船舶正浮于水线 W_0L_0，吃水为 d_0，排水体积∇_0，浮心为 B_0，重心为 G。当船舶横倾一较大角度 ϕ 后，假定倾斜水线 $W_\phi L_\phi$ 与原水线相交于 O 点，且倾斜水线下的排水体积为∇_0，浮心位于 B_ϕ。这时，倾斜后的浮力作用线到重心 G 的距离 $\overline{GZ}$ 即为船舶在这种装载情况下的静稳性力臂 l。由此看出，只要能确定船舶横倾后浮力作用线的位置，便可以立刻得到静稳性力臂 l。因此，静稳性力臂的计算便可归结为如何求船舶倾斜后浮力作用线的位置。而所谓楔形法，就是根据船舶在倾斜后的出水楔形和入水楔形的体积及其对倾斜轴的力矩来求出浮力作用线的位置的。

从式(4-2)可知，静稳性力臂 l 为

$$l=l_b-l_g$$

其中，重量稳性力臂 l_g 的大小主要取决于重心位置。可是，一般船舶的装载情况是多样的，故仅计算和校核一种装载情况的静稳性力臂是不够的，它不能代表其他装载情况。为了使计算简便，先假定一重心位置 S，其适用于任意吃水情况，并按此假定重心计算出静稳性力臂 l_S，然后利用式（4-3）计算实际装载情况（重心在 G 点）时的静稳性力臂 l，即

$$l=l_S-\overline{SG}\sin\phi=l_S-(\overline{KG}-\overline{KS})\sin\phi \tag{4-3}$$

即

$$l=l_S-(z_G-z_S)\sin\phi \tag{4-4}$$

式中，Z_G 和 Z_S 分别为某装载情况下的重心坐标和假定重心坐标。下面的问题仅是求假定重心 S 到浮力作用线的距离 l_S。

为求得 l_S，取过 O 点的 NN 轴作为计算静矩的参考轴，O 点至船舶中线的距离为 c，如图 4-5 所示。

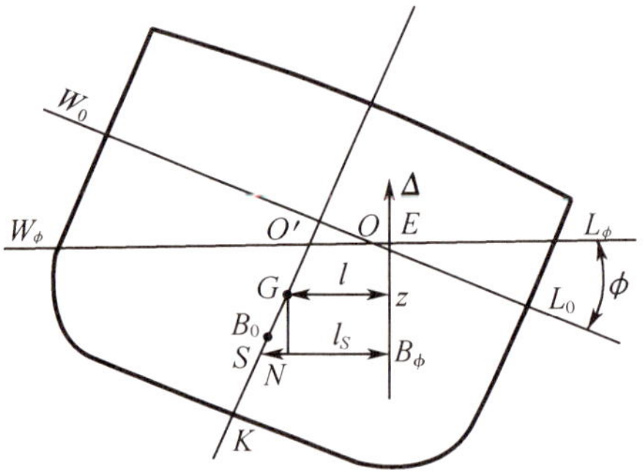

图 4-4　大角度横倾（2）

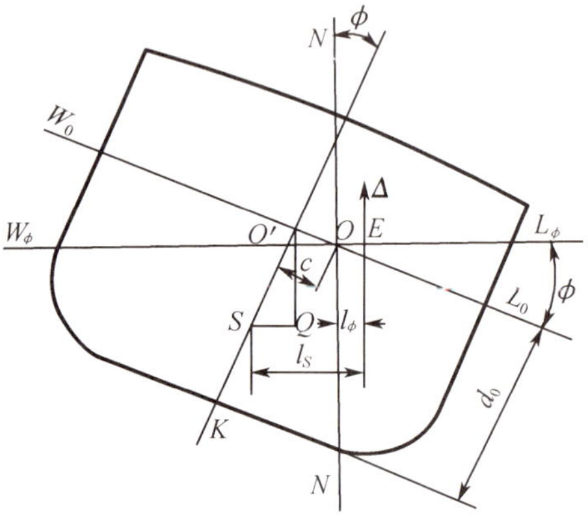

图 4-5　l_S 的计算图

由图 4-5 看出，假定重心 S 到倾斜水线 $W_\phi L_\phi$ 下的浮力作用线的距离 l_S 为

$$l_S=\overline{OE}+OO'+\overline{SQ}=l_\phi+c\cos\phi+(d_0-z_S)\sin\phi \tag{4-5}$$

由式（4-5）可看出，欲求 l_S，只要能求出倾斜后浮力作用线至参考轴 NN 的距离 l_ϕ 即可。

下面就来讨论 l_ϕ 的计算原理。图 4-6 表示船舶由正浮横倾至角度 ϕ 后的浮态（图中各字母意义同前）。

由图 4-6 可看出，如 l_ϕ 为倾斜后的排水体积 ∇_ϕ 作用于 NN 轴的力臂，则按理论力学有

$$l_\phi=\frac{M_\phi}{\nabla_\phi} \tag{4-6}$$

式中，∇_ϕ 可由式（4-7）求得

$$\nabla_\phi=\nabla_0+V_1-V_2 \tag{4-7}$$

V_1 和 V_2 分别为入水楔形和出水楔形的体积；∇_0 为原正浮时的排水体积。

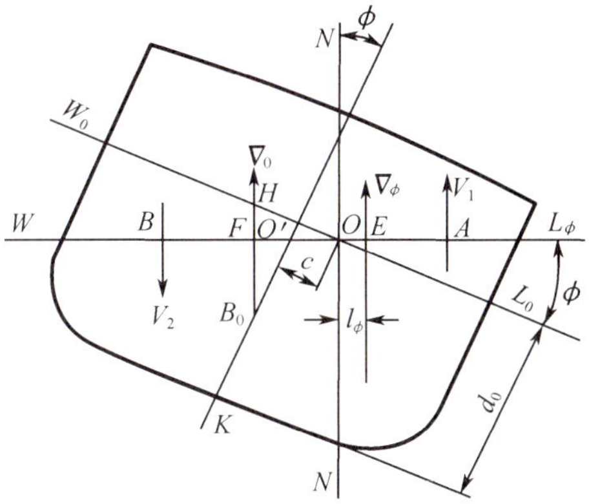

图 4-6　l_ϕ 的计算图

排水体积∇_0 对 NN 轴的静矩 M_ϕ 可据合力矩定理求得，即

$$M_\phi=\nabla_\phi l_\phi=V_1\overline{OA}+V_2\overline{OB}-\nabla_0\overline{OF} \tag{4-8}$$

如果令

$$\delta\nabla_\phi=V_1-V_2 \tag{4-9}$$

$$M''_\phi=V_1\overline{OA}+V_2\overline{OB}$$

$$M'_\phi=-\nabla_0\overline{OF} \tag{4-10}$$

则式(4-6)可表示为

$$l_\phi=\frac{M''_\phi+M'_\phi}{\nabla_0+\delta\nabla_\phi} \tag{4-11}$$

由式(4-11)可见，求 l_ϕ 的关键在于求出入水楔形体积之差 $\delta\nabla_\phi$，以及它们对 NN 轴的静矩 M''_ϕ；而求原排水体积∇对 NN 轴的静矩 M'_ϕ的关键，则在于求 $\overline{OF}$。由图 4-6 看出，$\triangle OFH$ 中的 $\overline{OF}$ 可写为

$$\overline{OF}=\overline{OH}\cos\phi=(\overline{O'H}+O'O)\cos\phi$$

其中，$\overline{O'H}$ 又可表示为

$$\overline{O'H}=(d_0-\overline{KB_0})\tan\phi$$

故

$$\overline{OF}=(d_0-\overline{KB_0})\sin\phi+c\cos\phi \tag{4-12}$$

二、$\delta\nabla_\phi$ 和 M''_ϕ的计算

1. $\delta\nabla_\phi$ 的计算

如图 4-7 所示，船舶横倾 ϕ 角度后，其入水和出水的楔形体积分别为 V_1 和 V_2。为求 V_1，可把入水楔形 L_0OL_ϕ 分成无穷多个小楔形，并在 φ 处取一夹角为 $d\varphi$ 的小三角形（如图 4-7(a)阴影部分所示）。设该处入水宽度为 a，则小三角形的面积为

$$dA=\frac{1}{2}a^2d\varphi$$

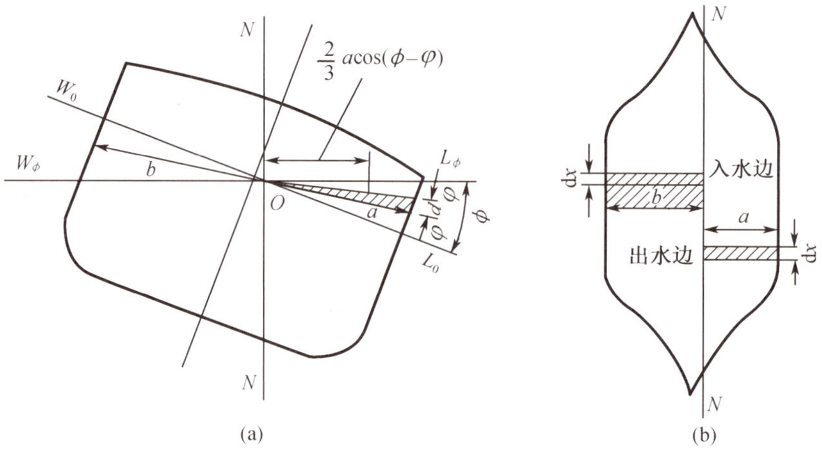

图 4-7　出入水楔形体积计算原理

在船长方向上取长为 dx 的一段，则此段体积为 dAdx。再沿船长 L 积分，便可得到微楔形的体积，即

$$dV_1=\int_{-\frac{L}{2}}^{\frac{L}{2}}dAdx=\frac{1}{2}\int_{-\frac{L}{2}}^{\frac{L}{2}}a^2d\varphi dx$$

于是，在横倾角 ϕ 的范围内，整个入水楔形的体积为

$$V_1=\frac{1}{2}\int_0^{\phi}dV_1=\frac{1}{2}\int_{-\frac{L}{2}}^{+\frac{L}{2}}\int_0^{\phi}a^2d\varphi dx$$

同理，可求出整个出水楔形的体积为

$$V_2=\frac{1}{2}\int_{-\frac{L}{2}}^{\frac{L}{2}}\int_0^{\phi}b^2d\varphi dx$$

式中，b 为出水楔形的水线宽度。故入水楔形和出水楔形的体积之差为

$$\delta V_\phi=V_1-V_2=\frac{1}{2}\int_{-\frac{L}{2}}^{\frac{L}{2}}\int_0^{\phi}(a^2-b^2)d\varphi dx \tag{4-13}$$

2. M''_ϕ的计算

如图 4-7(a)所示，入水小三角形(图中阴影部分)的面积 dA 对 NN 轴的静矩为

$$dm=dAg\frac{2}{3}a\cos(\phi-\varphi)=\frac{1}{2}a^2d\varphi g\frac{2}{3}a\cos(\phi-\varphi)=\frac{1}{3}a^3\cos(\phi-\varphi)d\varphi$$

对于 dx 段，其微体积静矩为 dmdx。再沿船长 L 积分，得到微楔形体积对 NN 轴的静矩，可写为

$$dM_1=\int_{-\frac{L}{2}}^{\frac{L}{2}}dmdx=\frac{1}{3}\int_{-\frac{L}{2}}^{\frac{L}{2}}a^3\cos(\phi-\varphi)d\varphi dx$$

于是，整个出水楔形体积对 NN 轴的静矩为

$$M_1=\frac{1}{3}\int_0^{\phi}\int_{-\frac{L}{2}}^{\frac{L}{2}}a^3\cos(\phi-\varphi)d\varphi dx$$

同理，整个出水楔形的体积对 NN 轴的静矩为

$$M_2=\frac{1}{3}\int_0^{\phi}\int_{-\frac{L}{2}}^{\frac{L}{2}}b^3\cos(\phi-\varphi)\mathrm{d}\varphi\mathrm{d}x$$

故入水楔形和出水楔形的体积对 NN 轴的静矩 M''_ϕ 为

$$M''_\phi=M_1+M_2=\frac{1}{3}\int_0^{\phi}\int_{-\frac{L}{2}}^{\frac{L}{2}}(a^3+b^3)\cos(\phi-\varphi)\mathrm{d}\varphi\mathrm{d}x \tag{4-14}$$

据初稳性相关内容可知，水线面对其倾斜轴的惯性矩为

$$I_\phi=\frac{1}{3}\int_{-\frac{L}{2}}^{\frac{L}{2}}(a^3+b^3)\mathrm{d}x \tag{4-15}$$

所以，式(4-14)也可写为

$$M''_\phi=\int_0^{\phi}I_\phi\cos(\phi-\varphi)\mathrm{d}\varphi \tag{4-16}$$

第三节　静稳性曲线的特征

静稳性曲线是船舶在某装载情况下的静稳性力臂 l 随横倾角 ϕ 变化的曲线。因复原力矩 $M_R=\Delta l$，所以，如果在静稳性曲线图的纵坐标上按不同比例标出复原力矩 M_R，则静稳性曲线图就可以同时表示静稳性力臂 l、复原力矩 M_R 和横倾角 ϕ 之间的关系，如图 4-8 所示。

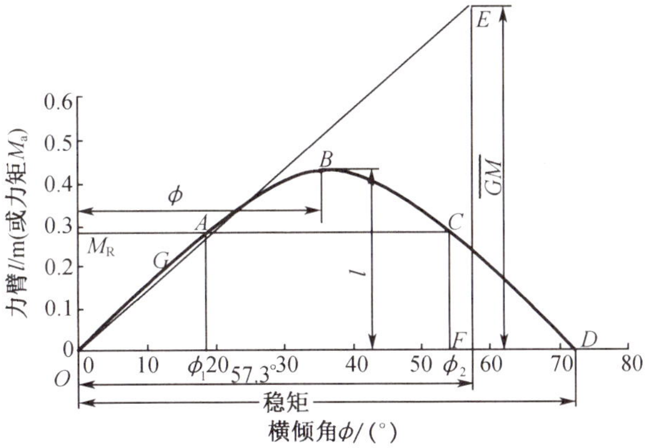

图 4-8　静稳性曲线图(2)

一、静稳性曲线在原点处的斜率

由初稳性相关内容可知，船舶横倾一小角度 ϕ 时，其复原力矩 M_R 为

$$M_R=\Delta\overline{GM}\sin\phi \tag{4-17}$$

由前文可知，M_R 又可以用静稳性力臂 l 来表示，即

$$M_R=\Delta l \tag{4-18}$$

对于小角度横倾,式(4-17)和式(4-18)相等,则有

$$l=\overline{GM}\sin\phi \tag{4-19}$$

将式(4-19)对 ϕ 求导,可得

$$\frac{\mathrm{d}l}{\mathrm{d}\phi}=\overline{GM}\cos\phi \tag{4-20}$$

由式(4-20)可以看出,当横倾角 $\phi\to0$ 时,$\cos\phi\to1$,故有

$$\left(\frac{\mathrm{d}l}{\mathrm{d}\phi}\right)_{\phi\to0}=\overline{GM} \tag{4-21}$$

式(4-21)说明:船舶在正浮的平衡位置时,静稳性力臂 l 对横倾角 ϕ 的导数等于初稳心高度 $\overline{GM}$。

我们知道,导数的几何意义是曲线上一点处的斜率。故对静稳性曲线来说,其原点处切线的斜率等于初稳心高度 $\overline{GM}$(图 4-8),即

$$\tan\alpha=\frac{FE}{OF}=\frac{\overline{GM}}{1\ \mathrm{rad}}=\overline{GM}$$

这一特性对于绘制和检验静稳性曲线开始一段的正确性很有用处。在绘制静稳性曲线图时,通常可先在 $\phi=57.3°$(1 rad)处取高度为 $\overline{GM}$ 的一点 E,连接 OE,若静稳性曲线正确,则其在原点处应与线 OE 相切。

二、稳定平衡位置与不稳定平衡位置

设有一随船的横倾角而变的横倾力矩逐渐作用于船上,使船慢慢地产生倾斜(其角速度小到可以忽略不计)。假定此横倾力矩的终值为 M_H,则当船倾斜至某一角度时,其复原力矩 M_R 与横倾力矩 M_H 相等,船就不再继续倾斜而达到平衡状态。这种性质的外力矩作用称为静力作用,船在静力作用下产生的倾斜称为静力倾斜,而由此产生的横倾角称为静倾角,静倾角的数值可由平衡位置决定。

在图 4-8 中,M_H 表示产生静力作用的外力矩,故在图上为一条水平直线,它与复原力矩曲线相交于 A 和 C 两点,其相应的横倾角分别为 ϕ_1 和 ϕ_2。显然,与 A 点对应的横倾角 ϕ_1 是所求的静倾角,因为这时船处于稳定的平衡状态;而与 C 点对应的横倾角 ϕ_2 是不稳定的平衡位置。对此解释如下:在 A 点,当横倾角稍大于 ϕ_1 时,复原力矩大于横倾力矩,使船回复到平衡位置 A;当横倾角小于 ϕ_1 时,横倾力矩大于复原力矩,也使船回复到位置 A。由此可见,船在平衡位置 A 时,受到较小干扰后,总会回复到原来的位置,所以说 A 点的位置是稳定平衡位置,ϕ_1 是所求的静倾角。

由图 4-8 还可以推知,在曲线的上升段 OB 上,船具有上述特性,因此曲线的上升段是稳定平衡段。对于 C 点,按照类似于对 A 点的讨论方法,我们不难得出“C 点是不稳定平衡位置”的结论,而 BD 段(曲线的下降段)是不稳定平衡段。

三、最大静稳性力臂及其对应的横倾角

由图 4-8 可以看出,静稳性曲线上的最高点 B 表示船舶所能承受的最大静倾力矩,即

船舶本身具有的最大复原力矩(臂),或称最大静稳性力臂 l_{max},其对应的横倾角 ϕ_{max} 称为极限静倾角。显然,l_{max} 和其对应的 ϕ_{max} 是衡量船舶大倾角稳性的重要指标。

四、稳性消失角及稳距 $\overline{OD}$

图 4-8 中,D 点表示复原力矩 $M_R=0$,与之对应的横倾角称为稳性消失角 ϕ_V;$\overline{OD}$ 称为稳距,表示船舶在该范围内具有复原力矩。当船舶横倾角超过稳性消失角后,船舶的复原力矩变为负值,其作用使船舶继续倾斜直至倾覆。稳性消失角也是表征船舶稳性好坏的标志之一。

五、甲板边缘入水角

由图 4-8 还可以看出,在曲线的上升段有一反曲点 G,在 G 点以下曲线上升较快,过了 G 点,曲线上升趋势减缓,G 点处曲线斜率最大。这种现象是由于船舶横倾时,水未淹过甲板边缘前,形状稳性力臂增加得很快,一旦水淹过甲板边缘,增加的趋势就减缓下来。因此,对大多数船型来说,反曲点 G 所对应的倾角大致为甲板边缘开始入水的角度,即甲板边缘入水角。

六、静稳性曲线下的面积

由力学相关知识可知,力矩乘转角等于功。船舶在横倾力矩的作用下产生倾斜,若该力矩是静力性质的,那么,该横倾力矩随倾角的变化应完全与复原力矩随倾角的变化一致(否则将有角速度)。此时,横倾力矩所做的功全部转化为船舶的位能,即

$$T=\int_0^{\phi} M_H \mathrm{d}\phi=\int_0^{\phi} M_R \mathrm{d}\phi \tag{4-22}$$

式(4-22)表明,这样的横倾力矩做的功等于静稳性曲线下的面积,如图 4-9 所示。显然,静稳性曲线下的面积越大,船舶的稳性越好。因此,静稳性曲线下的面积也是表征船舶稳性好坏的重要标志之一。

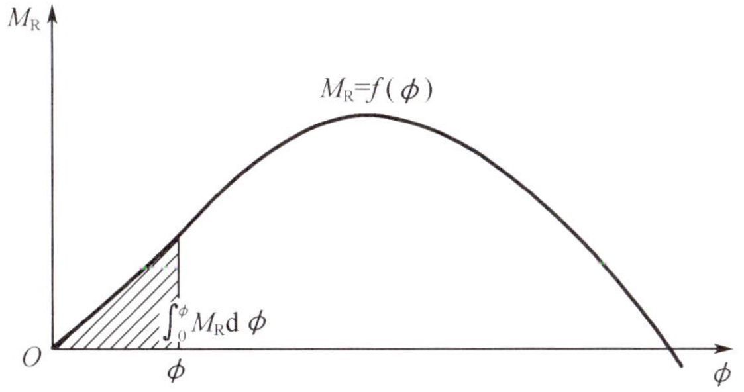

图 4-9 静稳性曲线下的面积

根据上述静稳性曲线的特性,我们分析三种典型的静稳性曲线图,如图 4-10 所示。

(1)图 4-10(a):初稳心高度较大,静稳性力臂的最大值 l_{max} 也较大,稳性消失角可达 60°~90°,这是船宽较大、干舷较小的船舶(如内河船)的静稳性曲线具有的特征。一般来

说，这种船舶的稳性是足够的，但在海上遇到风浪时会产生剧烈的摇摆。对于海船来说，这种稳性曲线并不理想。

(2)图 4-10(b)：初稳心高度较小，但曲线很快超出原点处的切线，l_{max} 也较大，稳性范围较大，这是干舷较高的海洋船舶的稳性曲线具有的特征。

(3)图 4-10(c)：初稳心高度为负值，这种船舶在静水中虽然不会倾覆，但因正浮位置是不稳定平衡位置，故具有一永倾角 α。其大倾角稳性较差，一般不允许出现这种情况。

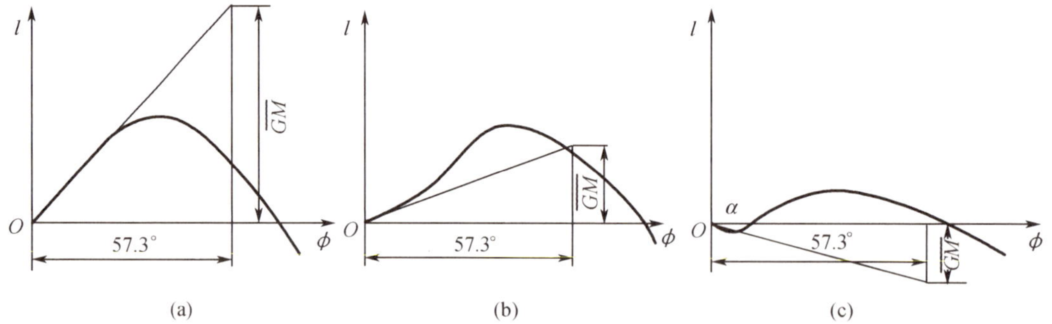

图 4-10　三种典型的静稳性曲线图

第四节　动稳性

一、基本原理

前面讨论的船舶稳性问题都属于静稳性范畴，即假定外力矩逐渐作用在船上，船在倾斜过程中倾斜得很慢，因而认为角速度等于零。当外力矩 M_H 与复原力矩 M_R 相等时，船即平衡于某一横倾角 ϕ_1，ϕ_1 称为静横倾角，如图 4-11 所示。在船上横向移动重物或在船的一侧装卸小量货物等情况，都可以看作外力矩的静力作用。

但实际船舶在海上航行时经常受到外力矩 M_H 的突然作用，如阵风的突然吹袭、海浪的猛烈冲击等。船舶在受到外力矩 M_H 的突然作用后将很快地产生倾斜，且在倾斜过程中具有一定的角速度，这种情况与静力作用完全不同。

参阅图 4-12，设有一个外力矩 M_H 突然作用在船上，使船以很快的速度产生倾斜。现对船在受力后的运动情况进行具体分析。

在倾斜过程中，船的运动情况如下。

(1)当倾角 $\phi=0°\sim\phi_1$ 时，$M_R<M_H$，船在外力矩作用下加速倾斜。

(2)当 $\phi=\phi_1$ 时，$M_R=M_H$，外力矩虽已不能再使船继续倾斜，但由于船具有一定的角速度(即具有一定的动能)，在惯性的作用下船将继续倾斜。

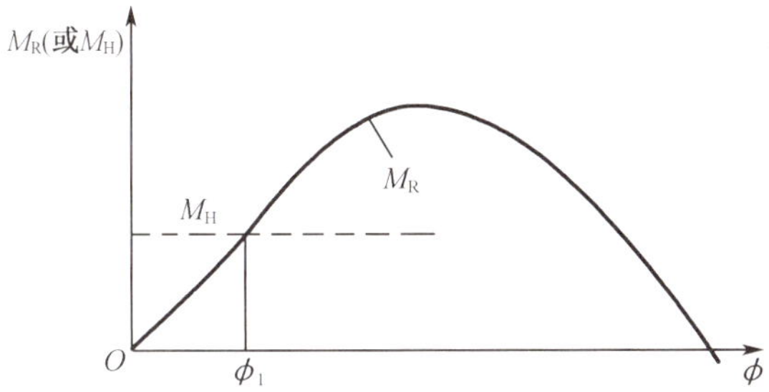

图 4-11　静力作用下的横倾

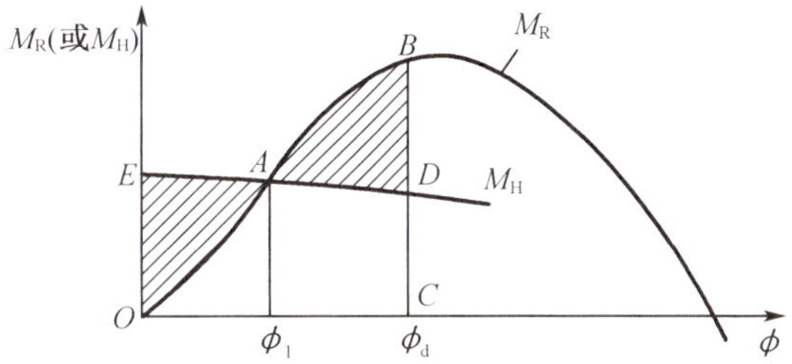

图 4-12　动力作用下的横倾

(3) 当倾角 $\phi=\phi_1\sim\phi_d$ 时,$M_R>M_H$,船减速倾斜。

(4) 当 $\phi=\phi_d$ 时,角速度等于零,船即停止倾斜,但这时 $M_R>M_H$,故船开始复原。

在复原过程中,船舶的运动情况如下。

(1) 当倾角 $\phi=\phi_d\sim\phi_1$ 时,$M_R>M_H$,船加速复原。

(2) 当 $\phi=\phi_1$ 时,$M_R>M_H$,复原力矩已不能再使船复原,但由于船具有一定的角速度,故其将继续复原。

(3) 当倾角 $\phi=\phi_1\sim0°$时,$M_R<M_H$,船的复原速度减小。

(4) 当倾角 $\phi=0°$时,船的复原速度等于零而停止复原。但这时 $M_R=0$,外力矩 M_H 又使船产生倾斜。

这样,船将在 0°与 ϕ_d 之间往复摆动,但由于水及空气阻力的作用,船的摆动角速度逐渐减小,最后将平衡于 ϕ_1 处,如图 4-13 所示。船在动力作用下的横倾角 ϕ_d 称为动横倾角。

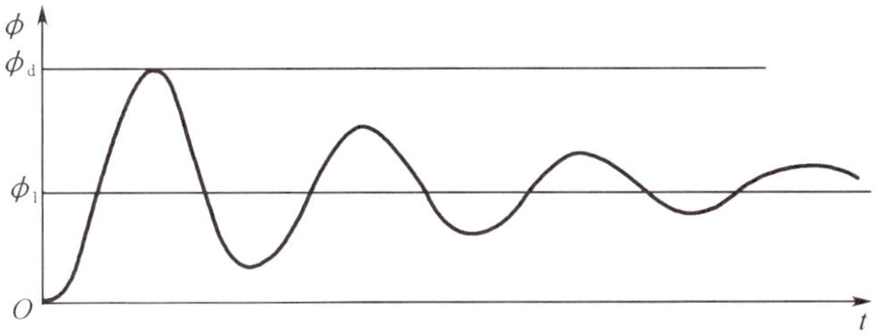

图 4-13　倾斜过程中船舶的往复摆动

从上述分析可知,船舶在外力矩 M_H 的动力作用下,即使已经达到了 $M_R=M_H$,仍将继续倾斜,直至 ϕ_d 时才开始复原运动。而动横倾角 ϕ_d 较静横倾角 ϕ_1 大得多,这当然是比较危险的情况,故在讨论船舶的大倾角稳性时,必须研究动稳性问题。

在外力矩的动力作用下,船舶倾斜时具有一定的角速度,只有当外力矩 M_H 所做的功完全由复原力矩 M_R 所做的功抵消时,船舶的角速度才变为零而停止倾斜。根据这个原理,我们可以确定动力作用下的动横倾角 ϕ_d。

当船舶由 $\phi=0°$倾斜至 $\phi=\phi_d$ 时,外力矩 M_H 所做的功为

$$T_H=\int_0^{\phi_d}M_H\mathrm{d}\phi$$

复原力矩 M_R 在 $0°\sim\phi_d$ 之间所做的功为

$$T_R = \int_0^{\phi_d} M_R \mathrm{d}\phi$$

从图 4-12 中可以看出：T_H 为曲线 M_H 所围面积 S_{OEDC}，T_R 为 M_R 曲线所围的面积 S_{OABC}。因此，$S_{OEDC}=S_{OABC}$，表示外力矩所做的功等于复原力矩所做的功，由于 S_{OADC} 为两者所共有，则 $S_{OEA}=S_{ABD}$（图中阴影部分），D 点所对应的倾斜角即为动横倾角 ϕ_d。

综上所述，静稳性和动稳性的特点可概括如下。

船舶在外力矩的静力作用下，横倾时的角速度很小，可以认为等于零；当复原力矩 M_R 和倾斜力矩 M_H 相等时，船舶即达到平衡状态。因此，船舶的静稳性是用复原力矩来表达的。

船舶在外力矩的动力作用下，横倾时具有角速度。只有当外力矩所做的功 T_H 完全由复原力矩所做的功 T_R 抵消时，船舶的角速度才变为零而停止倾斜。因此，船舶的动稳性是用复原力矩所做的功来表达的。

二、动稳性曲线

由上述分析可知，当船舶自正浮横倾至某一倾角 ϕ 时，复原力矩所做的功为

$$T_R = \int_0^{\phi} M_R \mathrm{d}\phi$$

式中，复原力矩随倾角变化的规律是用静稳性曲线来表示的，如图 4-14(a)所示。所以，复原力矩所做的功又可表示为

$$T_R = \int_0^{\phi} M_R \mathrm{d}\phi = \Delta\int_0^{\phi} l \mathrm{d}\phi$$

或

$$T_R = \Delta l_d$$

式中，$l_d = \int_0^{\phi} l \mathrm{d}\phi$，为动稳性力臂。$T_R$ 和 l_d 随倾角变化的曲线称为动稳性曲线，如图 4-14(b)所示。

可见，动稳性曲线是静稳性曲线的积分曲线。利用这一特性，有了静稳性曲线，就可以用近似计算方法求出动稳性曲线。

静稳性曲线和动稳性曲线有如下关系。

(1)在 $\phi=0°$处，静稳性力臂 $l=0$，动稳性力臂 $l_d=0$，这是 l_d 的最小值。

(2)当 ϕ 等于极限静倾角 ϕ_{max} 时，静稳性力臂达最大值 l_{max}，在动稳性曲线上表现为反曲点 A'。

(3)当 ϕ 等于稳性消失角时，静稳性力臂 $l=0$，动稳性力臂 l_d 达最大值 l_{dmax}。

(4)动稳性曲线在某一倾角处的纵坐标代表静稳性曲线至该倾角处所围面积。例如，在图 4-14 中，动稳性曲线的纵坐标 $A'C'$ 代表静稳性曲线图的面积 S_{OAC}；而 $B'D'$ 代表面积 S_{OAB}。

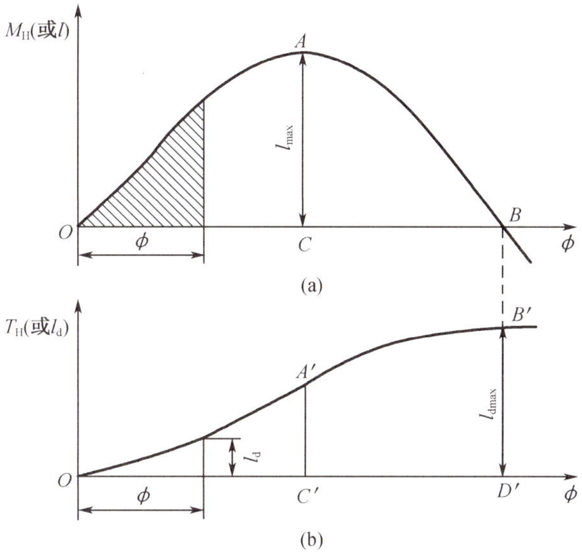

图 4-14　静、动稳性曲线及二者的关系

三、静稳性曲线和动稳性曲线的应用

船舶在航行时，受到的外力的性质和受力的情况是多种多样的，根据静稳性曲线或动稳性曲线，可以求得船舶在外力作用下的动倾角或者船舶所能承受的最大外力矩。这些在讨论船舶稳性中十分重要，下面分几种情况讨论。

1. 船舶在一个不变的横倾力矩的作用下的动倾角

设船舶在一风力为 F 的阵风（假定 F 不随 ϕ 变化）的作用下产生横向漂移。于是，船舶水下部分受到一个水阻力 R 的作用。在稳定状态下，两个力大小相等、方向相反。由于 F 和 R 不在同一水平线上，相距 z_f，因此形成一个使船舶横倾的力矩 M_f，如图 4-15 所示。此横倾力矩 M_f 可表示为

$$M_f = Fz_f$$

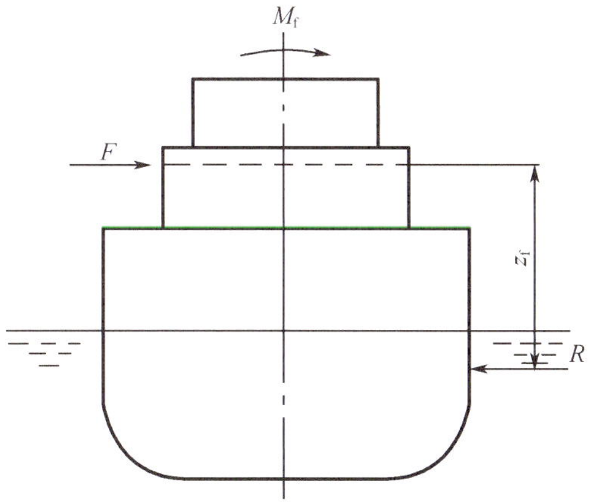

图 4-15　风力和横倾力矩

船舶在横倾力矩 M_f 的动力作用下的动倾角 ϕ_d 可以利用静稳性曲线求得，方法如下。

在图 4-16(a)上，作水平线 AD，令 $\overline{OA}=M_f$，并使 $S_{OAB}=S_{BCD}$，也即复原力矩所做的功（$T_R=\int_0^{\phi_d}M_R\mathrm{d}\phi$，即 S_{OCE}）与横倾力矩所做的功（$T_f=M_f\phi$，即 S_{OADE}）相等，如此，C 点对应的角度即为所求的动倾角 ϕ_d。

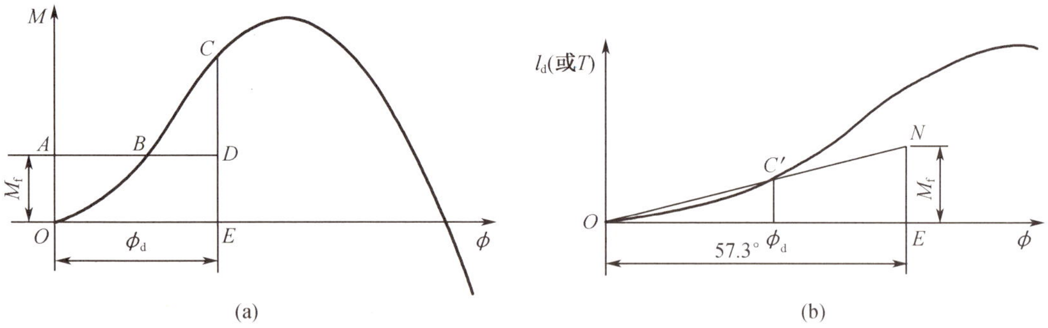

图 4-16 用静、动稳性曲线确定动倾角

但是，借助移动直线 AD 以获得相等的两个面积比较麻烦，故通常利用动稳性曲线来求 ϕ_d，方法如下。

因为横倾力矩 M_f 做的功（$T_f=M_f\phi$）是一条直线，斜率为 M_f，当 $\phi=1\ \mathrm{rad}=57.3°$时，$T_f=M_f$。这样，我们可在图 4-16(b)的横坐标上的 $\phi=57.3°$处垂直量取 M_f 得 N 点，连 ON，则直线 ON 即为 T_f 随 ϕ 变化的规律，而直线 T_f 与曲线 T_R 的交点 C'表示横倾力矩 M_f 所做的功与复原力矩 M_R 所做的功相等，因此，C'点对应的倾角即为动倾角 ϕ_d。

2. 船舶正浮时所能承受的最大倾斜力矩 $M_{f\max}$（或力臂 $l_{f\max}$）

与上述分析相同，在静稳性曲线图 4-17(a)上，作一水平线使 $S_{OFG}=S_{GHK}$，因 K 点在曲线的下降段上，过 K 点以后不再有两个力矩做功相等的可能，则 $\overline{OF}$ 即为所求的最大倾斜力矩 $M_{f\max}$（或力臂 $l_{f\max}$），K 点对应的倾角称为极限动倾角 $\phi_{d\max}$。

在动稳性曲线图 4-17(b)上，过 O 点作与动稳性曲线相切的切线 OK'，此直线表示最大倾斜力矩所做的功，直线 OK'在 $\phi=57.3°$处的纵坐标便是所求的最大倾斜力矩 $M_{f\max}$（或力臂 $l_{f\max}$），切点 K'对应的倾角便是极限动倾角 $\phi_{d\max}$。

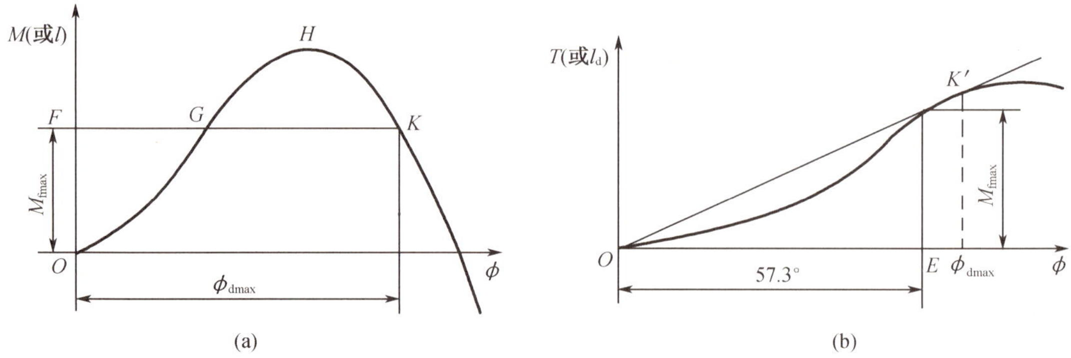

图 4-17 用静、动稳性曲线确定最大倾斜力矩

3. 风浪联合作用下船舶所能承受的最大倾斜力矩 M_{fmax}（或力臂 l_{fmax}）。

这种情况是指船舶受到波浪作用而产生摇摆，即当船舶向迎风一舷横摇至最大摆幅 ϕ_0 并开始反向横摇时，突然受到一阵风的吹袭（图 4-18）。这种情况最为危险，因为此时复原力矩的方向与风倾力矩的方向一致，两个力矩之和促使船舶加速倾斜。下面分别介绍求动倾角 ϕ_d 和最大倾斜力矩 M_{fmax}（或力臂 l_{fmax}）的方法。

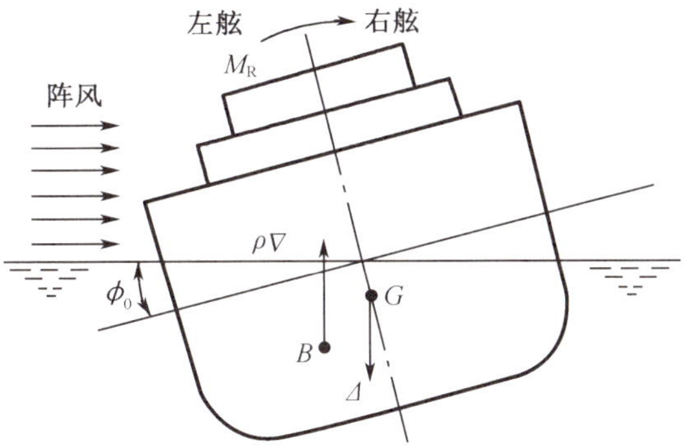

图 4-18　风浪联合作用

（1）求动倾角 ϕ_d

由于船舶是左右对称的，故其静、动稳性曲线必对称于过 O 点的纵轴，如图 4-19 所示。在图 4-19（a）上，截取 $\overline{OG}=\phi_0$，作一水平线 BE，令 $\overline{GB}=M_f$（M_f 为风倾力矩），并使 $S_{ABC}=S_{CDE}$，则 D 点对应的倾角即为动倾角 ϕ_d。从图上可以看出，若不考虑横摇角 ϕ_0，在同样作用 M_f 下，动倾角 ϕ_d' 要比考虑的动倾角 ϕ_0 小很多（或对应 ϕ_d，船所能承受的 M_f 要较考虑 ϕ_0 的 M_f 大许多）。

在动稳性曲线图 4-19（b）上，向左量取 ϕ_0，与曲线交于 A' 点，由 A' 沿横轴量取 57.3°并作垂线，在该垂线上，由过 A' 点的水平线向上截取 $B'N'=M_f$，连 $A'N'$ 与动稳性曲线交于 D' 点，则 D' 点对应的倾角即为动倾角 ϕ_d。从图 4-19（a）和 4-19（b）看出，所得 ϕ_d 是完全一致的。

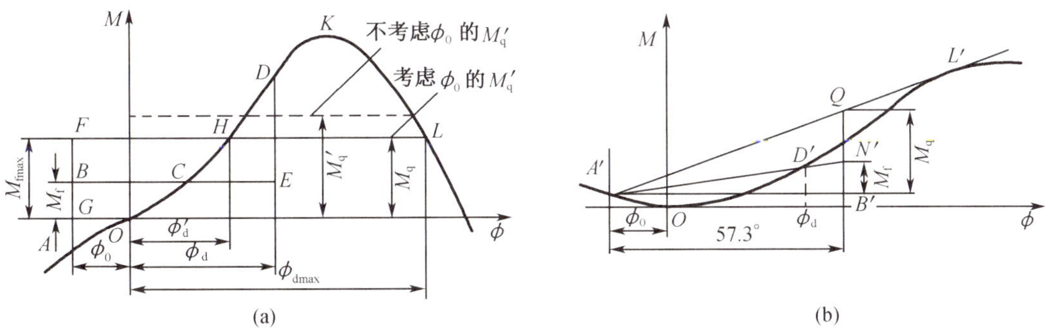

图 4-19　风浪联合作用下的静、动稳性曲线

(2)求最大倾斜力矩 M_{fmax}(或力臂 l_{fmax})

在静稳性曲线图 4-19(a)上,作水平线 FL 使 $S_{AFH}=S_{HKL}$,L 点在曲线的下降段上,则 $\overline{GF}$ 即为船舶在风浪联合作用下所能承受的最大倾斜力矩 M_{fmax}(或力臂 l_{fmax}),也就是使船舶倾覆的最小力矩(或力臂),因而又可称其为最小倾覆力矩(或力臂),记作 M_q(或 l_q)。与 L 相对应的倾角叫作极限动倾角 ϕ_{dmax},它表示船舶所允许横倾的最大角度,达到或超过这个角度时船舶便倾覆。由图 4-19(a)看出,若不考虑横摇角 ϕ_0,则船舶的最小倾覆力矩 M'_q(或力臂 l'_q)将比 M_q(或 l_q)大得多(如图 4-19(a)中虚线所示)。

在动稳性曲线图 4-19(b)上,过 A'点的作曲线的切线 $A'L'$,再从 A'点沿水平方向量取 57.3°,作垂线与 $A'L'$交于 Q 点,则 Q 点至过 A'点的水平线的距离即为最大倾斜力矩 M_{fmax}(或力臂 l_{fmax}),也即最小倾覆力矩 M_q(或 l_q),而切点 L'对应的倾角即为极限动横倾角 ϕ_{dmax}。

由以上分析可见,在考虑横摇角的情况下,船舶所能承受的最大风倾力矩较其他情况下要小,对船舶来说最危险,因此,我们总是根据这种情况来进行大倾角稳性校核。

四、进水角和进水角曲线

船舶的甲板及上层建筑的侧壁上有许多开口(如舱口、门和窗等),如果这些开口不是水密的,则当船舶倾斜时,水面达到某一开口处,海水将灌入船身主体内部,使船舶处于危险状态。因此,当倾斜水线到达该开口处时即认为船舶丧失稳性。故在稳性校核时,还要计算水线到达最先进水的那个非水密开口处的倾斜角度 ϕ_E,ϕ_E 即称为进水角。进水角以后的静稳性曲线不再计及,使稳性的有效范围缩小,也就降低了船舶的抗风浪能力(参阅图 4-20)。

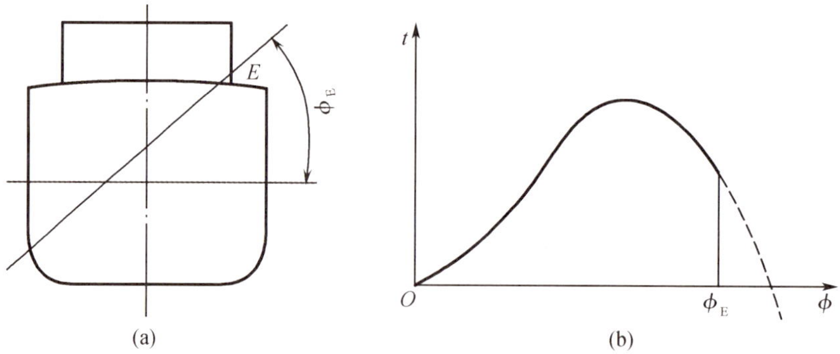

图 4-20 进水角和稳性有效范围的减小

船舶的进水角 ϕ_E 随排水体积的变化而变化,变化曲线称为进水角曲线。船舶的进水角曲线可十分简便地求得。参阅图 4-21,设 E 点为船上最先进水的非水密开口下缘,过 E 点作与水平线成倾角 ϕ_1、ϕ_2、ϕ_3、ϕ_4、ϕ_5 的各倾斜水线,算出各倾斜水线下的排水体积∇_1、∇_2、∇_3、∇_4、∇_5。然后以进水角为纵坐标,以排水体积为横坐标绘制进水角曲线(即 ϕ_E-∇曲线),如图 4-22 所示。设船舶在达到某一排水量时的稳性曲线,如图 4-23 所示,根据排水体积,在图 4-22 中查得进水角 ϕ_E,并把它画在图 4-23 上。显然,这时船舶的稳性曲线的有效部分至进水角 ϕ_E 处为止。然后,根据有效部分来确定最小倾覆力矩 M_q(或 l_q)。

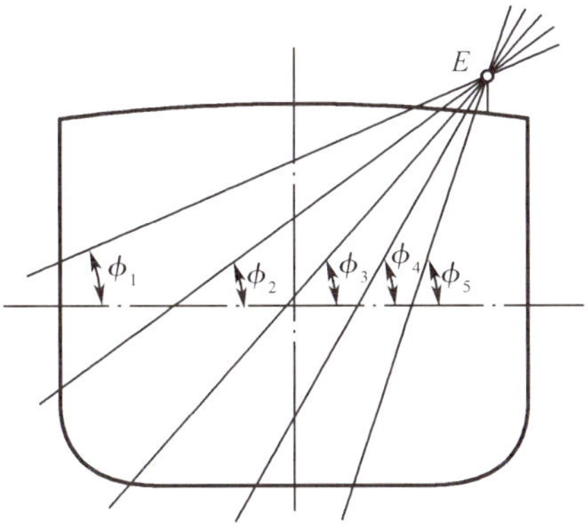

图 4-21　不同吃水的进水角

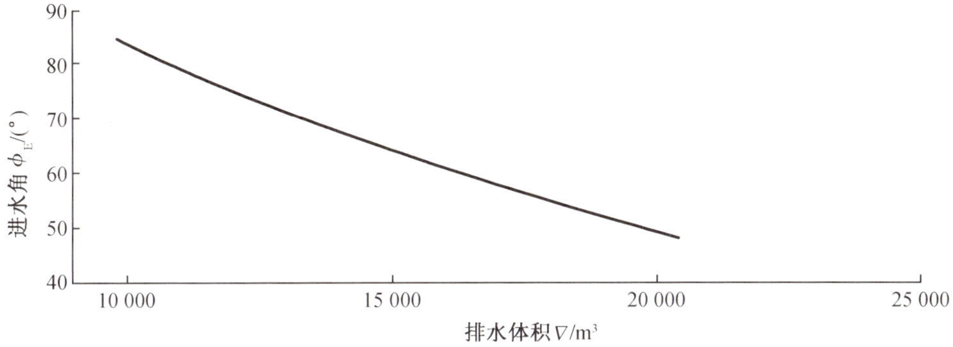

图 4-22　进水角曲线

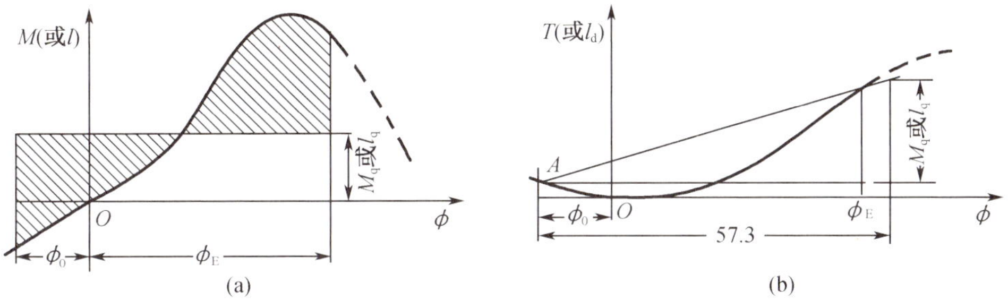

图 4-23　进水角下的最小倾覆力矩

第五节　稳性衡准

船舶的稳性对其安全航行具有极为重要的意义，为此，我国相关部门颁布了海船（或内河船）稳性相关规范，对其适用范围内的各类船舶的稳性，视船舶大小、航区及装载情况的不同，提出了具体的要求，对稳性校核计算的内容、方法与步骤等也做了相应的规定。

关于船舶稳性的衡准,各国的船舶检验部门或验船机构都有各自的规范。本节中,简要介绍我国海事局于 2020 年颁布的《国内航行海船法定检验技术规则(2020)》中有关船舶稳性方面的要求。如果船舶在各种装载情况下的稳性都能满足《国内航行海船法定检验技术规则(2020)》中有关稳性的要求,则认为其具有足够的稳性。

因船舶的稳性随装载情况而异,我们不可能(也不必要)对每种装载情况均校核其稳性,只需对几种典型的装载情况进行校核即可。船舶类型不同,对其所校核的装载情况也不同。相关规范对此都有明确的规定。例如,对于普通货船,需要校核的装载情况有满载出(到)港、空载(或加压载)出(到)港四种。除上述四种装载情况外,如对稳性有更不利的其他情况(如航行于冰区的船舶,应考虑船体水线以上部分结冰而对稳性产生的不利影响),也必须加以校核。

我国《国内航行海船法定检验技术规则(2020)》是假定船舶没有航速,受横浪作用发生共振横摇,当摇至迎风一舷最大摆幅时,受一阵风作用而不致倾覆。《国内航行海船法定检验技术规则(2020)》把此海况作为船舶可能遇到的最危险情况来考虑,有关的衡准、规定都由此前提出发。

一、稳性衡准数 *K*

稳性衡准数 K 是对船舶稳性最基本、最重要的要求之一,利用它对船舶的动稳性做基本的衡准。我国相关法规对各类船舶的稳性衡准数 K 做了相应的规定,即应符合下列不等式。

$$K=\frac{M_{\mathrm{q}}}{M_{\mathrm{f}}}\geqslant 1$$

或

$$K=\frac{l_{\mathrm{q}}}{l_{\mathrm{f}}}\geqslant 1$$

式中,K 为稳性衡准数;M_{q} 为最小倾覆力矩(l_{q} 为最小倾覆力臂),表示船舶在最危险情况下抵抗外力矩的极限能力;M_{f} 为风压倾斜力矩(l_{f} 为风压倾斜力臂),表示在恶劣海况下对船舶作用的动倾力矩。

$K\geqslant 1$ 表示风压倾斜力矩小于使船舶倾覆所必需的最小倾覆力矩(最多相等),所以船舶不至于倾覆,因而认为稳性足够。

由上述公式可见,所谓稳性基本衡准,主要是计算 M_{q}(或 l_{q})和 M_{f}(或 l_{f}),最后判断 K 值是否大于或等于 1。在此,我们对它们的计算方法不做讲解。

二、初稳心高度和静稳性曲线

船舶除必须利用稳性衡准数 K 进行稳性衡准外,我国《国内航行海船法定检验技术规则(2020)》还规定,船舶在各种装载情况下经自由液面修正后的初稳心高度 $\overline{GM}$ 和静稳性曲线应满足下列要求。

(1)初稳性高度 $\overline{GM}$ 不应小于 0.15 m(规范中另有特殊规定者除外)。

(2)横倾角 $\phi=30°$处的复原力臂应不小于 0.2 m。如船体进水角 $\phi_E<30°$,则进水角处的复原力臂应不小于 0.2 m。

(3)船舶最大复原力臂所对应的横倾角 ϕ_{max} 应不小于 25°。

当船舶的船宽与型深比$\frac{B}{D}$大于 2 时,ϕ_{max} 可分别比上述(3)所规定的值小 $\delta\phi$。

$$\delta\phi=20\left(\frac{B}{D}-2\right)(K-1)$$

式中,D 为船舶型深,m;B 为不包括船壳板的最大船宽,m。当 $B>2.5D$ 时,取 $B=2.5D$;K 为计算所得的稳性衡准数,当 $K>1.5$ 时,取 $K=1.5$。

对遮蔽航区的船舶,以下规定可作为上述要求的等效要求:

(1)最大复原力臂对应的横倾角 ϕ_{max} 应不小于 15°。

(2)最大复原力臂应不小于下式规定:

$$l_{max}=0.2+0.022(30-\phi_{max})$$

(3)进水角 ϕ_E 应不小于最大复原力臂对应角 ϕ_{max}。

上述规定也是对船舶稳性的基本要求,这些规定实际上限定了静稳性曲线的面积和形状。

上面简要地介绍了非国际航行海船稳性校核的基本方法及有关问题。国际航行海船的稳性校核计算可参阅《国际航行海船法定检验技术规则》,其基本原理相同,但具体规定和形式有所不同,与国际海事组织(IMO)的有关稳性的规则一致。内河(包括长江)船的稳性计算和校核原理与海船大体相同,但具体公式和标准数据是有区别的,详细情况可参阅《内河船舶法定检验技术规则(2019)》。对于船长在 30 m 以下的内河小型船舶,一般说来不必进行大倾角稳性计算,有关这类船舶的稳性校核方法,可参阅《长江水系小型钢船建造规范》。

对船舶稳性衡准的基本思想概括说明如下:稳性曲线只表示了船舶本身所具有的抵抗外力矩的能力,或者说,只表示了船舶本身所具有的稳性能力,至于船舶受到的力矩究竟有多大,以及船舶是否经受得住,要视外力矩的作用情况而定。外力矩主要来自风浪的作用,而风浪的大小又与离岸距离及水域开阔程度等因素有关。因此《国内航行海船法定检验技术规则(2020)》中,把航区分为四类:即远海、近海、沿海和遮蔽航区;对内河,《内河船舶法定检验技术规则(2019)》则把航区划分为三级:即 A、B、C 级航区,另加 J 级(急流航段),并以此作为计算外力的依据。拖船和客船除受到风浪作用外,还会受到其他外力作用,这些在相关规则中都有明确规定,这里不再重复。

船舶稳性校核计算是编制稳性报告书的依据和重要内容,关于稳性报告书请参阅有关手册。

第六节　稳性的影响因素和改善稳性的措施

船舶在倾斜以后,其浮力作用线的位置完全由水线以下的船体形状决定。因此,船舶的主尺度和横剖面形状对稳性都有影响,了解这些影响对指导船舶设计具有一定的意义。下面对稳性影响较大的几个因素进行介绍,并简要介绍改进稳性的措施。

一、稳性的影响因素

1. 船体几何要素的影响

(1)干舷高度对稳性的影响

如图 4-24 所示,设有 A、B 两种船型,除型深外,其他几何要素及重心高度均相同,即 B 船的干舷较 A 船高。在倾斜水线未超过 A 船的甲板边缘时,两者的稳性相同。而当倾斜水线超过 A 船的甲板边缘后,B 船的复原力臂比 A 船大,故 B 船静稳性曲线的最大复原力臂、极限静倾角及稳距等都比 B 船大。由此可见,增加干舷可有效地改善船舶的稳性。

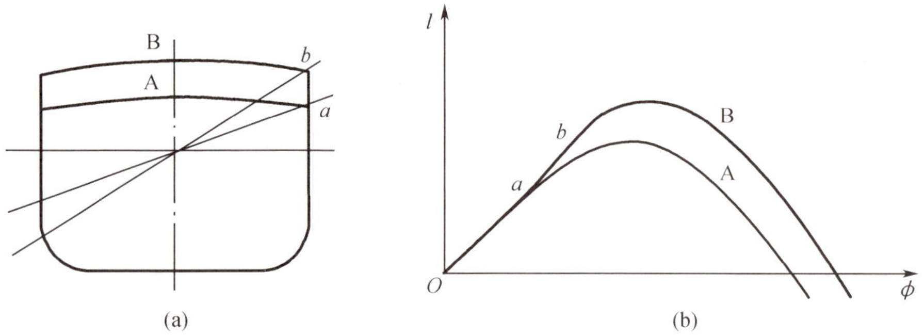

图 4-24　干舷对初稳性的影响

(2)船宽对稳性的影响

如图 4-25 所示,设有 A、B 两种船型,除船宽外,其他的几何要素及重心高度均相同,即 B 船的宽度比 A 船大。船宽大者水线面惯性矩也大,故 B 船的初稳心高大于 A 船。另外,船宽大者,出、入水楔形的移动力矩也大,因而复原力臂也大。但船宽大者甲板边缘入水角较小,因此,B 船静稳性曲线的最大复原力臂所对应的横倾角比 A 船小。

(3)其他船型要素对稳性的影响

①横剖面形状对稳性的影响

有 A、B 两船,尺度、排水体积和重心高度均相同,但 A 船的横剖面形状是 U 形,B 船是 V 形,因此 B 船的水线面系数比 A 船大,所以 B 船初稳心高和复原力臂均比 A 船大,如图 4-26 所示。

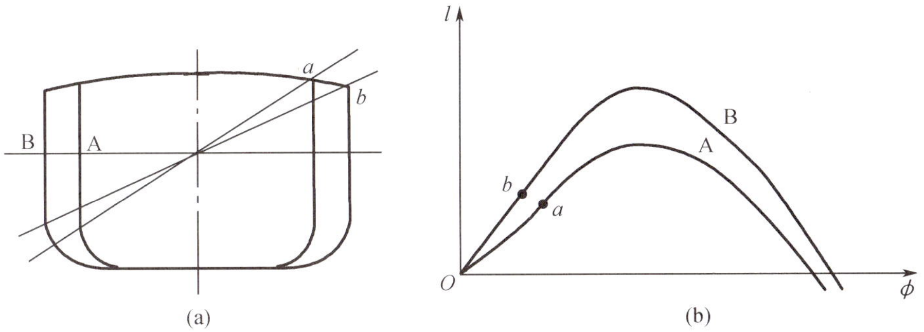

图 4-25　船宽对稳性的影响

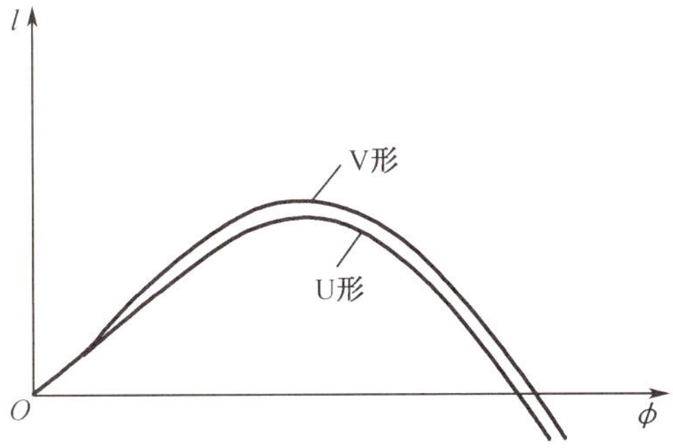

图 4-26　横剖面形状对稳性的影响

②横剖面底部升高对稳性的影响

底部升高的船型，其出水楔形的体积和移动力矩减小，从而导致复原力臂和稳距的减小。

此外，水线以上的横剖线适当“外飘”和采用较大的舷弧，都可增加船舶在倾角较大时的复原力臂。

2. 重心位置对稳性的影响

如图 4-27 所示，设船舶重心在 G 点时的复原力臂为 l，若重心垂直向上移动至 G_1 处，则其复原力臂为

$$l' = l - \overline{GG_1}\sin\phi$$

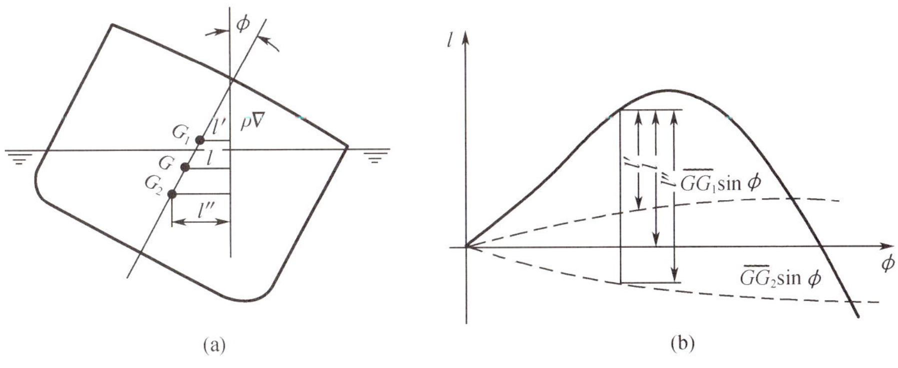

图 4-27　重心位置对稳性的影响

如果重心下移至 G_2 处，则其复原力臂为

$$l''=l-\overline{GG_2}\sin\phi$$

从图 4-27 中可以看到：提高重心将使初稳心高度 $\overline{GM}$、复原力臂 l 和稳距都相应减小；降低重心，则作用相反。由此可见，重心位置对船舶稳性有重大的影响。

二、改善稳性的措施

1. 增大静稳性曲线下的有效面积

静稳性曲线下的有效面积越大，表示船舶在某一倾角下复原力矩抵抗外力矩动力作用所做的功也越大，说明大倾角稳性越好。可通过下面几种办法增大静稳性曲线下的有效面积。

(1)增加干舷高度。这是提高船舶稳性的有效措施之一，对于某些稳性不足的旧船，可将载重线降低以增加干舷高度。

(2)增大非水密开口进水角。

(3)增加船舶首、尾横剖面的“外飘”和采用较大舷弧。它们的作用在于增加入水一舷的体积及复原力矩，从而增加静稳性曲线下的有效面积。

(4)增加船宽。这是提高船舶初稳性的有效措施之一，有些旧船初稳性不足时，常在船的两舷水线附近加装相当厚的护木和浮箱等，或在舷侧加装一个凸出体。

(5)降低重心高度。降低重心高度可使初稳心高度、静稳性力臂及稳距都相应提高，是提高船舶稳性的根本措施。降低船舶重心的具体方法有：在设计时，限制上层建筑的层数和长度、宽度；采用轻型结构；简化舱室设备；尽量将机械、设备往船体下层布置；等等。对已建好的船舶，可采用加压载的办法降低其重心。

(6)适当划分液舱，控制自由液面的影响。最有效的方法是在液舱中设置纵向舱壁及减小液舱高度。

2. 减小倾斜力矩

减小倾斜力矩可使稳性衡准数 K 提高，这是提高大倾角稳性的有效措施。具体办法如下。

(1)缩小上层建筑的长度、宽度，降低上层建筑的高度，以减小受风面积。

(2)客船应在布置上采取措施，避免过多的旅客集中于一舷。

(3)通过设置减摇装置或增大中横剖面系数来增大船舶横摇阻尼，以减小横摇角。

(4)拖船的拖钩位置应尽量降低，以降低急牵力矩。

(5)舷墙上应开排水孔，以使甲板上的水能及时、迅速地排出，减小附加的横倾力矩。

(6)采取措施防止载荷移动，减小附加横倾力矩。这对于散装货船及装有悬吊货物的船舶尤为重要。

最后应该指出，对于改善船舶稳性和改善船舶的其他性能应做统筹考虑，才能得到令人比较满意的效果。

思考与练习

一、简答题

1. 简要概括绘制静稳性曲线的计算步骤。

2. 简述进水角的大小对最小倾覆力臂 l_q 的大小的影响。

3. 简述我国《国内航行海船法定检验技术规则(2020)》中对计及自由液面的影响的规定。

4. 简述影响稳性的因素及提高稳性的主要措施。

二、判断题

1. 在讨论大倾角稳性时,两等体积倾斜水线面的交线通过原水线面的漂心。 ( )

2. 船舶在排水量和重心高度一定时,静稳性力臂随横倾角的变化规律曲线称为静稳性曲线。 ( )

3. 满足规范要求的上层建筑对静稳性曲线的影响一般是有利的。 ( )

4. 自由液面的存在对静稳性曲线的影响是不利的。 ( )

5. 动倾角是动倾力矩与复原力矩所做的功代数和为零时横倾角。 ( )

6. 动稳性曲线是相应静稳性曲线的一次积分曲线。 ( )

7. 动稳性主要是研究能量的转换与平衡问题。 ( )

8. 最小倾覆力矩是指船舶在恶劣海况下,考虑共振横摇角时,使船倾覆的最小外界动倾力矩。 ( )

9. 船舶在动力作用下,当倾斜力矩所做的功等于回复力矩所做的功时,船舶不再继续倾斜。 ( )

10. 当船舶有横倾角时,风从入水一舷吹来情况所对应的极限动倾力矩比其正浮受风突袭时所对应的极限动倾力矩要小。 ( )

11. 考虑横摇角情况下,船舶所能承受的最大风倾力矩较其他情况时大,对船舶来说更安全。 ( )

12. 稳性衡准数 $K \geqslant 1.0$ 表示船舶稳性不够。 ( )

13. 一般来说,加大船宽对船舶初稳性有利。 ( )

14. 某船其他参数不变,仅增加干舷高度,则初稳性和大倾角稳性都将得到改善。 ( )

15. 增加干舷高度,会使甲板边缘进水角增大、初稳心高度减小。 ( )

16. 一般来说,降低船舶的重心高度对稳性有利。 ( )

17. 自由液面的存在一般对初稳性不利,但对大倾角稳性有利。 ( )

18. 在船舶的底部加压载物能改善船舶的稳性。 ( )

项目五

抗　沉　性

● 学习目标

知识目标

1. 掌握渗透率、可浸长度、限界线、许用舱长等概念；
2. 初步掌握舱室进水后船舶浮态和稳性计算；
3. 理解可浸长度的计算原理、计算方法与步骤；
4. 掌握抗沉性衡准方法。

能力目标

1. 掌握第一、二类舱室进水后船舶浮态和稳性的计算；
2. 掌握可浸长度的计算原理，进而绘制可浸长度曲线。

第一节　抗沉性概述

船舶在使用过程中，可能发生船体破损等海损事故，从而使大量海水进入船体，危及船舶的安全。因此，船舶设计阶段需要考虑抗沉性问题。

所谓抗沉性，是指船舶发生海损事故，一舱或数舱进水后仍然保持一定浮性和稳性的能力，它是船舶的重要航海性能之一。船舶之所以具有抗沉性，主要与船舶的储备浮力和破舱稳性有关，而船舶具有的储备浮力和破舱稳性又与船舶的水密舱壁的合理布置有关。具有一定抗沉性要求的船舶，当一舱或数舱进水后，由于水密舱壁的存在，使水不至于漫延全船，故船舶的下沉不会超过一定的极限位置，并且具有一定的稳性。

所以，抗沉性的研究主要关于两类问题：一是在船舶舱壁已定情况下，求船舶在一舱或数舱进水后的浮态及稳性；二是在船舶设计过程中，从抗沉性要求出发，计算分舱的极限长度，即可浸长度。

船舶舱室的结构随船舶种类及舱室用途的不同而异，并且舱室进水后淹没的状态也各不相同。为了讨论方便，本节先对进水舱进行分类并介绍渗透率的概念。

一、进水舱的分类

在抗沉性计算中，根据船舱进水情况，可将进水舱分为下列三类。

1. 第一类舱

这类舱的舱顶部位于水线之下，船体破损后，水即灌满全舱，即舱内的淹水量不随淹水后的水线位置而变，同时没有自由液面。如双层底舱和顶盖在水线以下的深舱柜等均属此类，如图 5-1(a)所示。

2. 第二类舱

这类进水舱未被灌满，舱内水与船外水不相通，有自由液面。为调整船舶浮态而灌水的舱室，以及船体破损处已经堵塞但水未被抽干的舱室都属于此类，如图 5-1(b)所示。

3. 第三类舱

这类舱的舱顶在水线以上，舱内水与船外水相通，因此舱内水面与船外水面保持同一水平面。这是破舱中最为普遍的典型情况，如图 5-1(c)所示。

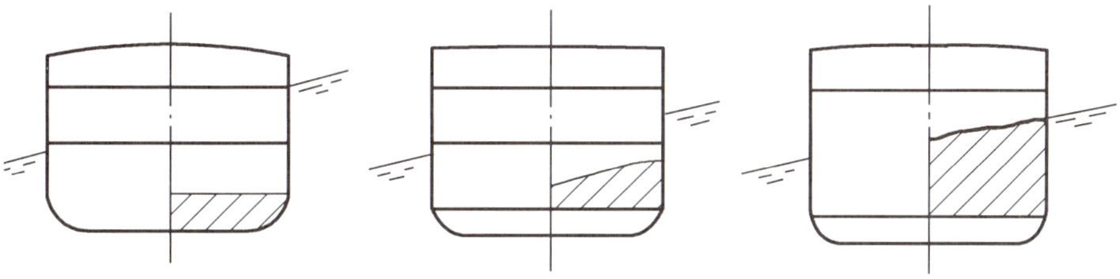

图 5-1 三类进水舱

二、渗透率

船舶破损后，进水舱能被水浸占的容积与该舱室总容积的百分比，称为渗透率，又称为体积渗透率 μ，即

$$\mu=\frac{V_1}{V}$$

或

$$V_1=\mu V$$

式中，V_1 和 V 分别表示进水容积和空舱容积。

由于船舶舱室内有各种结构构件、设备、机械和货物等，它们都占据一定的舱室容积，并且随船舶及舱室的不同，它们占据的总容积也不同，所以各类船舶的不同舱室的渗透率是不同的。我国《国内航行海船法定检验技术规则》规定的 μ 值如表 5-1 所列。

表 5-1 舱室处所渗透率

处所	渗透率 μ
装载液体的处所	0:0.95[①]

表 5-1(续)

处所	渗透率 μ
起居处所	0.95
机器处所	0.85
货物、煤、物料储藏专用处所	0.60

注:①部分装载的舱的渗透率应与该舱所载液体的量相一致。装载液体的舱一旦破损,应假定所载液体从该舱完全流失,并由海水替代至最后平衡时的水线面。

除上述体积渗透率外,还有面积渗透率 μ_a,表示实际淹水面积与空舱面积之比。μ 与 μ_a 之间并无一定联系,通常 μ 小于 μ_a,但并非所有情况都如此,在一般计算中,μ 与 μ_a 可取相同的数值。

第二节　舱室进水后船舶浮态及稳性的计算

舱室进水后船舶浮态及稳性的计算一般称为破舱稳性计算。计算方法常分为两大类:一类是把假定破舱进水看成是进水舱增加的液体载荷,故称为增加质量法;另一类是把破舱后的进水区域看成是不属于船的,即该部分的浮力已经损失,损失的浮力借增加吃水来补偿,这样,对整个船舶来说,其排水量保持不变,故这种损失浮力法又称为固定排水量法。

当船舶破损进水量不超过排水量的 10%~15%时,应用上面两类方法并依据初稳性公式来计算船舶浮态及稳性,其结果(如复原力矩、横倾角、纵倾角、首尾吃水等)是完全一致的。但算出的初稳心高度数值不同,这是因为初稳心高度是对应于一定的排水量的,若进水量较大,只有用其他方法(如逐步近似法)才能求得比较正确的结果。本书仅介绍进水量不超过排水量的 10%~15%这种情况。

下面分别对三类舱进水情况进行计算,在计算中,假定各类舱室在进水前都是空的,即 $\mu=1$。

一、第一类舱

这类舱室用增加重量法进行计算较方便,可以应用项目三中的有关结论。

如图 5-2 所示,船舶在进水前浮于水线 WL 处:艏吃水为 d_F,艉吃水为 d_A,平均吃水为 d,排水量为 Δ,横稳心高为 $\overline{GM}$,纵稳心高为 $\overline{GM_L}$,水线面积为 A_W,漂心纵坐标为 x_F。设进水舱的体积为 V,其重心在 $C(x,y,z)$ 处。按增加质量法,我们可以把进入该舱的水看成是在 C 处增加了 $p=\rho V$ 的液体载荷,且无自由液面。因此,舱室进水后,船舶浮态及稳性可按下列步骤计算。

1. 平均吃水增量

$$\delta d=\frac{p}{\rho A_{\mathrm{W}}}$$

2. 新横稳心高度

$$\overline{G_1M_1}=\overline{GM}+\frac{p}{\Delta+p}\left(d+\frac{\delta d}{2}-z-\overline{GM}\right)$$

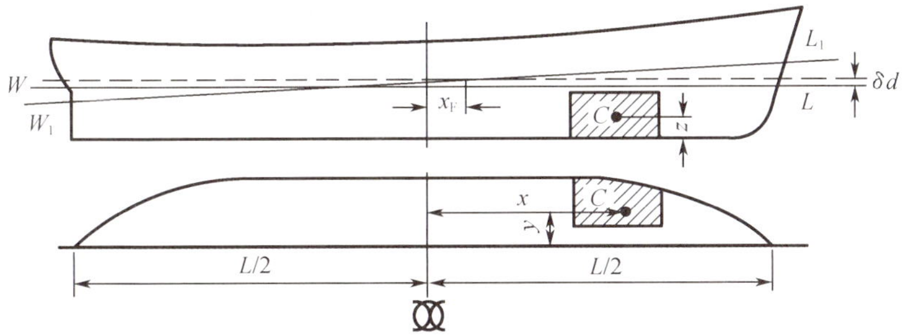

图 5-2 第一类舱进水计算图

3. 新纵稳心高度

$$\overline{G_1M_{\mathrm{L1}}}=\frac{\Delta}{\Delta+p}\overline{GM_{\mathrm{L}}}$$

4. 横倾角正切

$$\tan\phi=\frac{py}{(\Delta+p)\overline{G_1M_1}}$$

5. 纵倾角正切

$$\tan\theta=\frac{p(x-x_F)}{(\Delta+p)\overline{G_1M_{\mathrm{L1}}}}$$

6. 由于纵倾引起的艏、艉吃水变化

$$\delta d_{\mathrm{F}}=\left(\frac{L}{2}-x_F\right)\frac{p(x-x_F)}{(\Delta+p)\overline{G_1M_{\mathrm{L1}}}}$$

$$\delta d_{\mathrm{A}}=-\left(\frac{L}{2}+x_F\right)\frac{p(x-x_F)}{(\Delta+p)\overline{G_1M_{\mathrm{L1}}}}$$

7. 船舶最后的艏、艉吃水

$$d'_{\mathrm{F}}=d_{\mathrm{F}}+\delta d+\delta d_{\mathrm{F}}$$
$$d'_{\mathrm{A}}=d_{\mathrm{A}}+\delta d+\delta d_{\mathrm{A}}$$

二、第二类舱

这类舱因存在自由液面,故用增加质量法,计算时要考虑自由液面的影响。

如图 5-3 所示,船舶原浮于水线 WL,排水量为 Δ,艏吃水为 d_{F},艉吃水为 d_{A},平均吃水为 d,横稳心高度为 $\overline{GM}$,纵稳心高度为 $\overline{GM_{\mathrm{L}}}$,水线面积为 A_{W},漂心纵坐标为 x_F。设进水舱的

体积为 V，进水量为 $p=\rho V$，其重心在 $C(x,y,z)$ 处，进水舱内自由液面对其本身的纵向主轴和横向主轴的惯性矩分别为 i_x 和 i_y。这类舱进水后，船舶浮态及稳性可按下面步骤计算。

1. 平均吃水增量

$$\delta d=\frac{p}{\rho A_{\mathrm{W}}}$$

2. 新横稳心高度

$$\overline{G_1M_1}=\overline{GM}+\frac{p}{\Delta+p}\left(d+\frac{\delta d}{2}-z-\overline{GM}\right)-\frac{\rho i_x}{\Delta+p}$$

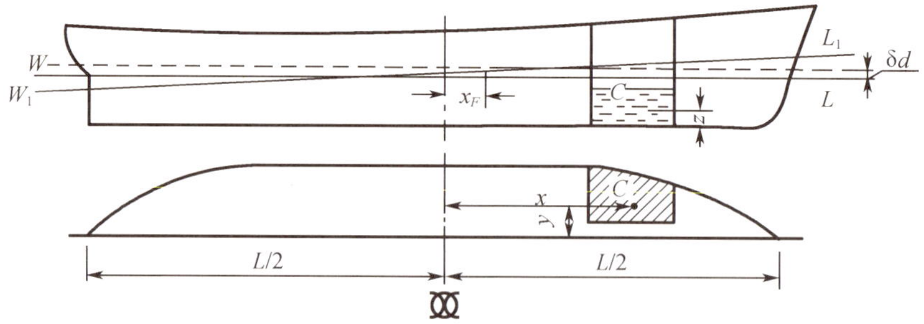

图 5-3　第二类舱进水计算图

3. 新纵稳心高度

$$\overline{G_1M_{\mathrm{L1}}}=\overline{GM_L}+\frac{\Delta}{\Delta+p}\overline{GM_{\mathrm{L}}}-\frac{\rho i_y}{\Delta+p}$$

4. 横倾角正切

$$\tan\phi=\frac{py}{(\Delta+p)\overline{G_1M_1}}$$

5. 纵倾角正切

$$\tan\theta=\frac{p(x-x_F)}{(\Delta+p)\overline{G_1M_{\mathrm{L1}}}}$$

6. 由纵倾引起的艏、艉吃水变化

$$\delta d_{\mathrm{F}}=\left(\frac{L}{2}-x_F\right)\frac{p(x-x_F)}{(\Delta+p)\overline{G_1M_{\mathrm{L1}}}}$$

$$\delta d_{\mathrm{A}}=-\left(\frac{L}{2}+x_F\right)\frac{p(x-x_F)}{(\Delta+p)\overline{G_1M_{\mathrm{L1}}}}$$

7. 船舶最后的艏、艉吃水

$$d'_{\mathrm{F}}=d_{\mathrm{F}}+\delta d+\delta d_{\mathrm{F}}$$

$$d'_{\mathrm{A}}=d_{\mathrm{A}}+\delta d+\delta d_{\mathrm{A}}$$

三、第三类舱

这类舱室破损进水后，舱内水面与船外水面保持同一水平，其进水量要由最后的水线来决定。因此，用增加质量法来计算就很不方便，宜用损失浮力法进行计算，并认为舱室进水后船舶排水量和重心位置保持不变。

如图 5-4 所示，船舶浮于水线 WL，排水体积为∇，吃水为 d，横稳心高度为 $\overline{GM}$，纵稳心高度为 $\overline{GM_L}$，水线面积为 A_W，漂心纵向坐标为 x_F。设进水舱在水线 WL 以下的体积为 V，其重心在 $C(x,y,z)$ 处，该舱在水线处 WL 的进水面积为 a，其形心在 $f(x_a,y_a)$ 处，a 称为损失的水线面积。当该舱进水后，船舶即失去了浮力 ρgV，但因船所受重力没有改变，故需下沉至水线 W_1L_1 处，以获得补偿浮力，方能保持船舶平衡。如此，便可按下面步骤计算船舶破舱进水后的浮态及稳性。

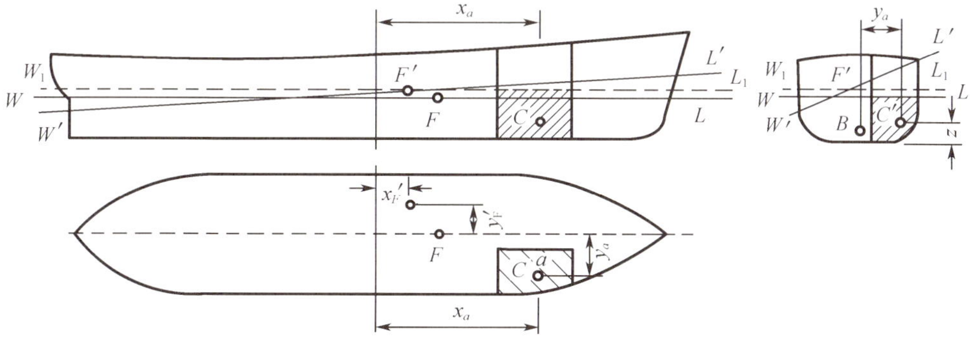

图 5-4　第三类舱进水计算图

1. 平均吃水增量

$$\delta d=\frac{V}{A_W-a}$$

式中，A_W-a 称为剩余水线面积。

2. 剩余水线面面积的漂心位置 $F'(x_F',y_F')$

$$x_F'=\frac{A_Wx_F-ax_a}{A_W-a}$$

$$y_F'=\frac{-ay_a}{A_W-a}$$

3. 剩余水线面积(A_W-a)对通过其漂心 F'的纵轴和横轴的惯性矩

$$I_T'=I_T-(i_x+ay_a^2)-(A_W-a)y_F'^2$$

$$I_L'=I_L-[i_y+a(x_a-x_F)^2]-(A_W-a)(x_F'-x_F)^2$$

式中，I_T 和 I_L 分别为原水线面积 A_W 对通过其漂心横向和纵向的惯性矩；i_x 和 i_y 分别为损失的水线面积对通过其本身形心的横向和纵向的惯性矩。

4. 船舶浮心坐标的变化

由图 5-4 可以看出，损失的浮力 ρgV 作用点在 C 处，而补偿的浮力 $\rho g\delta d(A_W-a)$的作用点在$\left(x_F',y_F',d+\frac{\delta d}{2}\right)$处。可以认为，由于体积 V 由 C 处移至$\left(x_F',y_F',d+\frac{\delta d}{2}\right)$处，从而引起船舶浮心位置的移动。根据重心移动原理可知，破舱后浮心位置变化为

$$\delta x_B=-\frac{V(x-x_F')}{\nabla}$$

$$\delta y_B=-\frac{V(y-y_F')}{\nabla}$$

$$\delta z_B=-\frac{V\left[z-\left(d+\frac{\delta d}{2}\right)\right]}{\nabla}$$

5. 横、纵稳心半径的变化

$$\delta\overline{BM}=\frac{I_\mathrm{T}'}{\nabla}-\frac{I_\mathrm{T}}{\nabla}$$

$$\delta\overline{BM}_\mathrm{L}=\frac{I_\mathrm{L}'}{\nabla}-\frac{I_\mathrm{L}}{\nabla}$$

6. 横、纵稳心高度的变化

因船舶重心在进水前后保持不变，故有

$$\delta\overline{GM}=\delta z_B+\delta\overline{BM}$$

$$\delta\overline{GM}_\mathrm{L}=\delta z_B+\delta\overline{BM}_\mathrm{L}$$

7. 新的横、纵稳心高度

$$\overline{GM}_1=\overline{GM}+\delta\overline{GM}$$

$$\overline{GM}_\mathrm{L1}=\overline{GM}_\mathrm{L}+\delta\overline{GM}_\mathrm{L}$$

8. 横倾角正切

$$\tan\phi=\frac{V(y-y_\mathrm{F}')}{\nabla\overline{GM}_1}$$

9. 纵倾角正切

$$\tan\theta=\frac{V(x-x_F')}{\nabla\overline{GM}_\mathrm{L1}}$$

10. 由纵倾引起的艏、艉吃水变化

$$\delta d_\mathrm{F}=\left(\frac{L}{2}-x_F'\right)\frac{V(x-x_F')}{\nabla\overline{GM}_\mathrm{L1}}$$

$$\delta d_\mathrm{A}=-\left(\frac{L}{2}+x_F'\right)\frac{V(x-x_F')}{\nabla\overline{GM}_\mathrm{L1}}$$

11. 船舶最后的艏、艉吃水

$$d_\mathrm{F}'=d_\mathrm{F}+\delta d+\delta d_\mathrm{F}$$

$$d_\mathrm{A}'=d_\mathrm{A}+\delta d+\delta d_\mathrm{A}$$

四、一组舱室进水

船舶的一组舱室同时进水后的浮态及稳性计算也可以采用上述方法进行。在这种情况下，可以用一个假想的舱室代替进水的一组舱室，该假想舱室进水后对船舶浮态及稳性的影响与一组舱室同时进水的影响完全相同。我们称这一假想舱为等值舱，而这种计算方法称为等值舱法。为此，首先要计算出等值舱的有关数值。

1. 等值舱的进水体积

$$V = \sum V_i$$

2. 等值舱的形心位置

$$x = \frac{\sum V_i x_i}{\sum V_i}$$

$$y = \frac{\sum V_i y_i}{\sum V_i}$$

$$z = \frac{\sum V_i z_i}{\sum V_i}$$

3. 等值舱在原来水线处的损失水线面积

$$a = \sum a_i$$

4. 等值舱损失水线面积的形心坐标

$$x_a = \frac{\sum a_i x_{ai}}{\sum a_i}$$

$$y_a = \frac{\sum a_i y_{ai}}{\sum a_i}$$

将上述等值舱数据代入前面有关公式（视进水舱为几类舱而定），即可算出船舶在一组舱室进水后的浮态及稳性。

例题 某海船排水量 $\Delta = 30\ 000$ t，船长 $L = 198$ m，船宽 $B = 30$ m，吃水 $d = 7.9$ m，浮心垂向坐标 $z_B = 4.4$ m，重心垂向坐标 $z_G = 11$ m，初稳心高度 $\overline{GM} = 1.98$ m，吃水质量 TPC = 45 t/cm，船内某舱长 15 m，舱顶在基线以上 9.15 m 处，围绕该舱的两道纵舱壁距中线面为 3.6 m 和 11 m，该舱在双层底以上，双层底高 1.5 m。假设该舱的渗透率 $\mu = 0.8$，双层底原已充满压载水。试求舱内进水占全舱体积一半时，该船产生的横倾角，以及船外海水可自由进入舱内时，该船可能产生的最大横倾角。

解 依题意分两种情况计算。

（一）舱内进水占全舱体积一半时的横倾角。

因属第二类舱，故按增加质量法计算，步骤如下。

（1）增加的液体载荷为

$$p = \rho V = 1.025 \times 15 \times (9.15 - 1.5) \times (11 - 3.6) \times 0.8 \times \frac{1}{2} = 348 \text{ t}$$

（2）增加载荷 p 后平均吃水增加为

$$\delta d = \frac{p}{\text{TPC}} = \frac{348}{45} = 7.7 \text{ cm} = 0.077 \text{ m}$$

(3)增加载荷的重心垂向坐标为

$$z=\frac{1}{4}\times(9.15-1.5)+1.5=3.41\ \text{m}$$

(4)破损舱室内自由液面对其本身纵轴的惯性矩为

$$i_x=\frac{1}{12}\times(11-3.6)^3\times15\times0.8=405\ \text{m}^4$$

(5)新的初稳心高度为

$$\begin{aligned}\overline{G_1M_1}&=\overline{GM}+\frac{p}{\Delta+p}\left(d+\frac{\delta d}{2}-z-\overline{GM}\right)-\frac{\rho i_x}{\Delta+p}\\&=1.98+\frac{348}{30\ 000+348}\times\left(7.9+\frac{0.077}{2}-3.41-1.98\right)-\frac{1.025\times405}{30\ 000+348}\\&=2\ \text{m}\end{aligned}$$

(6)增加载荷 p 的重心横向坐标为

$$y=3.6+(11-3.6)\times\frac{1}{2}=7.3\ \text{m}$$

(7)所求横倾角为

$$\tan\phi=\frac{py}{(\Delta+p)\overline{G_1M_1}}=\frac{348\times7.3}{(30\ 000+348)\times2}=0.042$$

即 $\phi=2.4°$。

(二)求船外水可自由进入舱内时该船可能产生的最大横倾角。

这种情况属于第三类舱,故按损失浮力法计算,步骤如下。

(1)进水舱在吃水 7.9 m 处的进水量为

$$p=\rho V=1.025\times15\times(7.9-1.5)\times(11-3.6)\times0.8=583\ \text{t}$$

(2)损失水线面积为

$$a=15\times(11-3.6)\times0.8=89\ \text{m}^2$$

(3)吃水 $d=7.9$ m 时,船舶的水线面积为

$$A_W=\frac{100\text{TPC}}{\rho}=\frac{100\times45}{1.025}=4\ 390\ \text{m}^2$$

(4)剩余水线面积为

$$A_W-a=4\ 390-89=4\ 301\ \text{m}^2$$

(5)平均吃水增量为

$$\delta d=\frac{V}{A_W-a}=\frac{583}{4\ 301}=0.14\ \text{m}$$

(6)剩余水线面的漂心横向坐标为

$$y_F'=\frac{-ay_a}{A_W-a}=\frac{-89\times7.3}{4\ 301}=-0.15\ \text{m}$$

(7)损失的排水体积的形心垂向坐标为

$$z=\frac{1}{2}\times(7.9-1.5)+1.5=4.7\ \text{m}$$

(8)浮心垂向位置变化为

$$\delta z_B=-\frac{V\left[z-\left(d+\dfrac{\delta d}{2}\right)\right]}{\nabla}=\frac{583}{30\ 000}\left(7.9+\frac{0.13}{2}-4.7\right)=0.06\ \text{m}$$

(9)横稳心半径的变化为

$$\delta\overline{BM}=\frac{I'_{\text{T}}}{\nabla}-\frac{I_{\text{T}}}{\nabla}$$

$$=-\frac{w}{\Delta}\left[(i_x+ay_a^2)+(A_{\text{W}}-a)y_{\text{F}}'^2\right]$$

$$=-\frac{1.025}{30\ 000}\times\left[(405+89\times7.3^2)+4\ 301\times(-0.15)^2\right]$$

$$=-0.18\ \text{m}$$

(10)进水后的横稳心高度变化为

$$\delta\overline{GM}=\delta z_B+\delta\overline{BM}=0.06-0.18=-0.12\ \text{m}$$

(11)进水后的横稳心高度为

$$\delta\overline{GM_1}=\overline{GM}+\delta\overline{GM}=1.98-0.12=1.86\ \text{m}$$

(12)所求横倾角为

$$\tan\phi=\frac{V(y-y_F')}{\nabla\overline{GM_1}}=\frac{583\times(7.3+0.15)}{30\ 000\times1.86}=0.078$$

即 $\phi=4.4°$。

第三节　可浸长度的计算

抗沉性研究的重要内容之一,就是为具有一定抗沉性要求的船舶确定划分水密舱壁位置提供依据,这个依据就是所谓的可浸长度曲线。本节将介绍可浸长度的计算原理和计算方法。

一、限界线、可浸长度及可浸长度曲线

1. 限界线

当船体破损后,海水进入船舱内,船即下沉。为了保证船舶不沉没,我国《国内航行海船法定检验技术规则》规定:民用船舶的下沉极限是其舱壁甲板上表面的边线以下 76 mm 处,也就是说,船舶在破损后至少要有 76 mm 的干舷。在船体侧视图上,舱壁甲板边线以下 76 mm 处的一条曲线(与该甲板边线平行)称为安全限界线(简称限界线),如图 5-5(a)所示。

船舶下沉后的水线不应超过限界线,故限界线上各点的切线表示所允许的最高破舱水线(或称极限破舱水线)。

2. 可浸长度及可浸长度曲线

为了保证船舶破损后的水线不超过限界线，对船舶舱室的长度必须加以限制。船舱的最大许可长度称为可浸长度，它表示进水后船舶的最高破舱水线恰与限界线相切。

由于在船长的不同位置处，船舱的横剖面大小不同，因此各船舱进水后对船舶的纵倾影响也不同，所以可浸长度随船长的位置而变。在船体侧视图上，以各进水舱可浸长度的中点距中横剖面的距离 x 为横坐标，以对应位置的可浸长度 l 为纵坐标绘制的曲线称为可浸长度曲线，如图 5-5(b)所示。

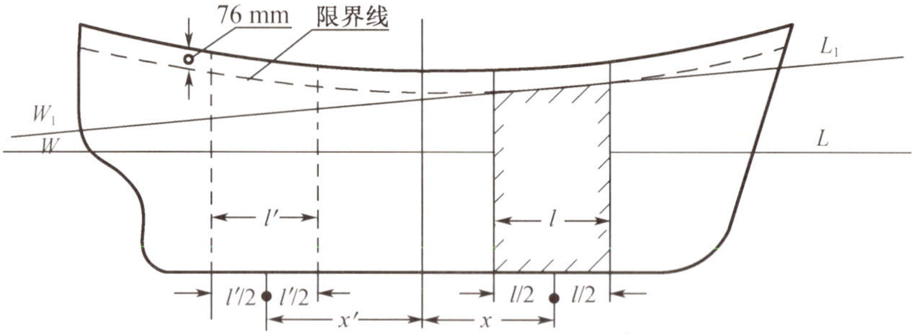

(a)限界线

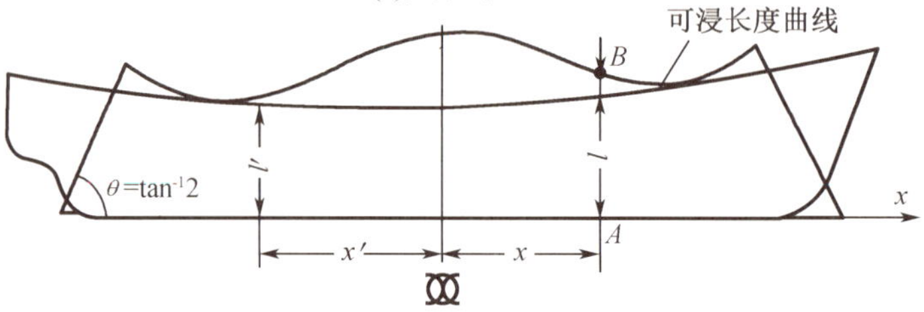

(b)可浸长度曲线

图 5-5　限界线和可浸长度曲线

二、可浸长度的计算原理

由上述可知，可浸长度随船长的位置而变，即可浸长度取决于进水舱的体积及其形心位置。下面就从求进水舱的体积及其形心位置出发，找出可浸长度的计算原理。

1. 进水舱体积 V_i 及其形心纵坐标 x_i 的计算

如图 5-6 所示，船舶浮于水线 WL 处，排水体积为∇，浮心纵坐标为 x_B。设舱破损进水后，船恰能浮于水线 W_1L_1 处，其排水体积为∇_1，浮心纵坐标为 x'_B。若破舱的体积为(即进水体积) V_i，形心纵坐标为 x_i，则船恰能浮于水线 W_1L_1 处时，必然存在下面关系。

破舱进水后的排水体积∇_1 为

$$\nabla_1=\nabla+V_i$$

∇_1 对中横剖面的静矩 M_1 为

$$M_1=\nabla_1 x'_B=\nabla x_B+V_i x_i$$

令$\nabla x_B=M$(原排水体积对中横剖面的静矩)，则破舱的形心纵坐标 x_i 可写为

$$x_i=\frac{M_1-M}{V_i}$$

上面各式是计算可浸长度的基本公式。也就是说，如果能计算出进水舱体积 V_i 及其形心纵坐标 x_i，便可把问题归结为在已知 V_i 及 x_i 的情况下，如何求出进水舱的长度 l 及其位置。

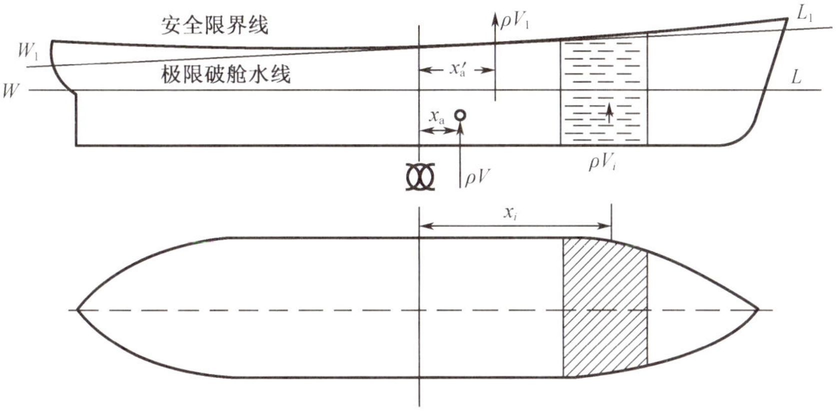

图 5-6　可浸长度计算原理图

2. 可浸长度的计算

求可浸长度一般应用图解法，其原理如下。

(1) 根据邦戎曲线计算并绘制极限破舱水线下的横剖面面积曲线 $A_S=f(x)$，如图 5-7 所示。

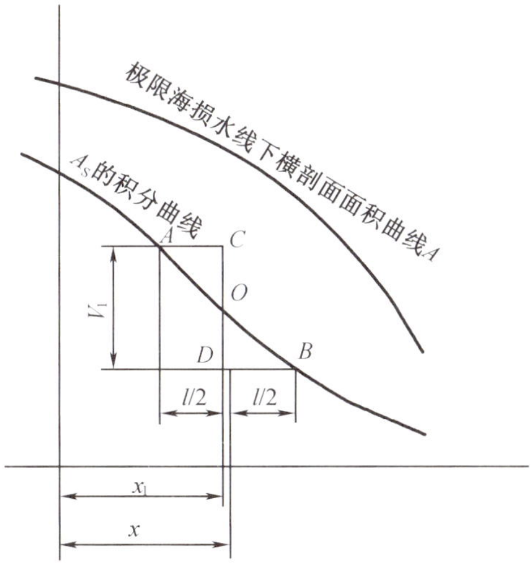

图 5-7　极限破舱水线下的横剖面面积曲线及积分曲线

(2) 计算并绘制横剖面面积曲线 $A_S=f(x)$ 的积分曲线 $\nabla_1=f(x)$（图 5-7）；计算极限破舱水线下的体积 ∇_1 及其浮心纵坐标 x_B'，即

$$\nabla_1=\int_{-\frac{l}{2}}^{+\frac{l}{2}} A_S \mathrm{d}x$$

$$x_B'=\frac{\int_{-\frac{l}{2}}^{+\frac{l}{2}} A_S \mathrm{d}x}{\nabla_1}$$

则破舱体积 V_i 为

$$V_i=\nabla_1-\nabla$$

破舱体积的形心纵坐标 x_i 为

$$x_i=\frac{\nabla_1 x_B'-\nabla x_B}{V_i}$$

$$x_i=\frac{M_1-M}{V_i}$$

(3)利用图解法求可浸长度 l。

在图 5-7 所示的横坐标上,定出破舱的形心位置 x_i,并过此位置作横坐标轴的垂线,该垂线与 A_S 的积分曲线交于 O 点。在该垂线上截取 $\overline{CD}=V_i$,并使面积 AOC = 面积 BOD,则两块面积对 $\overline{CD}$ 的静矩相等。根据积分曲线的特性可知,该破舱体积的形心必在 x_i 处。

这样,曲线上 A、B 两点间的水平距离即为破舱的极限长度(可浸长度 l)。同时该舱中点(即 l 的中点)至中横剖面的距离 x 也可在图上量出。

三、可浸长度曲线的计算与绘制步骤

根据上述计算原理,具体计算步骤如下。

(1)在邦戎曲线上绘出限界线。

(2)计算与绘制限界线下的横剖面面积曲线 $A_S=f(x)$ 及其积分曲线 $\nabla_1=f(x)$。一般按表 5-2 形式进行计算。

表 5-2　限界线下 $A_S=f(x)$ 曲线及其积分曲线计算表

站号	横剖面面积	成对之和	自上而下之和	体积 $\nabla=\frac{1}{2}\delta L\cdot$(Ⅳ)
Ⅰ	Ⅱ	Ⅲ	Ⅳ	Ⅴ
0(艉)				
1				
2				
⋮				
9				
10				
11				
⋮				
18				
19				
20(艏)				

(3)绘制极限破舱水线。

在如图 5-8 所示的邦戎曲线图上，先从限界线的最低点画一条水平的破舱水线 H，然后在艏艉垂线处，自 H 向下量取一段距离 z，其数值可近似按下式估算：

$$z=1.6D-1.5d$$

式中，D 为舱壁甲板型深；d 为吃水。

在距离 z 内取 2~3 个等分点，并从各等分点作与限界线相切的纵倾极限水线 1F、2F、3F 和 1A、2A、3A 等。

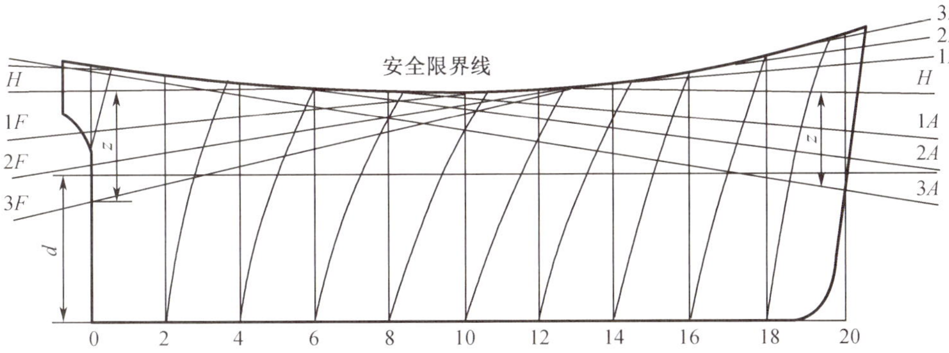

图 5-8 极限破舱水线

通常极限破舱水线取 7~10 条，其中艉倾水线 3~5 条，水平 1 条，艏倾水线 3~4 条。这些极限破舱水线对应沿船长不同舱室进水时船舶的最大下沉限度。

(4)计算各极限破舱水线下的进水舱体积 V_i 及其形心纵坐标 x_i。

在邦戎曲线图上，分别量出各极限破舱水线的各站横剖面面积，填入表 5-3 中。按表 5-3 形式的近似积分方法，便可算出各极限破舱水线下的进水舱体积 V_i 及其形心纵坐标 x_i。然后将计算结果绘制成进水舱容积曲线，即 V_i-x_i 曲线，如图 5-9 所示。

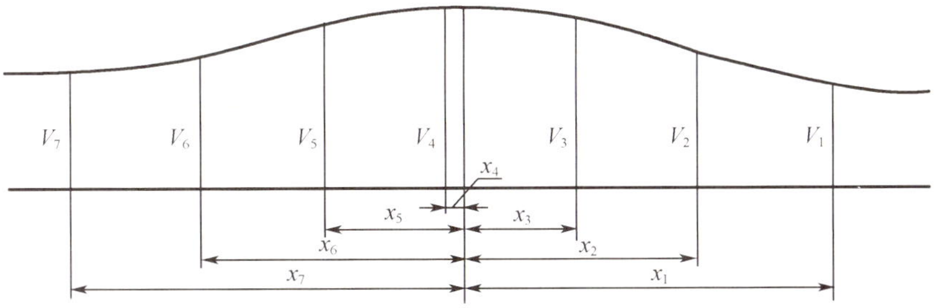

图 5-9 进水舱容积曲线

(5)根据表 5-3 计算出的各进水舱的体积 V_i 及其形心纵坐标 x_i，在已绘制的限界线下横剖面面积曲线的积分曲线上，按与图 5-7 相同的原理和方法，便可求出各进水舱的可浸长度 l 及其舱长中点至中横剖面的距离 x，如图 5-10 所示。

表 5-3　极限破舱水线下 x_i 及 V_i 计算表

L=______ m, M=______ m^4, δL = ______ m, x_B = ______ m, $(\delta L)^2$=______ m^2, ∇=______ m^3 (各参数查静水力曲线图)			力臂乘数 k_i	极限破舱水线号									
				P		$1A$		$2A$		$3A$		$1F$	
				A_S /m^2	A_Sk_i	A_S /m^2	A_Sk_i	A_S /m^2	A_Sk_i	A_S /m^2	A_Sk_i	A_S /m^2	A_Sk_i
		0	−10										
		1	−9										
		2	−8										
	艉	3	−7										
		4	−6										
		5	−5										
		6	−4										
		7	−3										
		8	−2										
		9	−1										
横剖面站号		10	0										
		11	1										
	艏	12	2										
		13	3										
		14	4										
		15	5										
		16	6										
		17	7										
		18	8										
		19	9										
		20	10										
总和 $\sum'$													
修正值 ε													
修正后总值 $\sum$													
$\nabla_1 = \frac{L}{20}\sum A_S$			m^3										
$V_i = \nabla_1 - \nabla$			m^3										
$M_1 = (\delta L)^2 \sum A_S k_i$			m^4										
$m = M_1 - M$			m^4										
$x_i = \frac{m}{V_i}$			m										

这里需要指出:用限界线下的横剖面面积曲线及其积分曲线代替各极限破舱水线下的横剖面面积曲线及其积分曲线,减少了计算和制图的工作量。之所以能这样代替,是因为进水舱的位置通常总是在其相应极限破舱水线与限界线相切附近(图 5-5),故极限破舱水线下的横剖面面积曲线与限界线下的横剖面面积曲线在进水舱附近几乎相同;而且,在进水舱附近,限界线下的横剖面面积较极限破舱水线下的横剖面面积略大,故计算所得的可浸长度略小于实际长度,偏于安全。所以,上述用限界线下的横剖面面积曲线及其积分曲线代替各极限破舱水线下的横剖面面积曲线及其积分曲线,在原理上是可行的,在实用上是简便的。

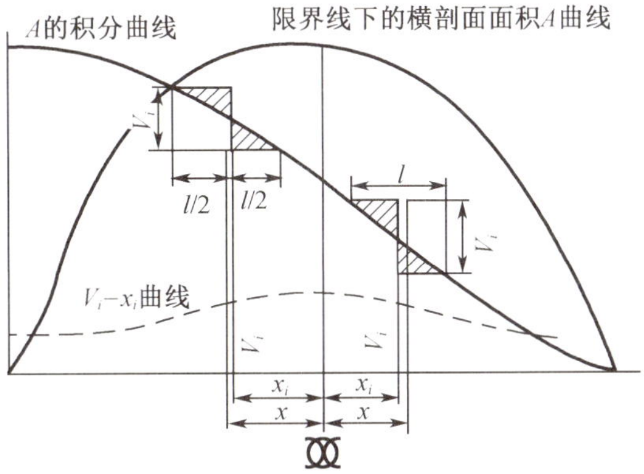

图 5-10　可浸长度的图解法

(6)绘制可浸长度曲线。

根据上面算得的各进水舱的可浸长度 l 及其中点至中横剖面的距离 x,在船体侧视图上标出各进水舱长的中点,并向上作垂线;然后截取相应的可浸长度 l 为纵坐标,并连成光滑的曲线,即为可浸长度曲线,如图 5-11 所示。

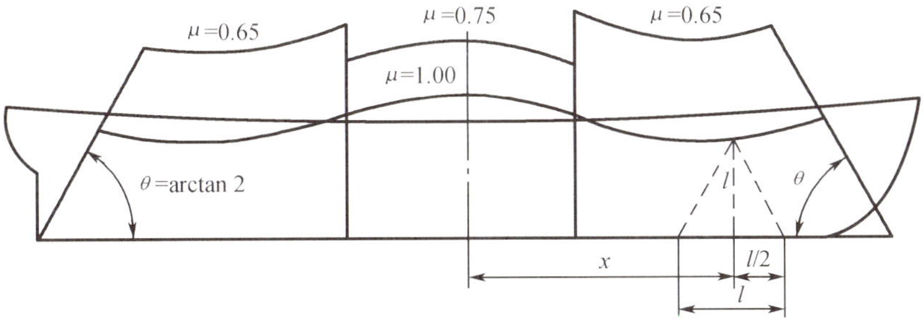

图 5-11　渗透率不同的可浸长度曲线

上面所作可浸长度曲线是假定进水舱的渗透率 $\mu=1.0$ 的情况,事实上 μ 总是小于 1.0 的,故在图上还需绘出实际的可浸长度曲线,并注明 μ 的具体数值。由图 5-11 可见,该曲线首尾两端被首尾垂线处 $\theta=\arctan 2$ 的斜线所限制,这是因为在此区域内,舱长之半等于 1/2 可浸长度。

第四节　分舱因数及许用舱长

由上节可知，位于船长某处的一个舱室破损后，只要该舱长度不超过该处的可浸长度，则认为船舶抗沉性是符合要求的。但是，假如与该舱相邻的舱室也同时破损的话，那么很显然船舶将不能满足抗沉性的要求。所以说只用可浸长度来检验船舶舱室的大小（即横舱壁的布置）是否满足抗沉性要求，未免过于粗略，因为它不能体现出各类船舶在抗沉性方面要求的不同。为此，在《国内航行海船法定检验技术规则》中采用了一个分舱因素 F 来决定许用舱长。F 是一个等于或小于 1.0 的系数，因此有

$$许用舱长=可浸长度(l)\times分舱因素(F)=l\cdot F$$

将实际的可浸长度乘以分舱因素 F 后，便得到许用舱长曲线，如图 5-12 所示。假定水密舱壁的布置恰为许用舱长，这时：

如果 $F=1.0$，许用舱长等于可浸长度，船在一舱破损后恰能浮于极限破舱水线而不致沉没。

如果 $F=0.5$，许用舱长等于可浸长度的一半，船在相邻两舱破损后恰能浮于极限破舱水线而不致沉没。

如果 $F=0.33$，许用舱长为可浸长度的 1/3，船在相邻三舱破损后恰能浮于极限破舱水线而不致沉没。

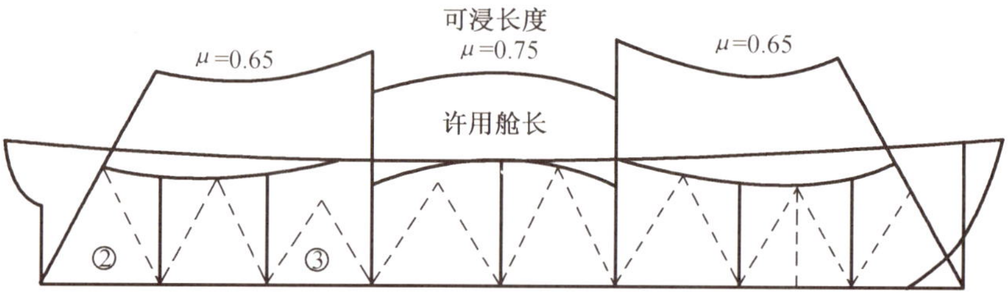

图 5-12　许用舱长曲线

如果船舶在一舱破损后的极限破舱水线不超过限界线，但在两舱破损后其极限破舱水线超过限界线，则表明该船的抗沉性只能满足一舱不沉的要求，称为一舱制船。相邻两舱破损后能满足抗沉性要求的船舶称为两舱制船；相邻三舱破损后仍能满足抗沉性要求的船舶称为三舱制船。若用分舱因素 F 来表示，则

对于一舱制船，$1.0\geq F>0.5$；

对于二舱制船，$0.5\geq F>0.33$；

对于三舱制船，$0.33\geq F>0.25$。

由上述可见，分舱因素 F 是决定船舶抗沉性的一个关键因素，其具体数值与船舶长度、用途及业务性质有关，在《国内航行海船法定检验技术规则》中有详细规定，这里就不多介

绍了。

有了许用舱长曲线，就可依此来确定船舶水密舱壁的布置，即确定舱长。但这只是对舱长从抗沉性角度所做的一种限制，在这种限制下，还要考虑其他条件的影响（如使用等因素），才能最后确定舱长。如图 5-12 所示的第②舱，其舱长恰等于许用舱长；而第③舱则因考虑使用等因素，其舱长小于许用舱长。

需要说明，上述可浸长度和许用舱长计算中，都没有考虑破舱后的稳性问题，因此在上述计算后，还需依据抗沉性规范对破舱稳性的具体要求，进行稳性校核计算。《国内航行海船法定检验技术规则》对破舱稳性的要求，请参阅有关资料。

思考与练习

一、简答题

1. 什么是船舶的抗沉性、渗透率、限界线、可浸长度、许用舱长？
2. 船舶舱室进水分为几类，它们是怎么划分的？
3. 叙述可浸长度曲线绘制的步骤。

二、判断题

1. 舱室破损进水后，船舶的浮态和稳性计算一般称为完整稳性计算。 （ ）
2. 船舶在局部破损进水后仍能漂浮在水面的能力是由储备浮力来保证的。 （ ）
3. 在船舶抗沉性中，船舱内实际能进水的体积与空舱的型容积的比值称为渗透率，其大小一般大于或等于 1.0。 （ ）
4. 船舶破损后，进水舱能被水浸占的容积与该舱室的总装货容积之比，称为体积渗透率。 （ ）
5. 船舶的抗沉性计算有两种基本方法，即增加质量法和固定排水量法。对于同一个进水舱，两种方法计算所得的浮性和初稳性参数一般是相同的。 （ ）
6. 第二类舱室用增加质量法计算时要考虑自由液面的影响。 （ ）
7. 一组舱室同时破损进水的影响和一假想舱效果完全相同，这一假想舱称为等值舱。 （ ）
8. 增加质量法进行破舱浮态及稳性计算时，把破舱进的水看成是进水舱增加的液体载荷，船的质量和重心位置、排水量和浮心位置均发生了改变。 （ ）
9. 增加质量法只能计算第一、二类进水舱的破舱浮态及稳性，而第三类舱的计算一般用损失浮力法。 （ ）
10. 在船舶侧视图上，沿舱壁甲板上表面的边线以下 76 mm 处作的一条与甲板边线平行的曲线称为安全限界线。 （ ）
11. 渗透率越小的舱室，可浸长度相应越小。 （ ）
12. 为保证船舶在破损后的水线不超过限界线，对于船舱的长度必须加以限制。船舱的最大许可长度称为可浸长度。 （ ）

项目六

流体力学基础

● 学习目标

知识目标

1. 掌握流体密度、容重、黏性等流体物理性质的定义及物理意义；

2. 掌握流体静力学基本方程及应用；

3. 理解稳定流动、非稳定流动、迹线、流线、流管、流量等流体流动的基本概念及连续性方程；

4. 理解层流、紊流两种流体流动状态，掌握伯努利方程的实际意义。

能力目标

1. 能运用流体静力学方程进行基本的流体静力学计算；

2. 能运用伯努利方程分析基本流体现象。

第一节　流体力学的基本概念

一、流体的性质

流体指易于流动的连续介质，一般分为液体和气体。由于船舶主要在水中运动，故我们主要研究水流体的性质。通常，水流体的性质可以用密度、容重、压缩性和膨胀性及黏性和摩擦力等来表示。

1. 密度

流体的密度以单位体积流体所具有的质量来表示，它表示流体在空间的密集程度。取包围空间某点的微元体积 ΔV，其中所包含的流体质量为 Δm，比值 $\Delta m/\Delta V$ 即为 ΔV 中流体的平均密度，当 $\Delta V\to 0$ 时，即为该点的密度。

$$\rho=\lim_{\Delta V\to 0}\frac{\Delta m}{\Delta V}\ (\mathrm{kg/m^3}) \tag{6-1}$$

对空间各点密度相同的均质流体，其密度为

$$\rho=\frac{m}{V}\ (\mathrm{kg/m^3}) \tag{6-2}$$

式中，ρ 为流体密度，$\mathrm{kg/m^3}$；m 为流体质量，kg；V 为流体体积，$\mathrm{m^3}$。

流体密度的倒数称为流体的质量体积，即 $\upsilon=1/\rho$，单位为 $\mathrm{m^3/kg}$。

2. 容重

在均质流体中，流体所受的重力与其所占的体积之比，称为容重，用 w 表示，即

$$w=G/V \tag{6-3}$$

式中，w 为流体容重，$\mathrm{N/m^3}$；G 为均质流体所受的重力，N；V 为均质流体体积，$\mathrm{m^3}$。

根据牛顿第二定律，流体所受的重力和质量的关系为 $G=mg$，将此式两边同除以体积，则有

$$w=\rho g \tag{6-4}$$

式中，$g=9.8\ \mathrm{m/s^2}$，是重力加速度。

密度和容重均为压力和温度的函数。温度对液体密度的影响很小，一般情况下可以近似地认为液体密度不随温度变化。

在工程上一般认为水的密度 ρ 和容重 w 不变，常取 4 ℃蒸馏水的 $\rho=1\ 000\ \mathrm{kg/m^3}$ 和 $w=9\ 800\ \mathrm{N/m^3}$ 作为计算值。

3. 压缩性和膨胀性

流体分子间有一定的间隙，当温度保持不变，流体所受压力增加时，其体积缩小的性质，称为流体压缩性。流体压缩性的大小用体积压缩系数 β 来度量。它表示当温度不变时，增加一个单位压力所引起的体积相对缩小量，即

$$\beta=-\frac{1}{V}\cdot\frac{\mathrm{d}V}{\mathrm{d}p} \tag{6-5}$$

式中，β 为流体体积压缩系数，$\mathrm{m^2/N}$；V 为流体的原有体积，$\mathrm{m^3}$；$\mathrm{d}V$ 为流体体积的缩小量，$\mathrm{m^3}$；$\mathrm{d}p$ 为流体压力的增加量，$\mathrm{N/m^2}$。

因为 $\mathrm{d}p$ 与 $\mathrm{d}V$ 变化方向相反，故式中加一负号，使系数 β 恒为正值。

由实验得知，液体体积压缩系数非常小，例如水在 0 ℃时，压力增加一个大气压，$\beta=1/2\ 000\approx0$。因此在工程实际中，可把液体视为不可压缩的流体。只有那些特殊情况，如研究高压液体传动、水下爆炸及管路中的水击问题时，才须考虑液体压缩性。

由于气体压缩性很大，故称为压缩性流体。但在流速 50～70 m/s 时，其压力和温度变化不大，因而引起的体积或密度变化可以忽略不计。如船舶通风等问题，可以把气体当作不可压缩流体处理。因此，不可压缩流体得出的规律，不仅适用于液体运动，同时也适用于低速气体的运动。

在一定压力下，流体体积（或密度）随温度变化而改变的性质称为流体膨胀性，其大小可以用体积膨胀系数 α 来表示。所谓体积膨胀系数就是在压力不变的情况下，温度上升 1 ℃时所引起的体积相对增加量，即

$$\alpha=\frac{1}{V}\cdot\frac{\mathrm{d}V}{\mathrm{d}t} \tag{6-6}$$

式中，α 为流体体积膨胀系数，1/℃；V 为流体的原有体积，$\mathrm{m^3}$；$\mathrm{d}V$ 为流体体积的增量，$\mathrm{m^3}$；$\mathrm{d}t$ 为流体温度的增量，℃。

由实验得知，液体的体积膨胀系数非常小。例如，水在一个大气压下，温度在 0 ~ 10 ℃范围内变化时，其体积膨胀系数为 $\alpha = 14\times10^{-6}$ ℃$^{-1}$；当温度在 10 ~ 20 ℃范围内变化时，其体积膨胀系数 $\alpha = 150\times10^{-6}$ ℃$^{-1}$。

4. 黏性和摩擦力

流体流动时，由于流体与固体壁面存在附着力及流体本身存在分子运动和内聚力，使各流体层的速度不相等。在两个相邻流体层之间的接触面上，将产生一对阻碍两层流体相对运动的等值反向的摩擦力，叫做内摩擦力。流体流动时产生内摩擦力的这种性质叫做流体的黏性。

水具有黏性，表现为：当某一层对相邻的一层有相对运动时，它们之间即产生切应力（内摩擦力）。

$$\tau = \mu \frac{d\nu}{dy}$$

式中 τ——摩擦切应力，N/m^2；

μ——流体的动力黏性系数，$N \cdot s/m^2$；

ν——$\nu = \mu/\rho$，流体的运动黏性系数，m^2/s，其中 ρ 为流体的质量密度，kg/m^3。

ν 和 ρ 是水温的函数，如表 6-1 所示。

表 6-1　水的运动黏性系数 ν 和质量密度 ρ（根据第 10 届国际拖曳水池会议整理）

淡水		水温	海水		淡水		水温	海水	
ν $/(10^6\ m^2 \cdot s^{-1})$	ρ $/(kg \cdot m^{-3})$	t /℃	ν $/(10^6\ m^2 \cdot s^{-1})$	ρ $/(kg \cdot m^{-3})$	ν $/(10^6\ m^2 \cdot s^{-1})$	ρ $/(kg \cdot m^{-3})$	t /℃	ν $/(10^6\ m^2 \cdot s^{-1})$	ρ $/(kg \cdot m^{-3})$
1.786 67	999.82	0	1.828 44	1 028.07	1.139 02	999.04	15	1.188 31	1 025.91
1.727 01	999.82	1	1.769 15	1 027.97	1.109 66	998.94	16	1.159 16	1 025.71
1.670 40	999.92	2	1.713 06	1 027.87	1.081 55	998.74	17	1.131 21	1 025.42
1.616 61	999.92	3	1.659 88	1 027.87	1.054 16	998.51	18	1.104 38	1 025.22
1.561 57	999.92	4	1.609 40	1 027.77	1.028 65	998.31	19	1.078 14	1 025.03
1.516 98	999.92	5	1.161 42	1 027.68	1.003 74	998.16	20	1.013 72	1 024.73
1.470 70	999.92	6	1.515 84	1 027.48	0.979 84	997.96	21	1.029 81	1 024.44
1.426 67	999.82	7	1.472 42	1 027.38	0.916 82	997.76	22	1.006 78	1 024.15
1.384 71	999.82	8	1.431 02	1 027.19	0.934 71	997.47	23	0.994 17	1 023.85
1.344 63	999.73	9	1.391 12	1 027.09	0.913 40	997.27	24	0.963 11	1 023.56
1.306 41	999.63	10	1.353 83	1 026.89	0.892 92	996.98	25	0.942 12	1 023.26
1.269 88	999.53	11	1.317 73	1 026.69	0.873 13	996.78	26	0.922 15	1 022.97
1.234 91	999.43	12	1.283 24	1 026.60	0.814 09	996.49	27	0.903 31	1 022.67
1.201 59	999.33	13	1.250 28	1 026.30	0.835 72	996.20	28	0.884 70	1 022.28
1.169 64	999.14	14	1.218 62	1 026.11	0.817 98	991.90	29	0.866 11	1 021.98
					0.800 92	991.61	30	0.849 31	1 021.69

二、流体运动的一般概念

1. 边界层

假设顺着流动方向放置一薄平板，水流以均匀速度 v 流经平板，如图 6-1 所示。

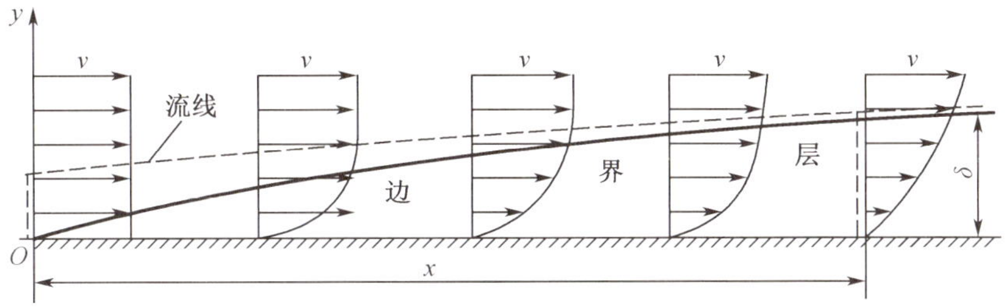

图 6-1　平板边界层

当水流过平板时，由于水具有黏性，平板表面处的水质点均被吸附在平板上，平板表面上流速为零。随着与平板表面距离 y 的增加，流速逐渐增加，当 y 增至某一距离 δ 时，其处流速达到来流的速度值。

我们称存在黏性作用的这一薄层水流为边界层。

考虑黏性作用的流体称为实际流体；不考虑黏性作用的流体称为理想流体。

2. 稳定流动与非稳定流动

在任意固定空间处，流体运动速度和压力仅仅是空间坐标的函数，而不随时间变化，具有这种特征的流动称为稳定流动，也称为定常流动。

反之，流体运动速度和压力随时间变化，这种流动称为非稳定流动，也称为非定常流动。

3. 迹线、流线和流管

运动流体中的某流体质点在连续时间内所经过空间位置的连线称为迹线。迹线就是流体质点的运动轨迹。

流线是流场中某一瞬间绘出的一条曲线。在此线上每一点的切线代表在同一瞬时该点处流体质点的运动方向。

在流场中，任取一封闭曲线，经过曲线上每一点都有一条流线，所有流线围成的管壁状曲面，称为流管。

4. 层流与紊流

任何实际流体的流动都具有两种流动状态，即层流与紊流。

所谓层流是指流体运动时，质点互相不干扰混杂，迹线有条不紊的流态，又称为片流。

紊流是指流体运动时，质点互相干扰混杂，迹线极不规则，速度和方向都出现明显紊乱变动的流态，又称为乱流。

第二节 流体力学的基本方程

一、连续性方程

如图 6-2 所示，假设在任一稳定流动的流体内任意取一流管，它的断面分别为 1—1、2—2，S_1 和 S_2、V_1 和 V_2 分别为两断面的截面积和流速。若流体不可压缩，则有

$$V_1S_1 = V_2S_2$$

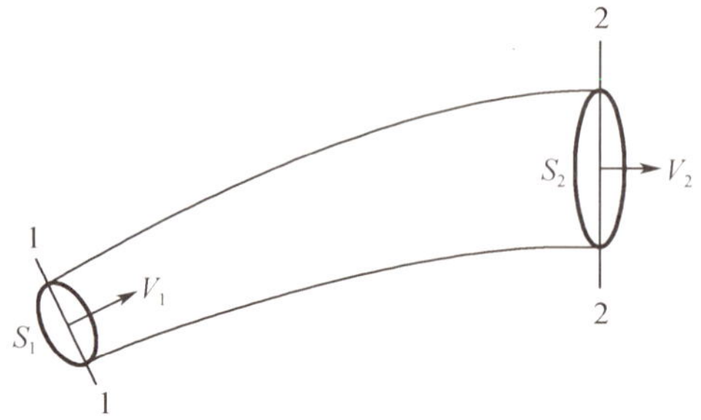

图 6-2 稳定流动的流体中的流管示意图

这个关系式称为不可压缩流体的连续性方程。它说明在同一流管中，流体的流速和流管的截面积的乘积（流量 Q）为一常数。

流体的连续性方程是质量守恒定律在流体力学中的具体体现。

二、理想流体的伯努利方程

如图 6-3 所示，有流管断面 1—1、2—2，S_1 和 S_2、V_1 和 V_2、p_1 和 p_2、Z_1 和 Z_2 分别为两断面的截面积、流速、压力、位置高度。

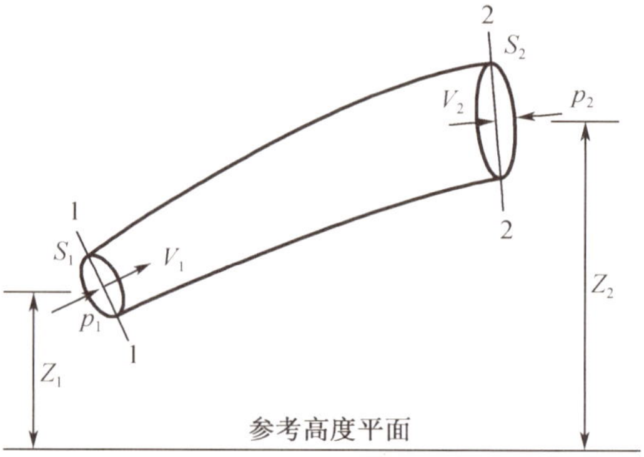

图 6-3 流管断面示意图

若流体为不可压缩的理想流体，则有

$$\frac{p_1}{\rho g}+\frac{V_1^2}{2g}+Z_1=\frac{p_2}{\rho g}+\frac{V_2^2}{2g}+Z_2$$

或

$$\frac{p}{\rho g}+\frac{V^2}{2g}+Z=常量$$

这个关系式称为不可压缩理想流体的伯努利方程。

从几何意义考虑，式中 Z 为几何高度，表示位置，又称为位置水头；$\frac{p}{\rho g}$为压力水头，表示水流截面的静压力高度；$\frac{V^2}{2g}$为速度水头，表示流速高度。

因此，伯努利方程的几何性质为：位置水头、压力水头和速度水头三者之和（称为总水头）为一常数。

从物理意义虑，式中 Z 为单位质量流体的位能（势能）；$\frac{p}{\rho g}$为单位质量流体的压能；$\frac{V^2}{2g}$为单位质量流体的动能。

因此，伯努利方程的物理意义为：单位质量流体的位能、压能和动能三者之和为一常数，即总能量在流场中处处相等。

流体的伯努利方程是能量守恒定律在流体力学中的具体体现。

思考与练习

一、简答题

1. 流体的密度、质量体积和容重之间是怎样的关系？
2. 什么是迹线？什么是流线？在同一流场中，同一时刻不同流体质点组成的曲线是否都是流线？
3. 流体流动的形态有哪几种？如何判别流体处于哪种流态？
4. 请简述理想流体伯努利方程的物理意义和几何意义。

二、判断题

1. 流体流动时产生内摩擦力的性质称为流体的黏性。（　　）
2. 忽略黏性的流体，称为理想流体。（　　）
3. 流体质点的流动轨迹是有条不紊的，各流层的质点互不混杂，这种流动状态叫做紊流。（　　）
4. 流线具有瞬时性。（　　）
5. 船舶的静摩擦力不存在。（　　）
6. 船舶相对于水静止时，摩擦阻力仍然存在，但其值较小。（　　）
7. 在任意固定空间处，流体运动速度和压力仅仅是空间坐标的函数，而不随时间变化，具有这种特征的流动称为定常流动。（　　）

8. 边界层内存在层流和紊流两种流动状态。 ( )

9. 伯努利方程表明:在重力作用下不可压缩理想流体稳定流动时,沿同一微小流束上所有各点的比位能、比压能和比动能之和是相等的。 ( )

10. 流体的连续性方程是质量守恒定律在流体力学中的具体体现。 ( )

11. 理想流体的伯努利方程的几何性质为:位置水头、压力水头和速度水头三者之和(称为总水头)为一常数。 ( )

12. 流体的伯努利方程是能量守恒定律在流体力学中的具体体现。 ( )

项目七

船舶阻力

● 学习目标

知识目标

1. 掌握船舶阻力的分类、成因和变化规律；
2. 基本掌握估算阻力的近似方法；
3. 了解相似理论及阻力换算方法；
4. 基本掌握船舶摩擦阻力的计算公式和计算步骤。

能力目标

1. 运用海军系数法和艾亚法估算有效功率；
2. 运用摩擦阻力的计算公式计算船的摩擦阻力。

第一节　船舶阻力的分类及成因

“船舶阻力”是“船舶快速性”的一个重要组成部分。“船舶快速性”是船舶重要的航行性能之一，它是研究船舶消耗较小功率以维持一定航行速度的学科。

当船舶在水面上航行时，船体处于水和空气两种流体介质中运动，必然受到空气和水对船体的反作用力。这种与船舶运动方向相反的作用力称为船舶阻力。

为了研究方便，船舶总阻力按流体种类不同分为空气阻力和水阻力。对于速度不高的民用船舶，空气阻力仅占其总阻力的 2%～4%，所以我们以研究水阻力为主。而水阻力又分为船舶在静水中航行时的静水阻力和在波浪中航行时的汹涛阻力两部分。

静水阻力通常分为裸船体阻力和附体阻力。所谓附体阻力是指突出于裸船体之外的附属体，如舵、舭龙骨、轴支架等所增加的阻力值。静水阻力中的裸船体阻力是船舶阻力的主要成分，是我们研究的主要内容，为便于叙述，将其称为“船体阻力”。附体阻力、汹涛阻力和空气阻力被统称为附加阻力。船舶阻力构成见图 7-1。

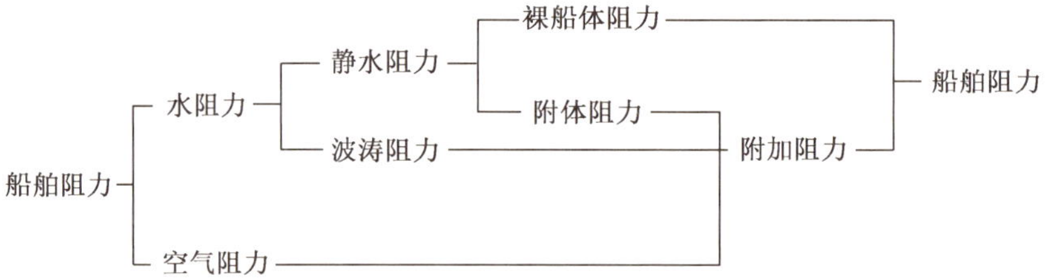

图 7-1　船舶阻力构成示意图

一、船体阻力的分类

为了更好地研究和处理船体阻力中的各种问题，根据所研究问题的出发点及阻力产生机理的不同，有如下不同的阻力分类方法。

1. 按产生阻力的物理现象分类

按船舶航行过程中船体周围的流动现象和产生阻力的原因来分类，则船体总阻力 R_t 由兴波阻力 R_w、摩擦阻力 R_f 和黏压阻力 R_{pv} 三者组成：

$$R_t = R_w + R_f + R_{pv} \tag{7-1}$$

2. 按作用力的方向分类

船体在实际流体中等速直线运动时，一方面受到垂直于船体表面的压力作用，这种压力是由兴波和旋涡等所引起的；另一方面，又受到水质点沿着船体表面切向力的作用，即水的摩擦阻力作用。

由于船体形状对称于中纵剖面，因此，船体湿表面上切向力和压力对于中纵剖面都是对称分布的，其合力 p_1 必位于中纵剖面上。在船的重心 G 处加上一对大小等于合力 p_1，但方向相反的力 p 和 p_2，如图 7-2 所示。于是船体可以被看作在重心 G 处受到一个 p 作用力和由 p_1、p_2 组成力偶的作用，该力偶将造成船体纵倾。作用力 p 的垂向分力 Q，支持船体重力，称为支持力。

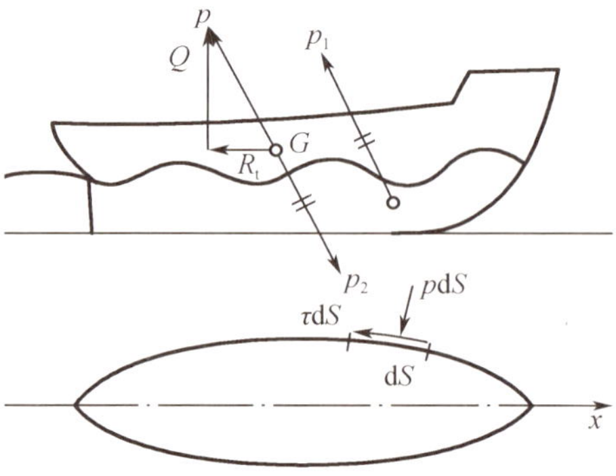

图 7-2　船体受力示意图

由以上分析可知，船体运动中所受到的总阻力 R_t 就是所有流体作用力沿运动方向的合力，亦即船体表面上所有微面积 dS 上切向力 τ 和压力 p 在运动方向的合力：

$$R_t = -\int_S \tau\cos(\tau,x)\,\mathrm{d}S - \int_S p\cos(p,x)\,\mathrm{d}S \tag{7-2}$$

式中，S 为整个船体的湿表面积，负号表示该作用力与船体运动方向相反，是阻力。

式(7-2)中，前一项积分表示由作用在船体表面上的切向力所造成的阻力，称为摩擦阻力 R_f。第二项积分表示由作用在船体表面上的压力所造成的阻力，称为压阻力 R_p。

由此可知，船体阻力包含有摩擦阻力和压阻力两种阻力成分，即

$$R_t = R_f + R_p \tag{7-3}$$

3. 按流体性质分类

船体阻力中的压阻力含有黏压阻力和兴波阻力两种不同性质的力。黏压阻力只有在黏性流体中存在，但兴波阻力即使在理想流体中仍然存在。由于黏压阻力和摩擦阻力两者都是由于水的黏性而产生，因此习惯上将两者合称为黏性阻力 R_v。这样船体总阻力又可以认为是由兴波阻力和黏性阻力两部分组成：

$$R_t = R_w + R_v \tag{7-4}$$

式中

$$R_v = R_f + R_{pv}$$

其总阻力与各阻力的关系见图 7-3。

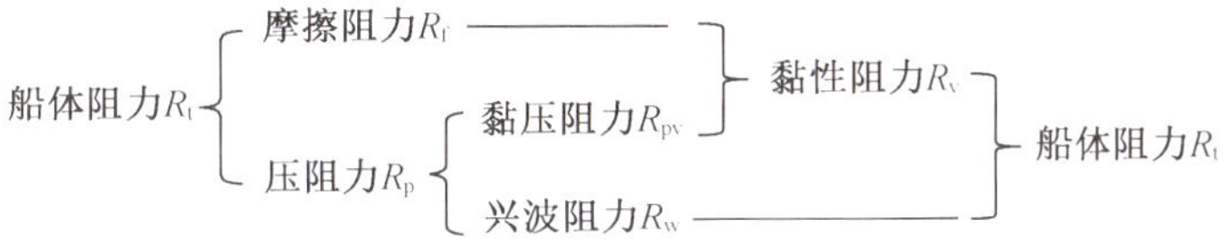

图 7-3　船体总阻力与各阻力的关系

4. 弗劳德阻力分类

需要指出的是：除上述几种阻力分类外，还有其他阻力分类。这里扼要介绍在船舶阻力问题研究中，曾经有很大影响的弗劳德阻力分类法。该分类法将船体总阻力分成摩擦阻力 R_f 和剩余阻力 R_r 两部分，并认为船体摩擦阻力等于相当平板的摩擦阻力。所谓剩余阻力是指船体总阻力中扣除相当平板摩擦阻力所剩部分的阻力，其实质是将黏压阻力和兴波阻力合并在一起，称为剩余阻力，即

$$R_t = R_f + R_r \tag{7-5}$$

式中

$$R_r = R_w + R_{pv}$$

二、船体阻力的成因

船体在静水中运动时所受到的阻力与船体周围的流动现象密切相关。根据观察，船体周围的流动情况是相当复杂的，下面就黏压阻力、摩擦阻力和兴波阻力的成因分别加以描述。

1. 黏压阻力

边界层分离是产生黏压阻力的主要原因。根据边界层理论，若边界层内的水质点从某处脱离边界层流向外部区域，从而在船体附近发生旋涡运动，这种现象称为边界层分离（或称边界层脱离）。造成边界层分离的原因可这样简单解释：由于绕船体曲面的流体质点流经船体前端点时，速度降低，压力达到最大值，当质点从前端点到达最大剖面处时，速度达最大值，压力为最低值；这个过程的流动特点是流体质点不断加速减压，但它在边界层内的运动受到黏性摩擦力和负压力差的双重作用，因此流体质点的动能不如在理想流体中运动那样大。当流体质点从最大剖面处向艉部流动时，流体质点处于减速增压区，即它在黏性和正压力差的作用下，速度迅速降低，直到质点的速度降为零，动能全部耗尽而停滞下来，迫使继续流来的水流质点离开船体表面流动，便形成了边界层分离现象。

边界层分离后，在船体后部升压区的水压力作用下，流体产生倒流现象，形成许多不稳定的旋涡并与水流一起被冲向船后方。旋涡的产生使船尾部压力降低，从而使船体沿船长方向的压力分布发生变化，即加大了船艏艉压力差，产生了阻力。故这种由流体黏性消耗质点动能形成的艏艉压力差而产生的阻力称为黏压阻力，用 R_{pv} 表示。

从能量的观点来看，在船尾部形成旋涡要消耗能量，而一部分旋涡被冲向船的后方，同时船尾处又连续不断地产生旋涡，这样船就要不断地供给能量，船损失的这部分能量即可视为增加了一部分阻力——黏压阻力。

边界层分离是产生黏压阻力的主要原因，但并非任何船型的黏压阻力均由边界层分离而产生。对于设计优良的船体，特别是艉部的形状和长度适宜的船体，可能不发生边界层分离现象，但黏压阻力仍然存在，仅数值大小不同而已。这是因为越往船尾方向边界层越厚，结果就使船尾部流线被排挤外移而产生附加速度。根据伯努利方程可知，这一附加速度的产生将导致船尾部的压力下降（与理想流体比较），从而使沿船长方向的压力分布产生变化，形成艏艉压力差，即产生黏压阻力。不过这种情况产生的黏压阻力要比因边界层分离而引起的黏压阻力小得多。

2. 摩擦阻力

由边界层理论我们知道，在水中运动的平板上将产生一边界层，边界层内存在着切应力，也即存在摩擦力。船体表面是一个三向曲面，水流经过时，也会产生边界层。虽然船体边界层比平板边界层更为复杂，但是边界层内存在着切应力，这是相同的。边界层内切应力的总和即构成了阻碍船舶运动的力——摩擦阻力，用 R_f 表示，这就是摩擦阻力的成因。可见，摩擦阻力是由流体的黏性引起的阻力。

另外，从能量的观点来看，当船在静水中运动时，由于水的黏性，船体表面必存在边界层，边界层内流体随船一起运动，运动的能量由船供给，因而产生摩擦阻力。

3. 船行波及兴波阻力

船舶在水面航行时将不断产生向船后传播的波浪，这种波浪称为船行波。船舶航行时为什么形成波浪？波浪对船舶的阻力有什么影响？为了研究这些问题，我们先假定水为理想流体，这样便排除了因水的黏性而引起的黏压阻力及摩擦阻力的影响。在这种情况下，如果仍能阐明船体水阻力的存在,那么,这种阻力便是不同于黏性阻力的另一种性质的阻力。

(1)船行波的形成和特征

船舶在水面运动时,会激起成规则队形扩散的波浪(船行波),这是船体运动时沿船长方向的水流速度和压力分布不一致的缘故。根据伯努利方程,当水流流经船体时,随着船长方向流速的变化,水面高度也会有变化。在船舶首尾两端的速度最低处,产生水位上升,而在船体中部速度最高区域内,产生水位下降,这就是形成船波的原因。船波的形成使水面受流体动压力的激动又受到它本身的重力作用,以及流体质点所具有的惯性交替影响,结果便产生周期性的振动,形成波浪形(波形)的运动,这种由船运动而形成的波形运动,称为船行波。船行波的形成与自然波浪是相似的,即水质点在原地做圆周运动,而波形做前进运动。这一点可用漂浮的木块并不随波漂流的现象来证实。经研究可知,船行波在传播(即波形的前进运动)过程中,波浪的形状几乎不变,传播速度近似等于船速。

一般来说,一艘型线光顺的船舶兴起的波浪构成一船波系。此船波系又较明显地分成两部分,一部分自船首发生的叫艏波系,另一部分自船尾发生的叫艉波系。艏波系和艉波系又各自包括艏横波、艏散波和艉横波、艉散波。整个波系明显地分布在船后的 V 形区域中。

艏横波和艉横波的波峰均垂直于船舶前进方向,艏横波自艏柱后一波峰开始,艉横波自艉柱前一波谷开始。

艏散波和艉散波均是一组近似平行的短波,它们自艏柱和艉柱稍后处向船体两侧扩散,其波峰中点连线与船体中纵剖面线的夹角为一般为 18°~20°,而其波峰线与船体中纵剖面线的夹角为 36°~40°。

特别值得注意的是:在艉散波所形成的一个三角形区域内,艏横波与艉横波将发生干扰现象,而艏艉散波各不相干扰,艏横波与艉散波也不相干扰。

(2)兴波阻力的成因

对船行波的研究可知,船体在运动过程中兴起波浪,波浪的产生改变了船体表面的压力分布情况,如图 7-4 所示。船首的波峰使艏部压力增加,而船尾的波谷使艉部压力降低,于是产生艏艉流体动压力差。这种由兴波引起压力分布的改变所产生的阻力称为兴波阻力,一般用 R_w 表示。

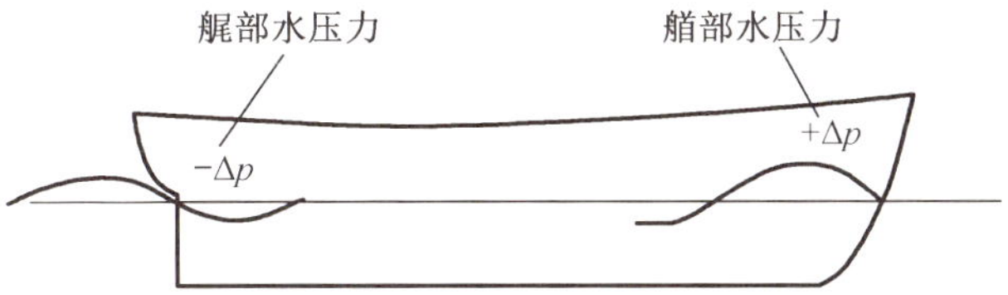

图 7-4　兴波改变船体压力分布

另外,兴波阻力也可以从能量观点来解释。如前所述,船行波是不断向船后传播的,其形状及速度几乎不改变,而船行波必具有一定的能量,这个能量只能由船舶克服流体阻力做功而转化出来，波浪的存在正说明了兴波阻力的存在。

三、附加阻力

附加阻力包括附体阻力、汹涛阻力和空气阻力。它们在船舶总阻力中占的比例很小。

1. 附体阻力

船舶的舭龙骨、轴支架、舵等装置在水下较深的位置，因而它们产生的阻力主要是摩擦阻力和黏压阻力。

附体阻力的大小与附体的位置、大小、数量和形状有关。确定附体阻力的方法目前有两种：一是利用经验公式，一是应用模型试验。

减小附体阻力的措施有：附体沿船体流线方向设置，以减小黏压阻力；尽可能采用湿面积较小的附体，以减小摩擦阻力；附体沿流线方向采用流线型剖面等。

2. 汹涛阻力

船舶航行于大风浪中较静水中所增加的阻力，称为汹涛阻力。汹涛阻力的产生主要是船在波浪中的纵摇和垂荡运动引起的。海浪的作用改变了船体周围的压力分布，使船体压阻力增加。海浪使船体湿面积增加，导致摩擦阻力也增加。

汹涛阻力的大小与波浪的高度、遭遇周期及船型有关。一般在船舶设计中，通常不具体计算其大小，仅给出一定的储备功率，以使船舶在汹涛中仍然能保持一定的航速。

3. 空气阻力

船舶水上部分将遭受空气阻力。空气阻力主要由摩擦阻力和黏压阻力两部分组成，由于空气的黏性较小，故摩擦阻力所占比重很小，就目前的一般船舶而言，其受的空气阻力几乎全部是黏压阻力。

空气阻力的大小随上层建筑的型式、大小及风速和风向的变化而变化。确定其大小的方法一般有根据试验资料估算和船模试验两种。在设计初期可粗略取为船体阻力的2%~4%。

四、污底

船舶在营运过程中，船体水下部分因长期浸泡在水中，除钢板被腐蚀外，海水中的生物，如贝类、海草等将附着在船体上生长，使船体表面凹凸不平，大大增加了船体表面的粗糙度，从而使阻力增加很大，这种现象称为污底。

污底会造成船速下降，一方面由于污底直接增加了阻力，另一方面由于阻力增加导致推进器运转情况改变，致使螺旋桨效率下降。一般认为新船下水后6个月，因污底所增加的总阻力可达10%以上，船速会有明显下降。所以新船试航应在船壳洁净并在新涂油漆后进行。

由污底而增加的阻力主要与船舶出坞后的时间有关，经验指出，这种阻力增加值可以分为两部分：

(1)一部分称为“真实污底”，它与出坞后的时间成非线性关系，近似于按双曲线规律变化，如图 7-5 所示。

（2）另一部分称为“船体腐蚀”，它与出坞时间成线性关系，且数值上较“真实污底”要小得多，图 7-5 中曲线 1 即为该部分的阻力增值。

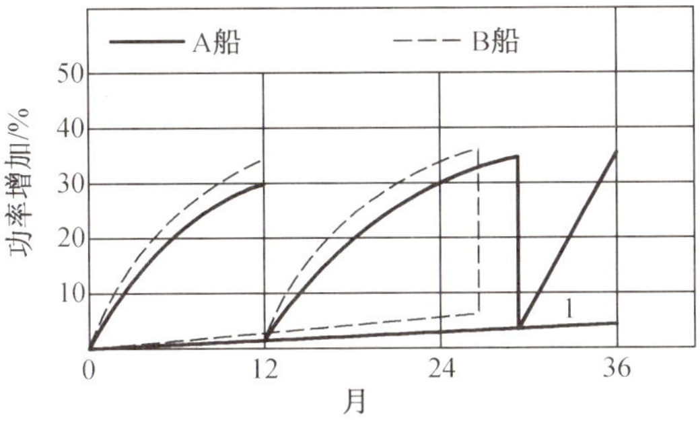

图 7-5 污底对功率的影响

因污底而增加的摩擦阻力百分数 F 可用下式来表示：

$$F=\frac{k_1 d}{k_2+d}+\frac{d_0}{k_3}$$

式中，d 为距最后一次出坞的时间（d）；d_0 为距新船首次出坞的时间（d）；k_1、k_2、k_3 为常数，根据在一定航线上航行的一定类型船的试航结果决定。

由污底而增加的阻力还与船舶航行的季节和地区有关。这是因为贝类和海草等的生长速度在不同季节和地区是不同的，热带地区由于污底而增加的阻力较一般地区快。

防治污底的方法通常是先在船体表面敷涂两遍防锈漆，然后再涂一两遍防污漆。因为防污漆在层流底层中保持有一定的毒素含量，可以使幼小的贝类、海草等致死，因而有避污作用。此外，污底的海船在淡水港内停泊数日后再行出海，其附着的贝类和海草的大部分会因死亡而脱落。我国沿海港口多系淡水港，这是清除污底的天然有利条件，当然对于污底严重的船必须定期进坞除污，重新涂油漆。

五、阻力曲线和有效功率曲线

影响船体阻力的因素很多，但主要有三个方面：首先是航速 v。航速对阻力的影响较大，随着航速的增加，阻力的增长十分显著。其次是船型，不同的船型参数往往会导致阻力性能的变化。最后是外界条件，船舶在不同的航区中航行，由于外界条件，诸如水深、流体介质和温度等不同，对阻力也会有影响。显然，对于给定的船型，且在一定的外界条件下，船体阻力仅仅是航速的函数，其公式表示为

$$R_t=f(v) \tag{7-6}$$

这种阻力随航速变化而变化的曲线称为阻力曲线。不同的船型应该对应有不同的阻力曲线，如图 7-6（a）所示。

当船速为 v 时，船体总阻力为 R_t，则直接用于克服船体阻力所需的功率称为有效功率，

以 P_E 示之，其数值为

$$P_E = R_t v \tag{7-7}$$

考虑到船舶主机在功率传递过程中，将有一部分损失于轴系的传递，另有一部分损失于螺旋桨的扭矩转换推力的过程中，因此有效功率只是主机功率的一部分。

对于一定的船型，考虑到式(7-6)，P_E 亦是速度 v 的函数，P_E 随 v 的变化曲线称为有效功率曲线，如图 7-6(b)所示。比较式(7-6)与式(7-7)可知：有效功率 P_E 曲线较之阻力曲线 R_t 是航速的高一次函数曲线。

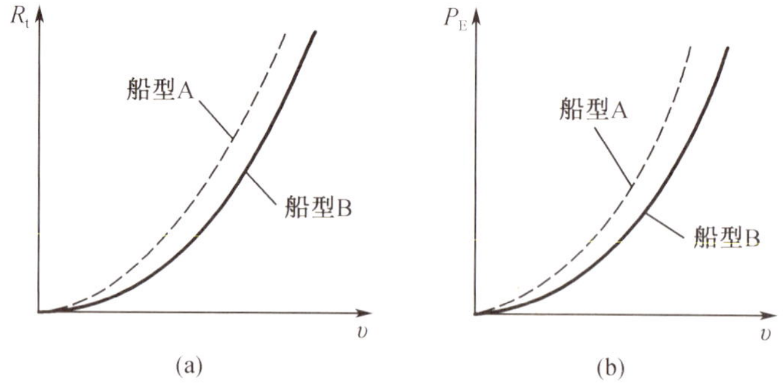

图 7-6 阻力曲线和有效功率曲线

第二节 估算阻力的近似方法

我们可以通过船模试验求得船舶的阻力，然而在船舶设计初期，当决定了主尺度和船型系数以后，必须要知道主机功率，以保证船舶能达到设计航速；若是主机功率已知，则需要估计阻力，以确定船的航速。在这个阶段，由于船舶型线尚未确定，因而还不能用船模试验的方法来确定阻力，只能用近似方法估算。另外，对一些小型船舶或次要的船舶，在设计过程中也往往应用近似方法估算其阻力，而无须进行船模试验。

船舶阻力(或有效功率)的近似估算方法，是根据大量船模试验和实船试验所积累的资料，分析、总结而拟定的。因此应用近似估算方法所得结果的准确程度取决于所设计船与母型船或设计船与船模系列之间的相似程度。所以为了提高近似估算的准确性，应有针对性地选择估算方法。

近似估算的方法有很多，这里仅介绍目前民用船舶常用的几种，即海军系数法、艾亚法等。

一、海军系数法

海军系数法亦称海军常数法。这是一种应用母型船数据，迅速地决定设计船舶有效功率的方法。虽然这种方法的精确性不高，但由于使用简单、方便，因此常用于比较多种设计方案的阻力性能估算，以及某些对阻力性能做粗略估算的情况。

海军系数法认为，对于船型近似、尺度和航速略同的船舶，它们的总阻力 R_t 与其排水量 Δ 及航速 v 都有如下关系：

$$R_t \propto \Delta^{\frac{2}{3}} g v^2$$

那么，有效功率 P_E 与排水量 Δ 及航速 v 的关系则为

$$P_E \propto \Delta^{\frac{2}{3}} g v^3$$

又可表示为

$$C_e = \frac{\Delta^{\frac{2}{3}} g v^3}{P_E} \tag{7-8}$$

式中，C_e 为海军系数；Δ 为排水量，t；v 为航速，kn。

式(7-8)即为海军系数表达式，此式说明，对于船型相近、尺度和航速也略同的船舶，它们的海军系数相同。

因此，通常估算设计船的有效功率时，若能找到母型船，即与所设计船的船型相近、大小和航速差不多的船舶，那么设计船的有效功率估算步骤如下：

(1)先由母型船资料按式(7-8)求得其海军系数 C_e；

(2)因设计船与母型船之海军系数相同，则设计船的有效功率 P_E 为

$$P_E = \frac{\Delta^{\frac{2}{3}} g v^3}{C_e} \tag{7-9}$$

应注意式(7-9)中的排水量 Δ 和航速 v 均应用设计船的数据。

二、艾亚法

艾亚法亦称爱尔法。该法统计归纳了大量船模试验和实船试验的资料，并将它们绘成用于估算阻力的曲线图表，成为对应于某一标准船型的阻力(或有效功率)估算方法。

艾亚法适用范围较广，一般对中低速商船比较适用，也可用于正常尺度的海洋拖船。

估算的有效功率中包含了单桨船通常具有的舭龙骨、舵等附体阻力以及一般货船的空气阻力，合计约占裸船体阻力的8%。所以对双桨船或多螺旋桨船的阻力和对极大上层建筑的空气阻力应另加修正。另外，内河船应用艾亚法求得的有效功率一般还需加10%~15%的裕量；对于 B/d 值较大的内河浅水船(B/d 在8以上)，估算的结果一般偏大，也应另加修正。

由于艾亚法适用范围较广，特别是对于中低速船的估算结果与船模试验结果较吻合，所以应用较广泛。但该法依据的资料较陈旧，对于新船型，估算的结果误差往往较大；此外艾亚法中未考虑满载水线的形状及进水角等因素，同时此法估算的依据纯属统计资料，很难从理论上予以判断，这是艾亚法的不足之处。

1. 艾亚法的“标准船型”及有效功率

艾亚法规定的直接估算有效功率的“标准船型”参数有：

(1)标准方形系数 C_{BC},可用下面公式表示：

单桨船：$C_{BC}=1.08-1.68Fr$

双桨船：$C_{BC}=1.09-1.68Fr$

可见标准方形系数随弗劳德数 Fr 而变化(或随速长比 $v/\sqrt{L}$ 而变化)。其具体数值如表 7-1 所列。

(2)标准宽度吃水比：$B/d=2.0$。

(3)标准浮心纵向位置 x_B 亦随弗劳德数 Fr(或 $v/\sqrt{L}$)变化。其具体数值也在表 7-1 中列出。

(4)标准水线长 $L_{WL}=1.025L_{pp}$

艾亚法给出的对应于上述标准船型的有效功率 p_E 估算式为

$$p_E=\frac{\Delta^{0.64}v_s^3}{C_0}\times 0.735(\mathrm{kW}) \tag{7-10}$$

式中,Δ 为排水量(t)；V_s 为静水中试航速度(kn)。

系数 C_0 可根据长度排水量系数 $L/\Delta^{1/3}$ 和速长比 $v/\sqrt{L}$(或 Fr)由表 7-1 查得,这里的 L 均为垂线间长 L_{pp}。查得的 C_0 值仅适用于标准船型。

表 7-1 标准方形系数 C_{BC} 及标准浮心纵向位置 x_B

$v_s/\sqrt{gL}$	$v/\sqrt{L}$	标准 C_{BC}(单桨船)[①]	标准 x_B 位置(距船中(%L)) 单桨船	标准 x_B 位置(距船中(%L)) 双桨船
0.148	0.50	0.83	2.00 前	1.00 前
0.154	0.52	0.82	1.96 前	0.96 前
0.160	0.54	0.81	1.93 前	0.93 前
0.166	0.56	0.80	1.90 前	0.90 前
0.172	0.58	0.79	1.85 前	0.85 前
0.178	0.60	0.78	1.80 前	0.80 前
0.184	0.62	0.77	1.73 前	0.73 前
0.190	0.64	0.76	1.65 前	0.65 前
0.196	0.66	0.75	1.55 前	0.55 前
0.202	0.68	0.74	1.44 前	0.44 前
0.208	0.70	0.73	1.31 前	0.31 前
0.214	0.72	0.72	1.16 前	0.16 前
0.220	0.74	0.71	0.99 前	—

表 7-1(续)

$v_s/\sqrt{gL}$	$v/\sqrt{L}$	标准 C_{BC}（单桨船）①	标准 x_B 位置（距船中（%L））	
			单桨船	双桨船
0. 226	0. 76	0. 70	0. 80	0. 20
0. 232	0. 78	0. 69	0. 55	0. 45
0. 238	0. 80	0. 68	0. 20	0. 80
0. 244	0. 82	0. 67	0. 12	1. 11
0. 250	0. 84	0. 66	0. 45	1. 37
0. 256	0. 86	0. 65	0. 75	1. 57
0. 261	0. 88	0. 64	1. 00	1. 72
0. 267	0. 90	0. 63	1. 20	1. 85
0. 273	0. 92	0. 62	1. 40	1. 96
0. 279	0. 94	0. 61	1. 58	2. 05
0. 285	0. 96	0. 60	1. 74	2. 12
0. 291	0. 98	0. 59	1. 88	2. 19
0. 297	1. 00	0. 58	1. 99	2. 24 }后（0. 20～2. 52）
0. 303	1. 02	0. 573	2. 09 }后（0. 20～2. 52）	2. 29
0. 309	1. 04	0. 568	2. 18	2. 33
0. 315	1. 06	0. 564	2. 25	2. 37
0. 321	1. 08	0. 560	2. 32	2. 40
0. 327	1. 10	0. 557	2. 37	2. 43
0. 333	1. 12	0. 554	2. 41	2. 45
0. 339	1. 14	0. 552	2. 44	2. 47
0. 345	1. 16	0. 549	2. 47	2. 48
0. 351	1. 18	0. 547	2. 49	2. 49
0. 357	1. 20	0. 545	2. 50	2. 50
0. 363	1. 22	0. 543	2. 51	2. 51
0. 369	1. 24	0. 541	2. 52	2. 52
0. 375	1. 26	0. 539	2. 53	2. 53
0. 380	1. 28	0. 537	2. 54	2. 54
0. 386	1. 30	0. 536	2. 55	2. 55

注：①对双螺旋桨船，其 C_{BC} 数值加 0. 01。

2. 按标准船型估算阻力（或有效功率）的步骤

对于所要估算其阻力的设计船舶，由于其船型往往与标准船型不同，即设计船的上述各船型参数与标准船不同，故不能直接运用式（7-10）求取阻力（或有效功率）。解决的办法是：根据设计船与标准船型在相应参数之间的差异，逐项进行修正，最后得到系数 C_0 的修正值。然后用此修正值，再利用公式（7-10）便可估算设计船的阻力（或有效功率）。

第三节 船舶阻力相似理论和阻力换算

一、雷诺定律

由于摩擦阻力是流体质量密度 ρ、船长 L、船速 v 以及水的运动黏性系数 ν（水的运动黏性系数 ν 和密度 ρ，见项目六）的函数，故可写成

$$R_{\mathrm{f}} = \varphi(\rho, L, v, \nu) = \sum k\rho^{a}L^{b}v^{c}\nu^{d} \tag{7-11}$$

为确定 a、b、c、d 值，根据流体力学的量纲分析法，上面等式两端的量纲应相同，据此可以列出因次方程如下：

$$\left[\frac{ML}{T^2}\right] = \left[\frac{M}{L^3}\right]^{a}[L]^{c}\left[\frac{L}{T}\right]^{c}\left[\frac{M}{LT}\right]^{d}$$

式中，M 表示质量，kg；T 表示时间，s。

对照等式两端相同量纲的指数，可得

$$M:1 = a+d$$
$$L:1 = -3a+b+c-d$$
$$T:-2 = -c-d$$

解以上联立方程，可得

$$a = 1-d, b = 2-d, c = 2-d$$

于是

$$R_{\mathrm{f}} = \sum k\rho^{1-d}L^{2-d}v^{2-d}\nu^{d} = \rho L^2\nu^2\sum k\left(\frac{vL}{\nu}\right)^{-d}$$

现虽仍不知道 d 的值，但至少可以写成

$$\frac{R_{\mathrm{f}}}{\frac{1}{2}\rho v^2L^2} = f\left(\frac{vL}{\nu}\right)$$

由于湿面积是长度的二次方，所以上式中 L^2 用湿面积 S 代替，则有

$$C_{\mathrm{f}} = \frac{R_{\mathrm{f}}}{\frac{1}{2}\rho v^2S} = f(Re) \tag{7-12}$$

这就是雷诺定律，式中 C_{f} 是单位面积上的摩擦阻力与水动压力之比，称为摩擦阻力系数。雷诺定律说明，当两船（或船模与实船）几何相似且雷诺数相等时，两者的摩擦阻力系数必相等。

二、弗劳德定律

由于兴波阻力是流体质量密度、船长、船速以及重力加速度的函数，故可以写成

$$R_w = \varphi(\rho, L, v, g) = \sum k\rho^a L^b v^c g^d$$

按量纲分析法，同样可以列出因次方程并得到

$$C_w = \frac{R_w}{\frac{1}{2}\rho v^2 S^2} = f\left(\frac{v}{\sqrt{gL}}\right) = f(Fr) \tag{7-13}$$

这就是弗劳德定律，式中 C_w 称兴波阻力系数，$v/\sqrt{gL}$ 称弗劳德数 Fr。弗劳德定律表明，当两船（或实船与船模）几何相似且弗劳德数相等时，两者的兴波阻力系数亦相等。

弗劳德定律还可由另一形式表示：当两船（或实船与船模）几何相似且弗劳德数相等时，两者的单位排水量亦必相等，即当 $Fr_m = Fr_s$ 时，有下面关系：

$$\frac{R_{wm}}{\Delta_m} = \frac{R_{ws}}{\Delta_s}$$

这一关系也称弗劳德比较定律，式中 R_{wm} 和 Δ_m 表示船模的兴波阻力和排水量；R_{ws} 和 Δ_s 表示实船的兴波阻力和排水量；而 Fr_m 和 Fr_s 表示船模和实船的弗劳德数。

弗劳德比较定律可证明如下：

由于船模的弗劳德数 $Fr_m = v_m/\sqrt{gL_m}$，实船的弗劳德数 $Fr_s = v_s/\sqrt{gL_s}$（v_m 和 v_s 分别表示船模与实船的航速，L_m 和 L_s 分别表示船模与实船的线性长度），两者相等时，则有

$$\frac{v_s}{\sqrt{gL_s}} = \frac{v_m}{\sqrt{gL_m}}$$

或者

$$v_s = v_m\sqrt{\frac{L_s}{L_m}} = v_m\alpha^{\frac{1}{2}}$$

式中，α 是船模与实船的缩尺比（或称尺度比）。

由于船模与实船几何相似且弗劳德数相等，所以它们的兴波阻力系数必相等，即

$$C_{wm} = C_{ws}$$

$$\frac{R_{wm}}{\frac{1}{2}\rho_m v_m^2 S_m} = \frac{R_{ws}}{\frac{1}{2}\rho_s v_s^2 S_s}$$

$$R_{ws} = R_{wm}\frac{\rho_s v_s^2 S_s}{\rho_m v_m^2 S_m}$$

因为几何相似，故湿面积之比 $S_s/S_m = \alpha^2$，而 $v_s^2/v_m^2 = \alpha$，所以上式可写成

$$R_{ws} = R_{wm}\frac{\rho_s}{\rho_m}\alpha^3 \tag{7-14}$$

由于尺度比的三次方即为排水体积之比，于是有

$$\frac{R_{ws}}{\Delta_s} = \frac{R_{wm}}{\Delta_m} \tag{7-15}$$

根据弗劳德比较定律，当由试验求得船模的兴波阻力后，就可求得在相应速度（即 $v_s =$

$v_m \alpha^{\frac{1}{2}}$)时的实船兴波阻力。

三、全相似定律

由上述讨论可知,流体黏性阻力是雷诺数的函数,流体兴波阻力是弗劳德数的函数,因此总阻力必是黏性阻力与兴波阻力之和,也就是它同时是雷诺数与弗劳德数的函数,即

$$C_t = \frac{R_t}{\frac{1}{2}\rho v^2 S} = f(Re, Fr) \tag{7-16}$$

这就是全相似定律,它表明当两船(或实船与船模)几何相似且雷诺数与弗劳德数均相等时,两者的总阻力系数必相等。这样,我们便可十分方便地从船模的阻力换算出实船的阻力,即

$$R_{ts} = C_{tm} \frac{1}{2}\rho_s v_s^2 S_s \tag{7-17}$$

但是,全相似是不可能实现的,其理由如下:

当雷诺数相等时,有

$$\frac{v_m L_m}{\nu_m} = \frac{v_s L_s}{\nu_s}$$

或者

$$v_m = v_s g \frac{L_s}{L_m} g \frac{\nu_m}{\nu_s}$$

将上式两边平方,则有

$$v_m^2 = v_s^2 \left(\frac{L_s}{L_m}\right)^2 \left(\frac{\nu_m}{\nu_s}\right)^2$$

当弗劳德数相等时,有

$$\frac{v_s}{\sqrt{gL_s}} = \frac{v_m}{\sqrt{gL_m}}$$

或者

$$v_m = v_s \sqrt{\frac{L_m}{L_s}}$$

将上式两边平方,则有

$$v_m^2 = v_s^2 \frac{L_m}{L_s}$$

当雷诺数与弗劳德数均相等时,则从雷诺数相等时导出 v_m,应等于从弗劳德数相等时导出的 v_m,即

$$v_s^2 \left(\frac{L_s}{L_m}\right)^2 \left(\frac{L_m}{v_s}\right)^2 = v_s^2 \frac{L_m}{L_s}$$

$$\nu_m^2 = \nu_s^2 \left(\frac{L_m}{v_s}\right)^3$$

$$\nu_m = \nu_s \left(\frac{L_m}{L_s}\right)^{\frac{3}{2}} \tag{7-18}$$

上式为满足全相似定律的条件。由式中可见，若要满足实船和船模的全相似，则船模需要在运动黏性系数比水小得多的流体中进行试验，这在试验技术上是很难办到的，也就是说，实船与船模的全相似是不可能实现的，即不能将船模试验测得的总阻力直接换算成实船的总阻力。

四、弗劳德假定

船模与实船不能同时满足雷诺数和弗劳德数相等，所以不可能根据船模试验结果直接求得实船的总阻力。实际上单一的雷诺数相等也是不能实现的。因此，只能在保持弗劳德数相等的情况下组织试验。为了能从船模试验结果求得实船的阻力，弗劳德做出下列假定：

(1)假定船体总阻力可以分为独立的两部分：一部分为摩擦阻力 R_f，只与雷诺数有关；另一部分为黏压阻力 R_{pv} 与兴波阻力 R_w 合并后的剩余阻力 R_r，只与弗劳德数有关，且适用比较定律。

(2)假定船体的摩擦阻力等于同速度、同长度、同湿面积的平板摩擦阻力，通常称为相当平板假定。

如果满足弗劳德数相等组织船模试验，同时应用弗劳德假定，便可将试验结果换算得实船在相应速度时的阻力。因为由假定知：

$$R_{ts} = R_{fs} + R_{rs} \tag{7-19}$$

在相应速度时，由比较定律得

$$R_{rs} = R_{rm} \frac{\Delta_s}{\Delta_m}$$

则得

$$R_{ts} = R_{fs} + R_{rm} \frac{\Delta_s}{\Delta_m} \tag{7-20}$$

这里下标 m，s 分别代表船模和实船的数据。考虑到船模剩余阻力 $R_{rm} = R_{tm} - R_{fm}$；而 $\frac{\Delta_s}{\Delta_m} = \frac{\rho_s}{\rho_m} \cdot \alpha^3$，则有

$$R_{ts} = R_{fs} + (R_{tm} - R_{fm}) \frac{\rho_s}{\rho_m} \cdot \alpha^3 \tag{7-21}$$

式(7-21)称为弗劳德换算关系。显然，由船模试验得到船模总阻力 R_{tm}，并分别计算船模和实船的摩擦阻力后，即可得实船总阻力。

但严格地讲，弗劳德假定有不完善和不合理的地方，弗劳德方法把船的阻力机械地分成两个独立部分，一个仅与弗劳德数有关，另一个仅与雷诺数有关，而忽略其相互影响，在

理论上是不正确的,该方法将兴波阻力和黏性阻力这两个不同性质的阻力合为剩余阻力,并认为符合比较定律,在理论上是不合理的,该方法用“相当平板”代替船体计算船舶的摩擦阻力,也必然给计算结果带来误差。

五、船模试验与阻力换算

1. 船模试验

目前,利用船模,采用不同的试验方法,可以对船模的总阻力、兴波阻力及黏性阻力进行测定。测定的结果则作为换算实船阻力的依据。

(1)船模总阻力的测定

试验是以用木材或石蜡做成的与实船几何尺寸相似而缩小了尺度的船模在特设的水池中进行的。此水池称为船模试验池。按试验时牵引船模的方式,试验池可分为拖车式与重力式两种。在拖车式船模试验池中,船模靠行驶于池旁轨道上的拖车带动前进,调整拖车速度为一恒定值,则可测定该速度下船模的阻力。在重力式船模试验池中,船模靠落下的重量带动前进,此时船模的阻力与选定的下落重力平衡,即可测定船模对应于该阻力的速度。

试验池是船模试验的主要设备。大型的拖车式试验池如图 7-7 所示,一般有上百米以至近千米长,建造精度要求很高。拖车上的试验人员操纵各种电子设备使车架拖曳船模沿水池壁上的轨道运动,装置于拖车架上的各种仪器测量和记录下试验数据。另外,为了消除船模试验所产生的波浪,还在池壁装有消波岸,在池壁始端装有消波器。试验水池并装有造波、风筒等设备,以进行船舶操纵、摇摆、强度、推进等项研究。因此这种试验池试验范围广,结果也可靠,被广泛应用。

小型水池一般为重力式。船模用拖绳进行拖曳,并用自由下落砝码的重力使其运动。船模的阻力是以砝码的重量除以滑轮和传动装置的传动比,并对此系统装置的摩擦量予以修正而得到。船模速度用机械或光电装置来测定。这种水池一般较短,不超过 40~50 m,试验的精确性较差,试验范围也不广,通常仅供教学用。图 7-9 为重力式试验水池的示意图。

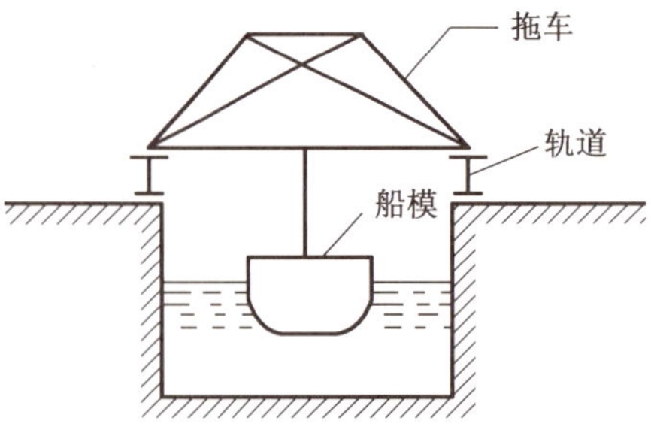

图 7-7　拖车式船模试验池

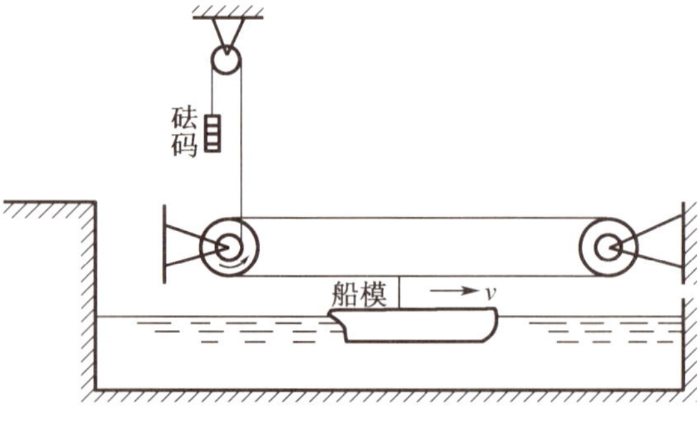

图 7-8　重力式船模试验池

(2)船模兴波阻力的测定

船模兴波阻力的测定是利用波形分析法,通过测量船后或船侧一定距离处的一条或几条波形,并将测量所得各波形参数代入有关公式计算而得的,因此,这种由测量波形的方法所求得的兴波阻力也叫波形阻力。

具体方法之一是,在与船模前进方向平行的截面上,用一台或几台浪高仪测量实际波形;

方法之二是,在测量上采用了立体测量法或在船后 $L/2\sim L$ 处垂直于前进方向的截面上测量波形。前者因浪高仪所测波形长度受试验池宽限制,船首波受池壁反射,会干扰测量波迹,故给测量精度带来影响;而后者不受池壁干扰,但技术较复杂,且精度也受拖车轨道高低不平及船后伴流等的影响。

(3)船模黏性阻力的测定

船模黏性阻力的测定是利用尾流测量法。其基本原理是,通过对船模运动过程中不同位置及深度处的速度和压力的测量,并采用流体力学理论导出的公式,计算出船模的黏性阻力。

具体的测量方法是,在船模后较近处的某位置设一测量平面,在该平面中的某一深度上横向布置一组毕托管,在随船模一起前进中,则可测得各点的相对总压力和相对静压力。对于某一给定速度,反复进行多次拖曳,每次改变毕托管的深度,就可测得在该速度下不同深度和宽度范围内的各点压力值。

2. 阻力换算

阻力换算就是将船模试验所测得的阻力换算成实船的阻力。其依据的理论是流体力学的相似理论,即两物体几何相似和两流场运动相似条件下的力学相似,现在的阻力换算方法一般随着对黏压阻力的不同处理,分为弗劳德法(二因次法)及三因次方法等几种。

(1)弗劳德换算方法的具体步骤

根据弗劳德假定,将船模总阻力 R_{tm} 换算成实船总阻力 R_{ts} 的具体步骤如下:

①由船模试验测得船模的总阻力 R_{tm};

②用“相当平板”方法计算出船模的摩擦阻力 R_{fm};

③计算船模的剩余阻力 $R_{\mathrm{rm}}=R_{\mathrm{tm}}-R_{\mathrm{fm}}$;

④应用比较定律,由船模的剩余阻力 R_{rm} 换算出实船的剩余阻力 R_{rs},即

$$R_{\mathrm{rs}}=R_{\mathrm{rm}}\frac{\Delta_{\mathrm{s}}}{\Delta_{\mathrm{m}}}$$

⑤用“相当平板”方法求得实船的摩擦阻力 R_{fs};

⑥据式 $R_{\mathrm{ts}}=R_{\mathrm{rs}}+R_{\mathrm{fs}}$,计算出实船的总阻力 R_{ts}。

在具体计算时必须注意:在求实船的摩擦阻力时,应考虑表面粗糙度的影响;而求船模的摩擦阻力时,因其较小,且又较光滑,故可不考虑表面粗糙度影响。对于船模与实船的速度,应符合弗劳德数相等条件下的速度关系,即 $v_{\mathrm{s}}=v_{\mathrm{m}}a^{1/2}$。在应用比较定律时,实船与船模排水量之比可表示为

$$\frac{\Delta_s}{\Delta_m}=\frac{\rho_s}{\rho_m}\alpha^3$$

这里要注意实船与船模是否运动在相同密度的流体中，以确定密度值。

(2)三因次换算法

三因次换算方法的实质是将黏压阻力 R_{pv} 与摩擦阻力 R_f 合并为黏性阻力 R_v 加以换算。这里不详细介绍。

第四节　船舶摩擦阻力的计算

船体摩擦阻力的计算因其曲面的复杂性，至今尚难精确求解。目前，摩擦阻力的计算以光滑平板摩擦阻力公式为基础，然后考虑船体的一些特殊条件而进行。

一、计算公式

1. 光滑平板摩擦阻力公式

根据流体力学的边界层理论，光滑平板的摩擦阻力 R_f 可用其摩擦阻力系数 C_f 来表示，即

$$C_f=\frac{R_f}{\frac{1}{2}\rho v^2 S} \tag{7-22}$$

这个公式除表示摩擦阻力 R_f 与流体的黏性、运动速度 v 及平板湿面积 S 有关外，还与摩擦阻力系数 C_f 有关，而 C_f 是雷诺数 Re 的函数。由于雷诺数 Re 的不同，会出现三种流态，即层流、过渡流和紊流，也就是对于不同的流态，摩擦阻力系数 C_f 是不同的。由于船舶尺度比较大，航速也比较高，故其雷诺数 Re 较大，因此船舶一般均处在紊流流动状态中运动，所以经常用到的是光滑平板在紊流中的摩擦阻力公式。在公式中，摩擦阻力系数 C_f 可用下面两式计算(还有其他公式)：

(1)普兰特-许立汀公式

$$C_f=\frac{0.455}{(\lg Re)^{2.58}} \tag{7-23}$$

(2)1957 年国际船模试验池会议建立的实船-船模换算公式(简称 ITTC 公式)

$$C_f=\frac{0.075}{(\lg Re-2)^2} \tag{7-24}$$

应该指出式(7-24)并不完全是紊流光滑平板摩擦阻力系数公式，它专用于实船和船模的阻力换算，我国现较多用此公式。而(7-23)式在过去经常使用。

2. 船体摩擦阻力计算公式

目前，船体摩擦阻力的计算通常采用弗劳德提出的“相当平板”的计算方法，即认为船

体的摩擦阻力和一块“相当平板”的摩擦阻力相等。“相当平板”是指平板的长度等于船长，平板的湿面积等于船的湿面积，平板的运动速度等于船的运动速度，平板周围的流动状态与船的周围流动状态相同。这样，只要已知船的水线长 L_{WL}、船速 v 及湿面积 S，就可以利用上述光滑平板的摩擦阻力公式算出船体的摩擦阻力。

二、船体表面弯曲度和船体表面粗糙度的影响

由于船体表面是三维曲面，其周围的流动情况与平板有着明显的不同，因而船体摩擦阻力与平板摩擦阻力亦有所差别。

1. 船体表面弯曲度对摩擦阻力的影响

当水流流经具有纵向弯曲的船体表面时，各处的流速是不同的。总的说来，船体表面的大部分与水流的相对速度较船速 v 为大，而仅艏艉两端附近较 v 为小，因此，水流的平均速度有所增加。但平板各处与水流的相对速度都等于其绝对前进速度，既然纵向弯曲表面的水流之平均相对速度较平板情况为大，其平均边界层厚度必较薄，这将导致速度梯度和摩擦阻力增大。

船体横向弯曲的影响与纵向弯曲情况相同。实际测量结果指出，具有横向弯曲处，其边界层厚度较相当平板薄，在曲度较大的舭部尤为显著，所以阻力也相应增大。此外，有时船首处的边界层流至舭部处，往往会分成纵向和横向流动，其结果使舭部所受的局部摩擦阻力增大。

船体表面弯曲度的另一个影响方面是弯曲表面易发生边界层分离以致产生漩涡，如图 7-9 所示。漩涡区的出现不但改变了外部流线，且漩涡区的水流速度较低，该处的摩擦阻力随之减小。

由此可见，船体弯曲表面的影响相当复杂，船体弯曲表面的影响使其摩擦阻力与相当平板计算所得结果的差别称为形状效应。

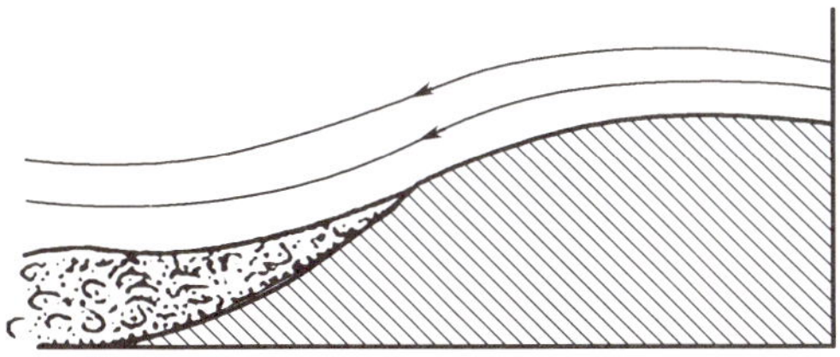

图 7-9　漩涡区对外部流线的影响

2. 船体表面粗糙度对摩擦阻力的影响

船体表面并不光滑，它具有一定的粗糙度，如实船壳上的焊缝、局部凹凸、锈蚀点及海生物等均属于此，因此船体的表面粗糙度将使其摩擦阻力较“相当平板”有较大的增加。

大量的实船试验表明，由于船体表面粗糙度引起的摩擦阻力的增量，在紊流状态下可以认为和雷诺数无关。因此，通常的作法是把因表面粗糙度而引起的摩擦阻力系数的增量 ΔC_f 当作一个不随雷诺数 Re 而变的常量（即对同一条船舶而言不随航速而变），称为“表面粗糙度补贴”。这样，在实际计算中，总的摩擦阻力系数可取光滑平板摩擦阻力系数 C_f 再加

上表面粗糙度补贴 ΔC_f。我国目前取其值为 $\Delta C_f = 0.4\times10^{-3}$（对于一般船舶）。

根据上述船体曲度和表面粗糙度对摩擦阻力影响的分析，得出了考虑表面粗糙度影响的船体摩擦阻力 R_f 的计算公式为

$$R_f = (C_f + \Delta C_f) g \frac{1}{2}\rho v^2 S \tag{7-25}$$

式中，v 为船舶航速（m/s）；ρ 为水密度（kg/m³）；S 为船体湿面积（m²），C_f 为摩擦阻力系数，可由式（7-23）或式（7-24）求得；ΔC_f 为粗糙度补贴，取值为 4×10^{-3}。

三、摩擦阻力的计算步骤

根据“相当平板”的简化计算方法，并利用公式（7-32）计算船体摩擦阻力的步骤如下。

1. 计算船体湿面积

计算船体湿面积通常有下面两种方法：

（1）根据船体外板展开图，应用近似积分方法进行计算。所得湿面积较为精确，但此法较繁琐。

（2）根据不同的船型，应采用不同的经验公式来计算湿面积。其中应用较广的有如下几种。

我国长江船型的湿面积公式为

$$S = L_{WL}(1.8d + C_B g B)$$

交通部对于江船系列给出的湿面积公式为

$$S = \frac{59L_{WL}}{64 - \dfrac{B}{d}}(1.8d + C_B g B)$$

式中，L_{WL} 为水线长（m）；B、d 分别为船宽和吃水（m）；C_B 为方形系数。

对于巡洋舰尾的海船，公式为

$$S = L_{WL}[1.97d + 1.37(C_B - 0.274)B]$$

若不是巡洋舰尾的海船，则上式 d 之前的系数为 2，其他均相同。

2. 计算雷诺数 Re

计算雷诺数 $Re = \dfrac{vL_{WL}}{\nu}$ 时，L_{WL} 为水线长（m）；v 为船速（m/s）；ν 是水的运动黏性系数，如无特殊注明，对于实船取标准水温 $t = 15$ ℃时的值。ν 数值可由表中查出。

3. 根据光滑平板摩擦阻力公式算出摩擦阻力系数 C_f。

4. 决定表面粗糙度补贴 ΔC_f 的数值，目前我国一般取 $\Delta C_f = 0.000\,4$。

5. 根据式（7-25）算出船体的摩擦阻力 R_f。

例题　某海船水线长 $L_{WL} = 130$ m，船宽 $B = 18$ m，吃水 $d = 6.5$ m，航速 $v = 12$ kn，方形系数 $C_B = 0.56$。求船在该航速下的摩擦阻力。

解　（1）计算船的湿面积 S

$$S = L_{WL}[2d + 1.37(C_B - 0.274)B] = 130\times[2\times6.5 + 1.37(0.56 - 0.274)\times18] = 2\,607(\text{m}^2)$$

(2)计算雷诺数 Re

选取标准温度 $t=15$ ℃,在该温度下的海水运动黏性系数 $\nu=1.18831\times10^{-6}(m^2/s)$,航速 $v=0.515\times12=6.18(m/s)$。

$$Re=\frac{vL_{WL}}{\nu}=\frac{6.18\times130}{1.18831\times10^{-6}}\approx676.09\times10^{6}\approx7\times10^{8}$$

(3)求摩擦阻力系数 C_f

$$C_f=\frac{0.075}{(\lg Re-2)^2}=\frac{0.075}{(\lg 7-2)^2}=1.6007\times10^{-3}$$

(4)取标准表面粗糙度补贴

$$\Delta C_f=0.4\times10^{-3}$$

(5)计算船的摩擦阻力

$$R_f=(C_f+\Delta C_f)\frac{1}{2}\rho v^2 S$$

$$=(1.6007\times10^{3}+0.4\times10^{-3})\times\frac{1}{2}\times1025\times6.18^2\times2006$$

$$=102092(N)$$

思考与练习

一、简答题

1. 船舶阻力是如何分类的?其形成的原因是什么?
2. 简述附加阻力和污底对船舶阻力的影响。
3. 简述阻力曲线与有效功率曲线的关系。
4. 阐述船体表面弯曲度和表面粗糙度对阻力的影响。

二、判断题

1. 汹涛阻力是波浪中的阻力增量。（　）
2. 摩擦阻力、船体阻力、兴波阻力和黏压阻力均为静水阻力。（　）
3. 弗劳德相似的条件为:实船与船模弗劳德数相等。（　）
4. 当两条形似船雷诺数相等时,黏性阻力系数必相等。（　）
5. 水面船舶不能实现全相似,但水下深潜的船舶与模型之间可以实现全相似。（　）
6. 形似船在相应速度时(或相同弗劳德数时),单位排水量兴波阻力必相等。（　）
7. 实际船模阻力试验时是满足的全相似定律。（　）
8. 一般认为通过改变船体型线来减小摩擦阻力效果不显著。（　）
9. 对于流线型物体,由于边界不分离,所以不存在黏压阻力。（　）
10. 船体黏压阻力的大小主要是和航速有关系。（　）
11. 低速船球鼻首主要作用是产生干扰波系,减小船的兴波阻力。（　）
12. 兴波阻力的不利干扰是指横波与散波相位相同时产生的不利后果。（　）

13. 附体阻力的主要成分是摩擦阻力和黏压阻力,其兴波阻力很小。 (   )

14. 弗劳德法计算船体阻力时,把船体阻力分为两个独立部分:剩余阻力和摩擦阻力。其中实船的剩余阻力由船模剩余阻力用比较定律换算得出,而实船的摩擦阻力则根据“相当平板”假定计算得出。 (   )

15. 三因次法计算船体阻力时,把船体阻力分为黏性阻力和兴波阻力两部分,且认为兴波阻力由船模的兴波阻力用比较定率换算得出。 (   )

16. 艾亚法(亦称为爱尔法)的基本思想是:首先规定能直接估算有效功率数据的设计船对应的母型船,然后根据设计船与母型船之间的差异逐一进行修正,最后得到设计船的有效功率值。 (   )

17. 海军系数法要求母型船与设计船的主尺度比、船型系数、型线的形状、相应速度应不接近。 (   )

18. 低速船最佳棱形系数均较小,高速船最佳棱形系数较大。 (   )

19. 方形系数增加,船舶总阻力减小。 (   )

20. 由于浅水对流场影响使回流速度增大的现象称为浅水阻塞效应。 (   )

三、计算题

1. 某船安装有轴功率为 1 618 kW 的主机,航速为 28 km/h,试按海军系数法估算:

(1)排水量不变而航速达到 30 km/h 时,主机功率应增加多少?

(2)航速不变,排水量增加 20%,主机功率应增加多少?

2. 某长江双桨客货船主要要素为 $L_{WL} \cdot L_{pp} \cdot B \cdot d = 108\times105\times16.4\times3.6$,$C_B=0.594$,$C_M=0.97$,$\Delta=3\ 680$ t,$C_{WP}=0.785$,$x_B=-2.5\%L_{PP}$(中后),试计算速度范围分别为 13,14,15,16,17,18 kn 时的有效功率(用艾亚法),并绘制有效功率曲线。

3. 设某船长 $L=80$ m,航速 $v=25$ km/h 时,缩尺比 $\alpha=20$,如果要在试验池中实现雷诺数相等,试问要求的船模速度为多少? 在试验池中能否做到这一点?

4. 某海船模型长 5 m,湿面积为 10 m^2,缩尺比 $\alpha=25$,水温 $t=20$ ℃。在速度为 1.5 m/s 时,测得模型总阻力为 39.24 N。试求实船在水温为 15 ℃时的阻力。

5. 某长江双桨客货船 $L_{WL}=108$ m,$\Delta=3\ 680$ t,湿面积 $S=1\ 780$ m^2,航速为 16 kn。用缩尺比 $\alpha=40$ 的船模进行试验,测得船模总阻力为 5.83 N,试验时水温为 25 ℃。求水温为 15 ℃时实船的阻力。

6. 某长江双桨客货船主要要素为 $L_{WL}\times B\times d=108\times16.4\times3.6$,$C_B=0.546$,湿面积 $S=1\ 780$ m^2,航速为 28 km/h。试计算水温为 15 ℃时船体的摩擦阻力。

7. 已知某海船的要素为 $L_{WL} \cdot B \cdot d=90\times13.4\times5.5$,$C_B=0.68$,航速为 14 kn。若水温为 15 ℃,取粗糙度补贴 $\Delta C_f=0.4\times10^{-3}$,湿面积 $S=1.7T+C_B B$。试应用 ITTC 公式计算该船的摩擦阻力。

项目八

船舶推进

● 学习目标

知识目标

1. 掌握推进器的概念，了解推进器的种类。
2. 掌握螺旋桨的敞水性征曲线。
3. 了解螺旋桨与船体的相互作用。
4. 掌握功率的传递及推进效率的概念。

能力目标

能识读螺旋桨的敞水性征曲线。

第一节 概述

船舶快速性是船舶的重要性能之一。所谓快速性，是指船舶在给定主机功率的情况下，以较快速度航行的能力。船舶快速性包括阻力和推进两部分，船舶设计时应从下述四个方面来考虑快速性的问题：①选择优良的线型，使船舶航行时所受的阻力减小；②选择性能优良的推进器，使推进效率提高；③选取合适的主机，使推力增大；④推进器与船体和主机之间相互匹配，协调一致。因此，快速性良好的船舶除应具有优秀的船型以外，还必须具有最佳的推进性能。由此可见，研究船舶的推进问题对于改善其快速性具有重大的作用。

船在航行时会遭受阻力，为了使船舶能保持一定的速度向前航行，必须供给船舶一定的推力，以克服其所受的阻力。作用在船上的推力是依靠专门的装置或结构通过吸收主机发出的能量并转换而产生的，这种专门吸收与转换能量的装置或结构统称为推进器。推进器种类很多，例如风帆、明轮、直叶推进器、喷水推进器及螺旋桨等。螺旋桨构造简单、造价低廉、使用方便、效率较高，是目前应用最广的推进器。根据不同船舶工作条件的要求，在普通螺旋桨的基础上发展起来一些具有特殊功能的特种螺旋桨，如导管螺旋桨、可调螺距螺旋桨、对转螺旋桨、串列螺旋桨。

本章仅限于讨论螺旋桨，并主要讨论普通螺旋桨工作原理、工作特性及螺旋桨的设计等问题。

第二节 螺旋桨几何特征

一、螺旋桨的组成及名称

螺旋桨俗称车叶,通常由桨叶和桨毂组成,如图 8-1 所示。螺旋桨与尾轴连接部分叫桨毂,桨毂是一个锥形体。为了减小水阻力,在桨毂后端加一整流罩,与桨毂形成一光顺的流线形体,称为毂帽。

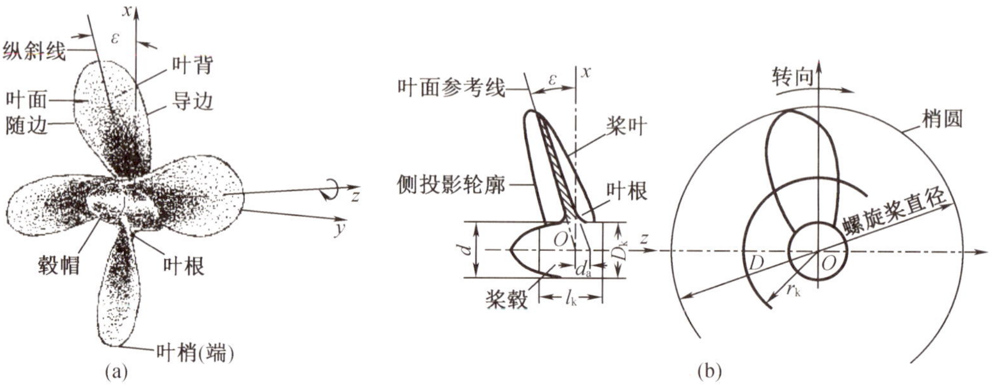

图 8-1 螺旋桨各部分名称

螺旋桨在水中产生推力的部分叫桨叶,桨叶固定在桨毂上。普通螺旋桨常为 3 叶或 4 叶,2 叶螺旋桨仅用于机帆船或小艇上,近来有些船舶(如大吨位大功率的油船),为避免振动而采用 5 叶或 5 叶以上的螺旋桨。

由船尾向前看时所见到的螺旋桨桨叶的一面称为叶面,另一面称为叶背。桨叶与毂连接处称为叶根,桨叶的外端称为叶梢。螺旋桨正车旋转时先入水的一边称为导边,另一边称为随边。螺旋桨旋转时叶梢的圆形轨迹称为梢圆。梢圆的直径称为螺旋桨直径,以 D 表示。梢圆的面积称为螺旋桨的盘面积,以 A_0 表示:

$$A_0=\frac{\pi D^2}{4} \tag{8-1}$$

由船后向前看去,螺旋桨正车旋转为顺时针者称为右旋桨,反之则为左旋桨。装于船尾两侧之螺旋桨,左桨左旋、右桨右旋称为外旋桨,左桨右旋、右桨左旋称为内旋桨。

二、螺旋面、螺旋线、螺旋桨的几何特征

1. 螺旋面及螺旋线

桨叶的叶面通常是螺旋面的一部分。为了清楚地了解螺旋桨的几何特征,有必要讨论一下螺旋面的形成及其特点。

设线段 ab 与轴线 OO_1 成固定角度，并使 ab 在以等角速度绕轴 OO_1 旋转的同时以等线速度沿 OO_1 向上移动，则 ab 在空间所描绘的曲面即为等螺距螺旋面，如图 8-2 所示。线段 ab 称为母线，母线绕行一周在轴向前进的距离称为螺距，以 P 表示。

根据母线的形状及与轴线间夹角的变化可以得到不同形式的螺旋面。若母线为一直线且垂直于轴线，则所形成的螺旋面为正螺旋面如图 8-3(a)所示。若母线为一直线但不垂直于轴线，则形成斜螺旋面，如图 8-3(b)所示。当母线为曲线时，则形成扭曲的螺旋面，如图 8-3(c)及图 8-3(d)所示。

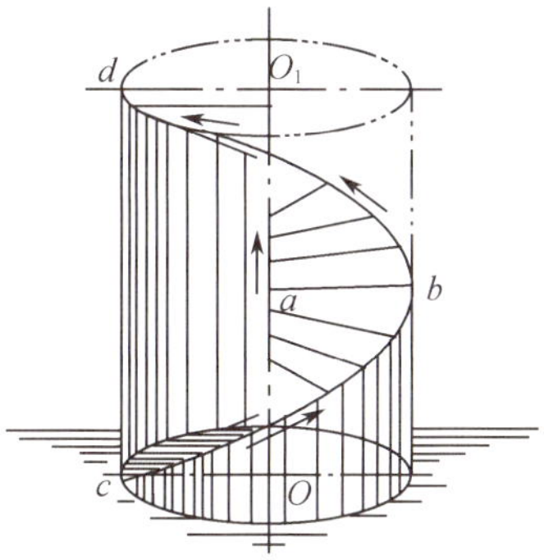

图 8-2　等螺距螺旋面的形成

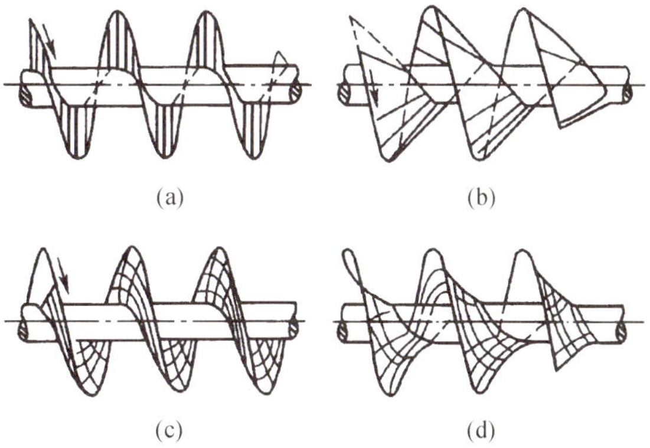

图 8-3　螺旋面的几种形式

母线上任一固定点在运动过程中所形成的轨迹为一螺旋线。任一共轴之圆柱面与螺旋面相交的交线也为螺旋线，图 8-4(a)表示半径为 R 的圆柱面与螺旋面相交所得的螺旋线 BB_1B_2。如将此圆柱面展成平面，则此圆柱面即成一底长为 $2\pi r$，高为 P 的矩形，而螺旋线变为斜线（矩形的对角线），此斜线称为节线。三角形 $B'B_1''B_2''$称为螺距三角形，节线与底线间的夹角 θ 称为螺距角，如图 8-4(b)所示。由图可知，螺距角可由下式来确定：

$$\tan\theta=\frac{P}{2\pi r} \tag{8-2}$$

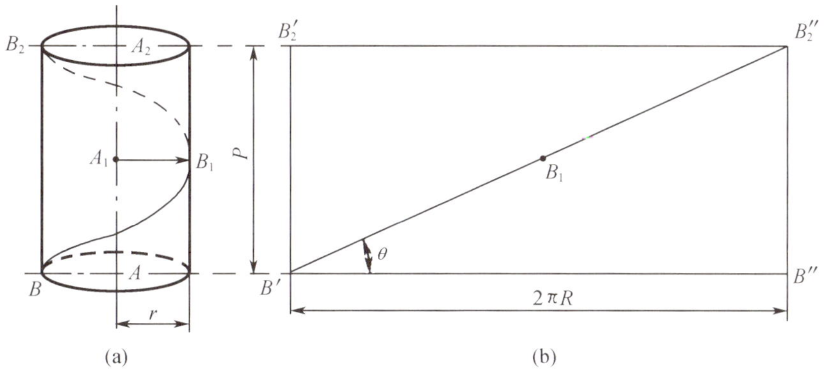

图 8-4　螺旋线及螺距三角形

2. 螺旋桨的面螺距

螺旋桨桨叶的叶面是螺旋面的一部分，见图 8-5(a)，故任何与螺旋桨共轴的圆柱面与叶面的交线为螺旋线的一段，如图 8-5(b)中的 B_0C_0 段。若将螺旋线段 B_0C_0 引长且环绕轴线一周，则其两端之轴向距离等于此螺旋线的螺距 P。若螺旋桨的叶面为等螺距螺旋面之一部分，则 P 即称为螺旋桨的面螺距。面螺距 P 与直径 D 之比称为螺距比。将圆柱面展成平面后即得螺距三角形，如图 8-5(c)所示。

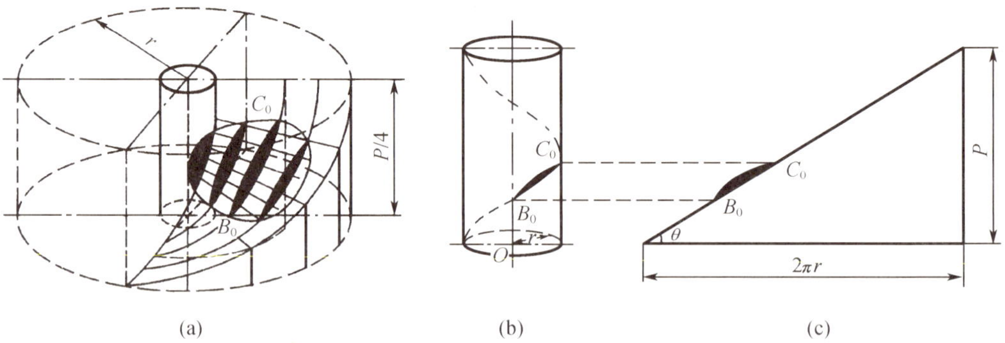

图 8-5　螺旋桨的面螺距

设上述圆柱面的半径为 r，则展开后螺距三角形的底边长为 $2\pi r$，节线与底线之间的夹角口为半径 r 处的螺距角，并可据下式来确定：

$$\tan\theta=\frac{P}{2\pi r} \tag{8-3}$$

螺旋桨某半径 r 处螺距角 θ 的大小，表示桨叶叶面在该处的倾斜程度。不同半径处的螺距角是不等的，r 愈小则螺距角 θ 愈大。图 8-6 表示三个不同半径的共轴圆柱面与等螺距螺旋桨桨叶相交的情形。显然，$r_1<r_2<r_3$，而 $\theta_1>\theta_2>\theta_3$。

若螺旋桨叶面各半径处的面螺距不等，则称为变螺距螺旋桨，其不同半径处螺旋线的展开如图 8-7 所示。对此类螺旋桨常取半径为 0.7R 或 0.75R（R 为螺旋桨梢半径）处的面螺距代表螺旋桨的螺距，为注明其计量方法，在简写时可写作 $P_{0.7R}$ 或 $P_{0.75R}$。

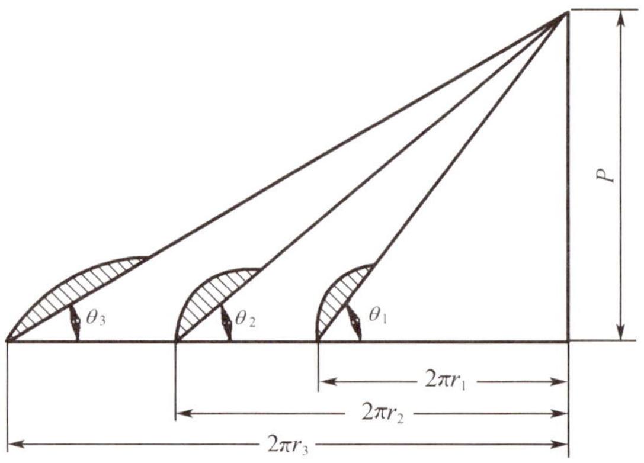

图 8-6　等螺距螺旋桨桨叶不同半径处的螺距角

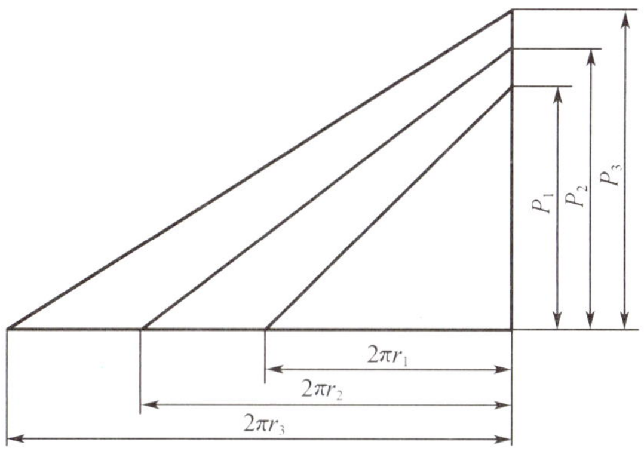

图 8-7　变螺距螺旋桨桨叶不同半径处的螺距及螺距角

3. 桨叶切面

与螺旋桨共轴的圆柱面和桨叶相截所得的截面称为桨叶的切面，简称叶切面或叶剖面。将圆柱面展为平面后，则得到叶切面形状，其形状与机翼切面相仿。所以表征机翼切面几何特性的方法，可以用于桨叶切面的表征。

桨叶切面的形状通常为弓形切面或机翼形切面，特殊的也有梭形切面和月牙形切面，如图 8-8 所示。一般来说，机翼形切面的叶型效率较高，但空泡性能较差，弓形切面则相反。普通的弓形切面展开后叶面为一直线，叶背为一曲线，中部最厚两端颇尖。机翼形切面在展开后无一定形状，叶面大致为一直线或曲线，叶背为曲线，导边钝而随边较尖，其最大厚度则近于导边，在离导边 25%~40% 弦长处。

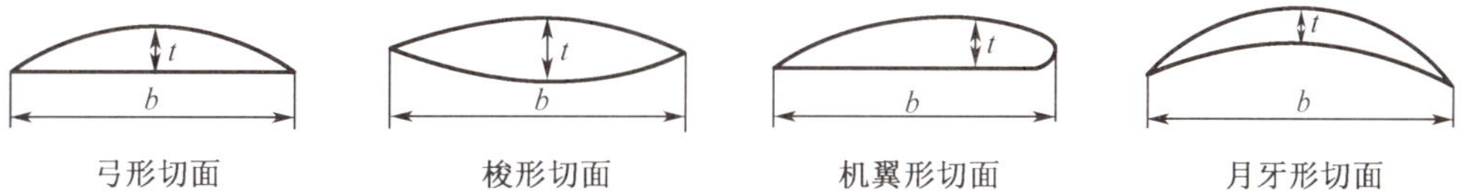

图 8-8　桨叶切面的形状

切面的弦长一般有内弦和外弦之分（图 8-9）。连接切面导边与随边的线段 AB 称为内弦，线段 BC 称为外弦，如图 8-9(a) 中左图所示。对于系列图谱螺旋桨来说，通常称外弦为弦线，而对于理论设计的螺旋桨来说，则常以内弦为弦线，弦长及螺距也根据所取弦线来定义。图 8-9 中所示的弦长 b 为系列图谱螺旋桨的表示方法。

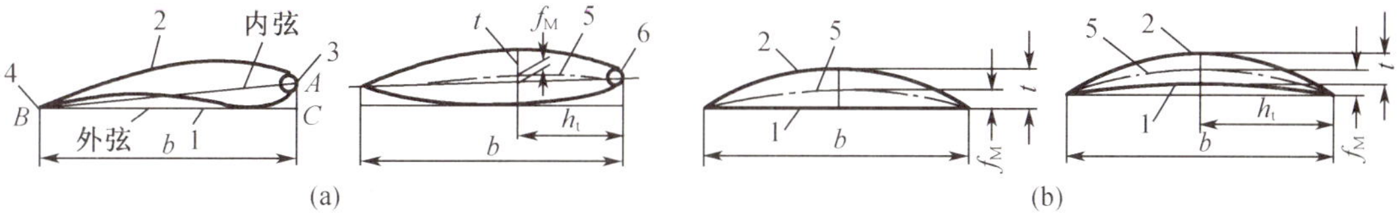

1—面线；2—背线；3—导边；4—随边；5—拱线；6—导缘端圆。

图 8-9　切面的几何特征

切面厚度以垂直于所取弦线方向与切面上、下面交点间的距离来表示。其最大厚度 t

称为叶厚，t 与切面弦长 b 之比称为切面的相对厚度或叶厚比 $\delta=t/b$。切面的中线或平均线称为拱线或中线，拱线到内弦线的最大垂直距离称为切面的拱度，以 f_M 表示。f_M 与弦长 b 之比称切面的拱度比 $f(f=f_M/b)$。

4. 桨叶的外形轮廓和叶面积

桨叶的外形轮廓可以用螺旋桨的正视图和侧视图来表示。从船后向船首所看到的为螺旋桨的正视图，从船侧看过去所看到的为侧视图。图 8-10 所示为一普通螺旋桨的外形轮廓图，图上注明了螺旋桨各部分的名称和术语。

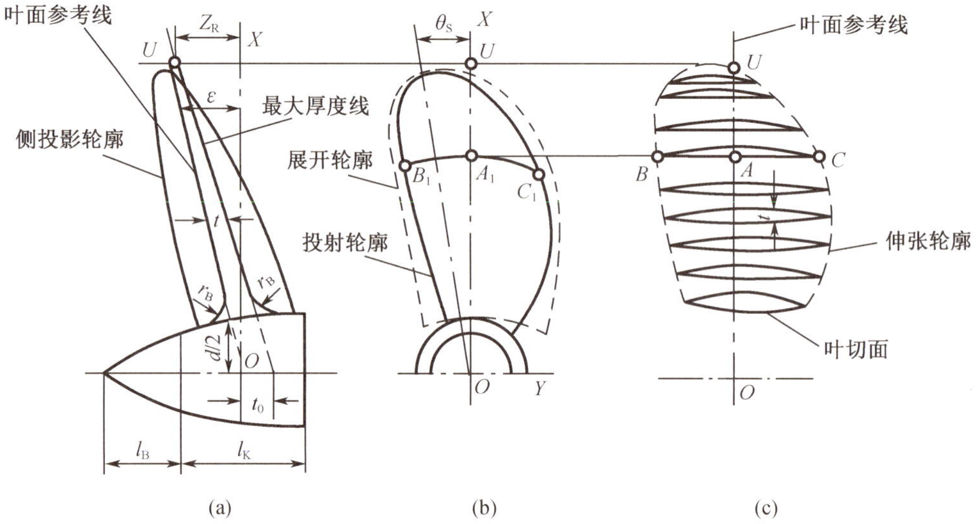

图 8-10　桨叶的外形轮廓

为了正确表达正视图和侧视图之间的关系，取叶面中间的一根母线作为作图的参考线，称为桨叶参考线或叶面参考线，如图中直线 OU。若螺旋桨叶面是正螺旋面，则在侧视图上参考线 OU 与轴线垂直。若为斜螺旋面，则参考线与轴线的垂线成某一夹角 ε，称为纵斜角。参考线线段 OU 在轴线上的投影长度称为纵斜，用 Z_R 表示。纵斜螺旋桨一般都是向后倾斜的，其目的在于增大桨叶与尾框架或船体间的间隙，以减小螺旋桨诱导的船体振动，但纵斜不宜过大（一般 $\varepsilon<15°$），否则螺旋桨在操作时因离心力而增加叶根处的弯曲应力，对桨叶强度不利。

桨叶在垂直于桨轴的平面上的投影称为正投影，其外形轮廓称为投射轮廓。螺旋桨所有桨叶投射轮廓包含面积之总和称为螺旋桨投射面积，以 A_P 表示。投射面积 A_P 与盘面积 A_0 之比称为投射面比（投射面比 $=A_P/A_0$）。

投射轮廓对称于参考线的称为对称叶形。若其外形与参考线不相对称，则为不对称叶形。不对称桨叶的叶梢与参考线间的距离 X_S 称为侧斜，相应之角度称为侧斜角。桨叶的侧斜方向一般与螺旋桨的转向相反，合理选择桨叶的侧斜可明显减轻由螺旋桨诱导的船体振动。

桨叶在平行于包含轴线和辐射参考线的平面上的投影称为侧投影。图上除画出桨叶外形轮廓及参考线 OU 的位置外，还需作出最大厚度线。最大厚度线与参考线 OU 之间的

轴向距离 t 表示该半径处叶切面的最大厚度。它仅表示不同半径处切面最大厚度沿径向的分布情况，并不表示最大厚度沿切面弦向的位置。与桨毂相连处的切面最大厚度称为叶根厚度（除去两边填角料）。辐射参考线与最大厚度线的延长线在轴线上交点的距离 t_0 与直径 D 之比值 t_0/d 称为叶厚分数。工艺上往往将叶梢处的桨叶厚度做薄呈圆弧状，为了求得叶梢厚度，须将桨叶最大厚度线延长至梢径，如图 8-10(a) 所示。

螺旋桨桨毂的形状一般为圆锥体，在侧投影上可以看到其各处的直径并不相等。通常所说的桨毂直径（简称毂径）是指辐射参考线与桨毂表面相交处（略去叶根处的填角料）至轴线距离的两倍，并以 d 来表示，如图 8-10(a)。毂径 d 与螺旋桨直径 D 的比值 d/D 称为毂径比。

将各半径处共轴圆柱面与桨叶相截的各切面展成平面后，以其弦长置于相应半径的水平线上，并光顺连接端点所得之轮廓称为伸张轮廓，如图 8-10(c) 所示。螺旋桨各叶伸张轮廓所包含的面积之总和称为伸张面积，以 A_E 表示。伸张面积 A_E 与盘面积 A_0 之比称为伸张面比（伸张面比 $=A_E/A_0$）。

将桨叶叶面近似展放在平面上所得的轮廓称为展开轮廓，如图 8-10(b) 虚线所示。各桨叶展开轮廓所包含面积之总和称为展开面积，以 A_D 表示。展开面积 A_D 与盘面积 A_0 之比称为展开面比（展开面比 $=A_D/A_0$）。

螺旋桨桨叶的展开面积和伸张面积极为接近，故均可称为叶面积，而伸张面比和展开面比均可称为盘面比或叶面比。盘面比的大小实质上表示桨叶的宽窄程度，在相同的叶数下，盘面比愈大，桨叶愈宽。

此外，还可用桨叶的平均宽度 b_m 来表示桨叶的宽窄程度，其值按下式求取：

$$b_m=\frac{A_E}{Z\left(R-\frac{d}{2}\right)} \tag{8-4}$$

式(8-4)中，A_E 为螺旋桨伸张面积；d 为毂径；Z 为叶数。或用平均宽度比 $\bar{b}_m$ 来表示，即

$$\bar{b}_m=\frac{b_m}{D}=\frac{pA_E/A_0}{2Z\left(1-\frac{d}{D}\right)} \tag{8-5}$$

第三节　螺旋桨的理论基础

螺旋桨理论按其内容发展阶段可分为动量理论、叶元体理论和环流理论。本节主要介绍动量理论。

推进器的动量理论早在 19 世纪末已确立，它认为螺旋桨的推力是因其使水产生动量变化所致的，所以可通过水的动量变更率来计算推力。由于忽略的因素过多，所得到的结果与实际情况有一定的差距，不能用作计算或设计的依据。但是，由于推进器的动量理论能

简略地说明推进器产生推力的原因,而且某些结论也有一定的实际意义,故在本章中作必要的介绍。

在介绍之前,先简要地分析螺旋桨在水中运转的情况。我们通常把由于螺旋桨运转使水流产生的运动速度称为诱导速度。为了便于分析研究问题,把诱导速度分解为两个分量:一个是平行于桨轴方向,另一个是垂直于轴平面内的圆周方向。沿轴线方向的诱导速度分量称为轴向诱导速度,其方向与螺旋桨轴向运动方向相反。沿圆周方向的诱导速度分量称为周向诱导速度,其方向与螺旋桨旋转方向相同。对于负荷(指螺旋桨承担的推力)较重的螺旋桨常会发生螺旋桨尾流有较严重的收缩现象,这时水质点还存在径向诱导速度。

由于对诱导速度的处理不同,往往会产生不同的螺旋桨理论,例如忽略了周向诱导速度的影响,应用动量定理得到理想推进器理论,若同时考虑周向诱导速度并应用动量矩定理便可得到理想螺旋桨理论。下面我们分别来讨论理想推进器理论和理想螺旋桨理论。

一、理想推进器理论

1. 理想推进器的工作概况

为了使问题简化,我们假定:

①推进器为一轴向尺度趋于零、水可自由通过的盘,此盘可以拨水向后,称为鼓动盘(具有吸收外来功率并推水向后的功能);

②水流速度和压力在盘面上均匀分布;

③水为不可压缩的理想流体。

根据这些假定而得到的推进器理论,称为理想推进器理论。

设推进器在无限静止流体中以速度 v_A 前进,应用运动转换原理,即认为推进器是固定的,而水流自无穷远前方以速度 v_A 流向推进器(鼓动盘)。图 8-11(a)表示包围着推进器的流管。由于推进器的作用,在流管中水质点的速度与流管外不同,在流管以外的水流速度和压力处处相等,均为 v_A 和 P_0,故流管的边界 ABC 和 $A_1B_1C_1$ 是分界面。现在讨论流管内水流轴向速度和压力的分布情况。参阅图 8-11(a),在推进器的远前方(A_1B_1 剖面)压力为 P_0、流速为 v_A。离盘面愈近,由于推进器的抽吸作用,水流的速度愈大而压力下降,到盘面(BB_1 剖面)的紧前方时,水流的速度为 v_A+u_a,而压力降为 P_1。当水流经过盘面时,压力突增为 P_1',(这一压力突变是由于推进器的作用而产生),而水流速度仍保持连续变化。水流离开盘面以后,速度将继续增大而压力下降。到推进器的远后方(CC_1 剖面)处,速度将达到最大值 v_A+u_a,而压力回复至 P_0,图 8-11(b)和 8-11(c)分别表示流管中水流速度和压力的分布情况。流管内水流轴向速度的增加使流管截面形成收缩,而流管内外的压力差由其边界面的曲度来支持。由于假定推进器在无限深广的流体中运动,故流管以外两端无限远处的压力和水流速度可视为不变。

根据以上的分析,可以进一步决定推进器所产生的推力和水流速度之间的关系。

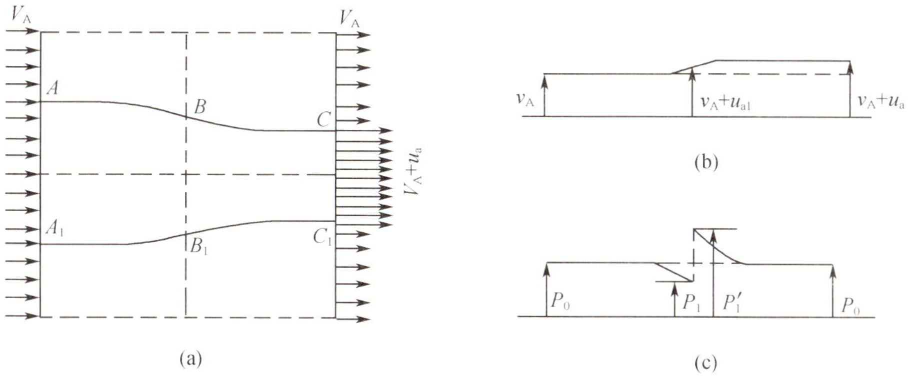

图 8-11　理想推进器的工作情况

应用动量定理可以求出推进器的推力。单位时间内流过推进器盘面(面积为 A_0)的流体质量为 $m=\rho A_0(v_A+u_{a1})$,自流管远前方 AA_1 断面流入的动量为 $\rho A_0(v_A+u_{a1})v_A$,而在远后方 CC_1 断面处流出的动量为 $\rho A_0(v_A+u_{a1})(v_A+u_a)$,故在单位时间内水流获得的动量增值为:

$$\rho A_0(v_A+u_{a1})(v_A+u_a)-\rho A_0(v_A+u_{a1})v_A=\rho A_0(v_A+u_{a1})u_a$$

根据动量定理,作用在流体上的力等于单位时间内流体动量的增量。而流体的反作用力即为推力,故推进器所产生的推力为:

$$T_i=mu_a=\rho A_0(v_A+u_{s1})u_a \tag{8-6}$$

以上各式中,ρ 为流体的密度。

为了寻求盘面处速度增量 u_{a1} 与无限远后方速度增量 u_a 的关系,在推进器盘面前和盘面后分别应用伯努利方程。在盘面远前方和紧靠盘面处有下列关系式:

$$P_0+\frac{1}{2}\rho v_A^2=P_1+\frac{1}{2}\rho(v_A+u_{a1})^2 \tag{8-7}$$

而在盘面远后方和紧靠盘面处有:

$$P_0+\frac{1}{2}\rho(v_A+u_a)^2=P_1'+\frac{1}{2}\rho(v_A+u_{a1})^2 \tag{8-8}$$

盘面前后的压力差 $P_1'-P_1$ 就形成了推进器的推力,由式(8-7)及式(8-8)可得:

$$P_1'-P_1=\rho\left(v_A+\frac{1}{2}u_a\right)u_a \tag{8-9}$$

因推进器的盘面积为 A_0,故推进器所产生的推力 T_i 的另一种表达形式为

$$T_i=(P_1'-P_1)A_0=\rho A_0\left(v_A+\frac{1}{2}u_a\right)u_a \tag{8-10}$$

比较式(8-6)及式(8-10)可得:

$$u_{a1}=\frac{1}{2}u_a \tag{8-11}$$

由上式可知,在理想推进器盘面处的速度增量为全部增量的一半。水流速度的增量 u_{a1} 及 u_a 称为轴向诱导速度。由式(8-7)或式(8-10)可见,轴向诱导速度愈大,推进器产生的推力也愈大。

2. 理想推进器效率

推进器的效率等于有效功率和消耗功率的比值。现以绝对运动观点来讨论理想推进器的效率。推进器在静水中以速度 v_A 前进时产生推力 T_i，则其有效功率为 $T_i v_A$。但推进器在工作时，每单位时间内有 $\rho A_0\left(v_A+\frac{1}{2}u_a\right)$ 质量的水通过盘面得到加速而进入尾流，尾流中的能量随水消逝乃属损失，故单位时间内损失的能量（即单位时间内尾流所取得的能量）为

$$\frac{1}{2}\rho A_0\left(v_A+\frac{1}{2}u_{a1}\right)u_a^2=\frac{1}{2}T_i u_a$$

所以推进器消耗的功率为

$$Tv_A+\frac{1}{2}T_i u_a=T_i\left(v_A+\frac{1}{2}u_a\right)$$

因此，理想推进器的效率为

$$\eta_{iA}=\frac{T_i v_A}{T_i\left(v_A+\frac{1}{2}u_a\right)}=\frac{v_A}{v_A+\frac{1}{2}u_a} \tag{8-12}$$

由式（8-10）可见，推进器必须给水流以向后的诱导速度才能获得推力，故从式（8-12）可知，理想推进器的效率总是小于1。

理想推进器的效率还可用另外的形式来表达，根据式（8-10）解 u_a 的二次方程可得：

$$u_a=-v_A+\sqrt{v_A^2+\frac{2T_i}{\rho A_0}} \tag{8-13}$$

或写为

$$\frac{u_a}{v_A}=\sqrt{1+\frac{T_i}{\frac{1}{2}\rho A_0 v_A^2}}-1=\sqrt{1+\sigma_T}-1 \tag{8-14}$$

式（8-14）中：$\sigma_T=\frac{T_i}{\frac{1}{2}\rho A_0 v_A^2}$，称为推进器的载荷系数。将式（8-14）代入式（8-12）可得效率的表达式为

$$\eta_{iA}=\frac{2}{1+\sqrt{1+\sigma_T}} \tag{8-15}$$

由式（8-14）及式（8-15）可见，若已知推进器的载荷系数 σ_T，便可以确定诱导速度 u_a（或 u_{a1}）及效率 η_{iA}。图 8-12 表示 η_{iA}、$\frac{\frac{1}{2}u_a}{v_A}$ 与载荷系数 σ_T 之间的关系曲线。σ_T 愈小则效率愈高。在推力 T_i 和速度 v_A 一定的条件下，要取得小的载荷系数必须增大盘面积 A_0，对螺旋桨来说需增大直径 D，从而提高效率。这一结论具有重要的现实意义。

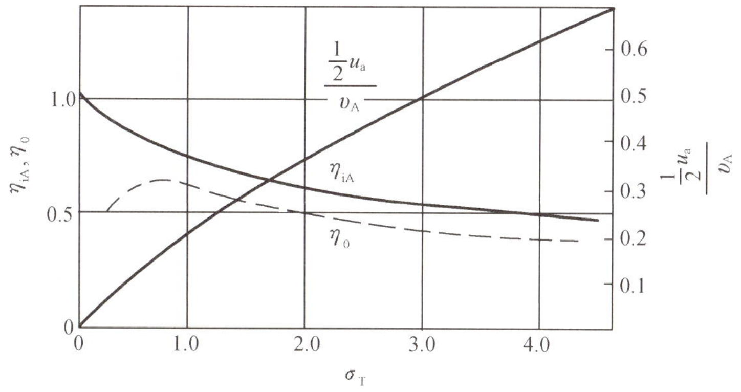

图 8-12　理想推进器的效率曲线

二、理想螺旋桨理论

1. 理想螺旋桨的工作情况

在理想推进器理论中，规定推进器具有吸收外来功率并产生轴向诱导速度的功能。然而，对于推进器是怎样吸收外来功率，又如何实现推水向后等问题，却未予说明。对于螺旋桨来说，它是利用旋转运动来吸收主机功率的。因而，螺旋桨在实际工作时，除产生轴向诱导速度外还产生周向诱导速度，其方向与螺旋桨旋转方向相同，两者合成作用表现为水流经过螺旋桨盘面后有扭转现象。如图 8-13 所示。

为了便于简要地分析周向诱导速度的存在对螺旋桨性能的影响，现讨论具有无限多桨叶的螺旋桨在理想流体中的运动情况，即同一半径处周向诱导速度为常量。

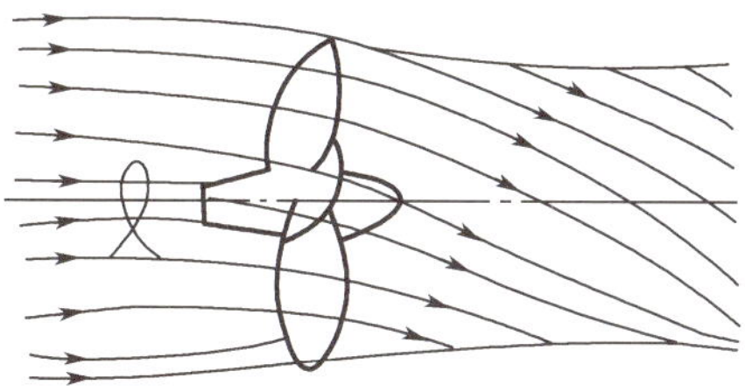

图 8-13　桨盘前后的水流情况

按动量矩定理，必须有对轴线的外力矩才能变更流体对此轴的动量矩. 因为我们假定水是理想流体，故在流体中任何面上仅有垂直的力。在桨盘前，水柱的任何两切面间所受的压力或通过轴线，或平行于轴线，对轴线皆无力矩，故动量矩保持不变，因而水质点不能产生周向的附加速度，亦即在盘面以前水流的周向诱导速度总是等于零。水流经过盘面时，因螺旋桨的转动作用使水流获得周向诱导速度。水流过螺旋桨后直到远后方，作用在流体上的外力矩又等于零. 所以流体的动量矩不变。若桨盘后尾流的收缩很小，则可近似认为从螺旋桨紧后方和远后方的周向诱导速度为一常数。

2. 旋转力与周向诱导速度的关系

设螺旋桨在无限、静止流场中以速度 v_A 前进，以角速度 $\omega=2\pi n$ 旋转。为了便于讨论，

假定螺旋桨仍以 ω 旋转但不前进,而水流在远前方以轴向速度 v_A 流向推进器。

现分别以 u_{t1} 和 u_t 表示桨盘处和远后方的周向诱导速度(其方向与螺旋桨旋转方向相同),并对盘面上半径 r 处 dr 段圆环中所流过的水流应用动量矩定理,参阅图 8-14。

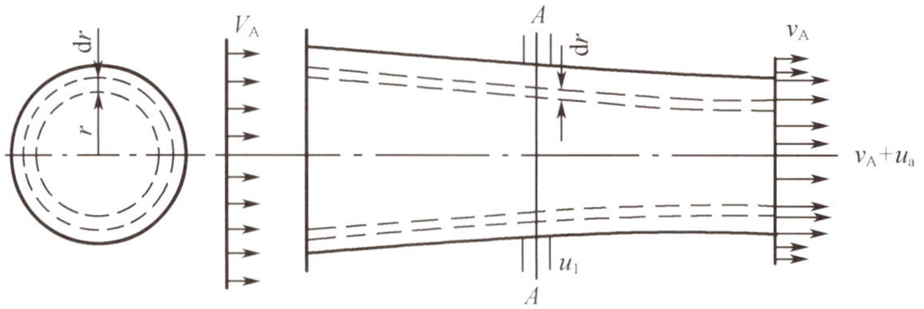

图 8-14　理想螺旋桨的工作情况

设 dm 为单位时间内流过此圆环的流体质量,其值为

$$\mathrm{d}m=\rho\mathrm{d}A_0\left(v_A+\frac{1}{2}u_a\right)$$

式中,dA_0 为桨盘上半径 r 至(r+dr)段的环形面积。

若 L' 和 L'' 分别表示质量为 dm 的流体在桨盘紧前方和紧后方的动量矩,则

$$L'=0$$

$$L''=\mathrm{d}mru_t'$$

式中,u_t'为螺旋桨紧后方的周向诱导速度。

在单位时间内动量矩的增量

$$L''-L'=\mathrm{d}mru_t' \tag{8-16}$$

根据动量矩定理:流体在单位时间内流经流管两截面的动量矩增量等于作用在流管上的力矩。在我们所讨论的情形下,是指对螺旋桨轴线所取的力矩,即

$$L''-L'=\mathrm{d}Q \tag{8-17}$$

设螺旋桨在旋转时 dr 圆环范围内作用于流体的旋转力为 dF_1,则其旋转力矩为 rdF_1,故作用在流体上的力矩应为

$$\mathrm{d}Q=r\mathrm{d}F_1 \tag{8-18}$$

由式(8-16)及式(8-18)可得

$$\mathrm{d}F_1=\mathrm{d}mu_t' \tag{8-19}$$

质量为 dm 的流体经过桨盘之后,不再遭受外力矩的作用,故其动量矩保持不变。若桨盘后尾流的收缩很小,则可以近似地认为桨盘后的周向诱导速度为一常数,亦即桨盘紧后方及远后方处的周向诱导速度相等,故

$$u_t'=u_t \tag{8-20}$$

根据动能定理可知,质量为 dm 的流体在旋转运动时动能的改变应等于旋转力 dF_i 在单位时间内所作的功,即

$$\mathrm{d}F_iu_{t1}=\mathrm{d}m\,\frac{u_t^2}{2}$$

式中，u_{t1} 为桨盘处的周向诱导速度。

将式(8-19)代入上式中，并经简化后可得

$$u_{t1}=\frac{1}{2}u_t \tag{8-21}$$

上式表明，螺旋桨盘面处的周向诱导速度等于盘面后任一截面处(包括远后方)的周向诱导速度的一半。

3. 诱导速度的正交性(u_a与 u_t 间的关系)

dr 段圆环面积 dA_0，吸收的功率为 $\omega r dF_i$，它消耗于三部分：完成有效功 $dT_i v_A$、水流轴向运动所耗损的动能$\frac{1}{2}dmu_a^2$ 和水流周向运动所耗损的动能$\frac{1}{2}dmu_t^2$。因此

$$\omega r dF_i=dT_i v_A+\frac{1}{2}dmu_a^2+\frac{1}{2}dmu_t^2 \tag{8-22}$$

将 $dF_i=dmu_t$ 代入式(8-22)左边并消去两端 d_m，整理后可得

$$\frac{u_a}{u_t}=\frac{\omega r-\frac{u_t}{2}}{v_A+\frac{u_a}{2}} \tag{8-23}$$

若将盘面处、远前方及远后方三项的水流速度(相对于半径 r 处的圆环)作成图 8-15 所示的速度多角形，则据式(8-23)可知，由矢量(v_A+u_{a1})、($\omega r-u_{t1}$)和 v_R 组成的直角三角形与 u_a、u_t 和 u_n 组成的直角三角形相似，从而得到一个非常重要的结论：诱导速度 u_n 垂直于合速 v_R。图中 v_0 和 v_∞ 分别表示远前方和远后方的合速。

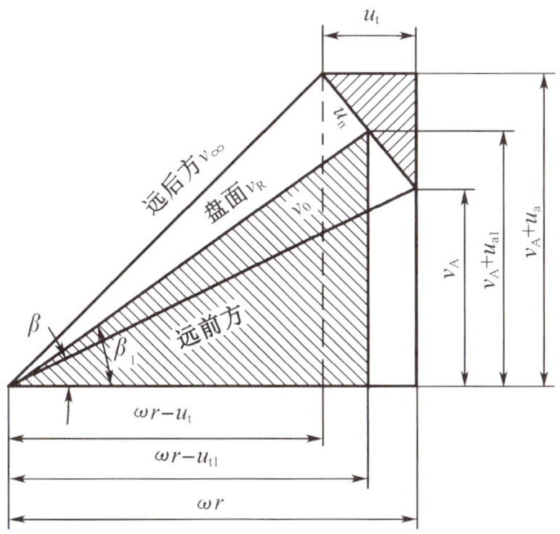

图 8-15 盘面 r 半径处的速度多角形

4. 理想螺旋桨的效率

设 dT_i 为流体在环形面积 dA_0 上的推力，则单位时间内所做的有用功为 $dT_i v_A$，而吸收的功率为 $dF_i\omega r$，故半径 r 处 dr 段圆环的理想效率为

$$\eta_i = \frac{\mathrm{d}T_i v_A}{\mathrm{d}F_i \omega r} = \frac{\mathrm{d}m u_a v_A}{\mathrm{d}m u_t \omega r} = \frac{u_a v_A}{u_t \omega r} \tag{8-24}$$

将式(8-23)代入式(8-24)得到：

$$\eta_i = \frac{v_A}{v_A + \frac{u_a}{2}} \cdot \frac{\omega r - \frac{u_t}{2}}{\omega r} = \eta_{iA}\eta_{iT} \tag{8-25}$$

式中，η_{iA} 为理想推进器效率，也可称为理想旋转桨的轴向诱导效率。

而理想螺旋桨的周向诱导效率为：

$$\eta_{iT} = \frac{\omega r - \frac{u_t}{2}}{\omega r} \tag{8-26}$$

从式(8-25)可见，由于实际螺旋桨后的尾流旋转，故理想螺旋桨效率 η_i 总是小于理想推进器效率 η_{iA}。这里尚须提醒的是：式(8-25)乃是半径 r 处 $\mathrm{d}r$ 段圆环的理想效率，只有在各半径处的 $\mathrm{d}r$ 圆环对应的 η_i 都相等时，该式所表示的才是整个理想螺旋桨的效率。

第四节　螺旋桨的工作原理

一、机翼原理

机翼是飞机产生升力的机构。如图 8-16 所示，机翼的长度称为翼展，用符号 l 表示，它的宽度称为翼弦，用符号 b 表示，翼展 l 与翼弦 b 之比，称为展弦比，即 $\lambda = l/b$。

将机翼模型放在风洞中进行试验，如图 8-17 所示。用伯努利方程，解释机翼产生升力的原因。伯努利方程给出了一个流场里流速与压力之间的关系，即流速大的地方压力小，而流速小的地方则压力大。在研究机翼的运动中，常采用运动相对原理，即认为机翼不动，来流以速度 v 流向机翼，来流速度 v 与机翼弦线之夹角称为冲角 α_k，见图 8-17。由于来流受机翼阻挡，所以只能分别从上下绕过机翼。这时发现机翼上表面的气流速度比前方来流速度高，因而压力较低，机翼下表面的气流速度大致与翼前方的相等或略低，因而压力稍增。这样机翼上下表面的压力差就构成了向上的力。此力的方向垂直于来流方向，具有使机翼升起的作用，故称升力。由于实际流体具有黏性，故机翼在实际流体中运动时，除产生升力之外，来流对机翼同时还产生阻力，具有阻碍机翼运动的作用。通常一个优良的机翼升力总是比阻力大得多。

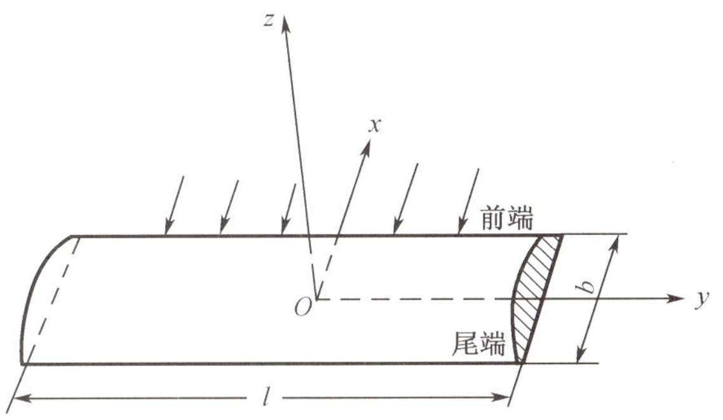

图 8-16　机翼的形状及几何要素

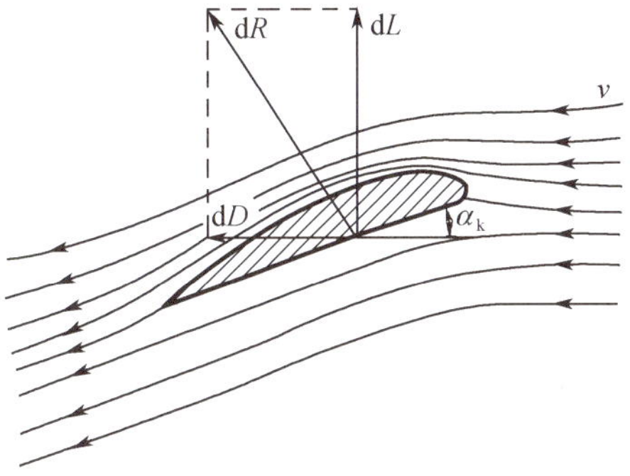

图 8-17　机翼的流体动力形成

通过大量的试验研究表明，升力与阻力的大小与机翼本身的几何要素有关。对一既定翼形，其升力和阻力主要随运动速度 v 与几何冲角 α_k 的大小而变化。如果变更机翼模型与气流运动方向的夹角，便可以测得各不同几何冲角时的升力、阻力和力矩。通常风洞试验的结果是以下面无因次系数来表示：

$$\text{升力系数 } C_L=\frac{L}{\frac{1}{2}\rho v^2 S} \tag{8-27}$$

$$\text{阻力系数 } C_D=\frac{D}{\frac{1}{2}\rho v^2 S} \tag{8-28}$$

式中，v 为流体的速度（即机翼前进的速度）；S 为机翼平面面积；L 为机翼的升力；D 为机翼的阻力。

系数 C_L 和 C_D 的大小，与展弦比 λ 及切面形状有关，特别是与几何冲角的大小有关。对于一定几何形状的叶片，C_L 和 C_D 取决于几何冲角 α_k，图 8-18 是 C_L 和 C_D 随 α_k 变化的曲线。从图中可以看出：

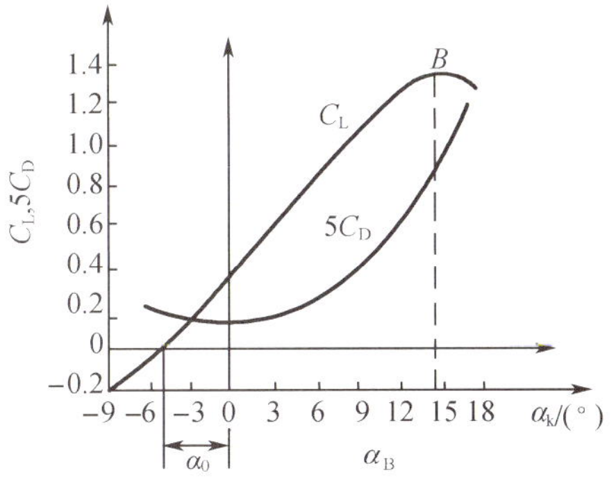

图 8-18　C_L、C_D、α_k 关系曲线

（1）试验证明，在实用范围内，升力系数 C_L 是随几何冲角 α_k 增加而增加，两者几乎成线性关系。当几何冲角达到某一临界值 α_B 之后，C_L 反而随 α_k 的增大而下降。这是由于流线与机翼表面产生了分裂现象，形成了一个充满旋涡的广阔尾流，如图 8-19 所示，因为机

翼上面的压力升高,致使升力激剧下降,阻力突然上升,这一情况称为失速现象,α_B 称为临界冲角或失速角。

(2)当几何冲角 α_k 为零时,升力系数 C_L 并不等于零。而是某一正值,这是因为机翼剖面不对称。如果在某冲角下机翼的升力恰好等于零,则此时来流速度 v 的方向线称为无升力线,如图 8-20 所示。其冲角 α_0 称为无升力角。有时以无升力线为参考方向,来流速度 v 的方向线与此线的夹角 α 称为流体动力冲角(或绝对冲角)。显然 $\alpha=\alpha_0+\alpha_k$。

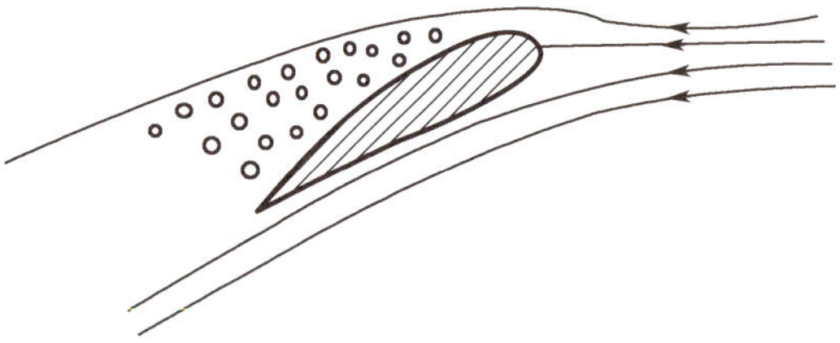

图 8-19　机翼表面流体分裂

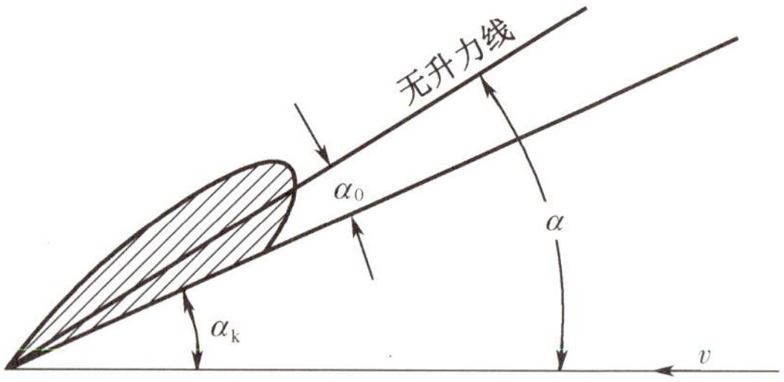

图 8-20　无升力角

(3)阻力系数 C_D 也随几何冲角 α_k 而变,在零冲角前后变化比较平缓,但随 α_k 的增加而迅速增大,从图 8-19 可以看出:阻力系数要比升力系数小得多,但不管什么时候阻力都不等于零,但当 $\alpha_k=0$ 时阻力最小。

二、敞水螺旋桨的水流运动分析

螺旋桨工作时,一面随主机驱动而旋转,一面随船舶前进而前进,这两种运动的组合即为螺旋运动。

为了分析螺旋桨的运动和受力情况,我们先对半径为 r,宽度为 dr 的一薄片(称为叶元体),如图 8-21(a)所示进行分析,而整个螺旋桨所受的力正是各叶元体受力的总和。

如果将半径为 r 处的叶元体展平,其切面弦线与周向的倾斜角即为螺距角 θ。

由于螺旋桨一面旋转一面前进,设螺旋桨的转速为 n,在 r 处切向速度(周向速度)为 $2\pi rn$,前进的速度(轴向速度)为 v_A。根据相对运动的原理,设叶元体不动,水流以轴向速度 v_A 和周向速度 $2\pi rn$ 流向叶元体,其合速度为 v_R。合速度 v_R 与叶元体之间的夹角 α_k 称为几何冲角。以轴向速度 v_A、周向速度 $2\pi rn$ 及合速度 v_R 组成的三角形常称为速度三角形,如图 8-21(b)所示。这样叶元体的螺旋运动最后归结为水流以合速度 v_R 及几何冲角 α_k 流向叶元体。其几何冲角 $\alpha_k=\theta-\beta$,(β 是合速度与周向速度之间的夹角,称为进角)。几何冲角的大小与螺距角和水流的进角有关。

经过以上分析,得知叶元体与水的相对运动和机翼与空气的相对运动类似。因此,叶元体将受到一个升力 dL 和一个阻力 dD,dL 的方向与来流合速度 v_R 垂直,dD 就在 v_R 的方向上,二者的合力为 dR。合力 dR 在螺旋桨前进方向的投影为推力 dT,在周向的投影即为阻碍螺旋桨运动的阻力 dF,因而旋转阻力矩 d$Q=r$dF。

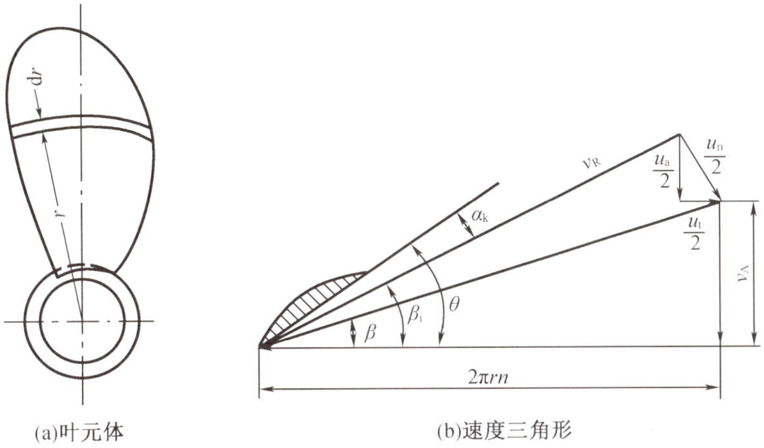

图 8-21　叶元体的运动与受力

以上是桨叶任意半径 r 处叶元体的运动受力情况，整个螺旋桨所产生的推力 T 和遭受的旋转阻力矩分别为各叶元体推力 $\mathrm{d}T$ 和旋转阻力矩应 $\mathrm{d}Q$ 的总和，即

$$T = Z\int_{r_0}^{R} \mathrm{d}T \tag{8-29}$$

$$Q = Z\int_{r_0}^{R} \mathrm{d}Q \tag{8-30}$$

式中，Z 为螺旋桨的叶数；r_0 为桨毂半径；R 为螺旋桨半径。

螺旋桨工作时，发出的推力用以克服船的阻力，推船前进。遭受的阻力矩由主机发出的旋转力矩克服之。可见，当螺旋桨以转速 n 进行旋转时，必须吸收主机所供给的转矩 Q，才能克服阻力矩。螺旋桨吸收的功率为 $2\pi nQ$。螺旋桨在运动中产生推力为 T，且以进速 v_A 推船前进，其所发挥作用的功率为 Tv_A。故螺旋桨的效率为

$$\eta_0 = \frac{\text{推功率}}{\text{吸收功率}} = \frac{Tv_A}{2\pi nQ} \tag{8-31}$$

为了提高螺旋桨的效率，总是力求使螺旋桨所产生的推力增大，而使运动中所遭受的阻力矩减少，从而使主机供给的转矩 Q 减小。为此，首先要选择良好的叶元体形状。更为重要的是还要使桨叶在各半径处都能具有最适宜的几何冲角 α_k。由图 8-21(b)可以看出，对于性能良好的桨叶切面，在各半径处合成的来流速度 v_R 与桨叶切面的几何冲角 α_k 又是适宜的。那么，各桨叶切面就会产生较大的升力 $\mathrm{d}L$ 和较小的阻力 $\mathrm{d}D$，从而使推力 $\mathrm{d}T$ 较大而旋转阻力 $\mathrm{d}Q$ 较小，这就有利于提高螺旋桨的效率。

由速度三角形可见，进角 β 的正切与所处的半径 r 成反比，这与螺距角 θ 有相同的特性。这就是说，采用螺旋面作为桨叶的叶面，可以使各半径处的螺距角 θ 与进角 β 相适应，以保证桨叶在各半径处都具有较适宜的几何冲角 α_k。

三、速度多角形及叶元体上的作用力

前面我们是应用速度三角形来求螺旋桨的作用力及效率，一般在给定螺旋桨的进速 v_A 和转速 n 时，如能求得诱导速度 u_A 及 u_T 时，还可以用速度多角形来求螺旋桨的作用力和效

率。取半径 r 处 $\mathrm{d}r$ 段的叶元体进行讨论，其速度多角形如图 8-22 所示。当水流以合速度 v_R、冲角 α_k 流向叶元体时，便产生了升力 $\mathrm{d}L$ 和阻力 $\mathrm{d}D$。将升力 $\mathrm{d}L$ 分解为沿螺旋桨轴向的分力 $\mathrm{d}L_a$ 和旋转方向的分力 $\mathrm{d}L_t$，阻力 $\mathrm{d}D$ 相应地分解为 $\mathrm{d}D_a$ 和应 $\mathrm{d}D_t$。因此该叶元体的推力、转力矩公式是：

$$\mathrm{d}T=\mathrm{d}L_a-\mathrm{d}D_a=\mathrm{d}L\cos\beta_i-\mathrm{d}D\sin\beta_i=\mathrm{d}L\cos\beta_i(1-\varepsilon\tan\beta_i) \tag{8-32}$$

$$\mathrm{d}F=\mathrm{d}L_t+\mathrm{d}D_t=\mathrm{d}L\sin\beta_i+\mathrm{d}D\cos\beta_i=\mathrm{d}L\sin\beta_i\left(1+\frac{\varepsilon}{\tan\beta_i}\right) \tag{8-33}$$

$$\mathrm{d}Q=r\mathrm{d}F=r\mathrm{d}L\sin\beta_i\left(1+\frac{\varepsilon}{\tan\beta_i}\right) \tag{8-34}$$

式中，β_i 为水动力进角或水动力螺距角；ε 为阻升比，$\varepsilon=\dfrac{\mathrm{d}D}{\mathrm{d}L}$。

叶元体的效率 η_{0r} 为

$$\eta_{0r}=\frac{v_A\mathrm{d}T}{\omega r\mathrm{d}F}=\frac{v_A\mathrm{d}L(\cos\beta_i-\varepsilon\sin\beta_i)}{\omega r\mathrm{d}L(\sin\beta_i+\varepsilon\cos\beta_i)}=\frac{v_A\cos\beta_i(1-\varepsilon\tan\beta_i)}{\omega r\sin\beta_i\left(1+\dfrac{\varepsilon}{\tan\beta_i}\right)}$$

$$=\frac{v_A}{v_A+\dfrac{u_a}{2}}\cdot\frac{\omega r-\dfrac{u_t}{2}}{\omega r}\cdot\frac{1-\varepsilon\tan\beta_i}{1+\dfrac{\varepsilon}{\tan\beta_i}}=\eta_{iA}\cdot\eta_{iT}\cdot\eta_\varepsilon \tag{8-35}$$

式中，η_{iA} 为理想螺旋桨的轴向诱导效率；η_{iT} 为理想螺旋桨的周向诱导效率；η_ε 为叶元体的结构效率。

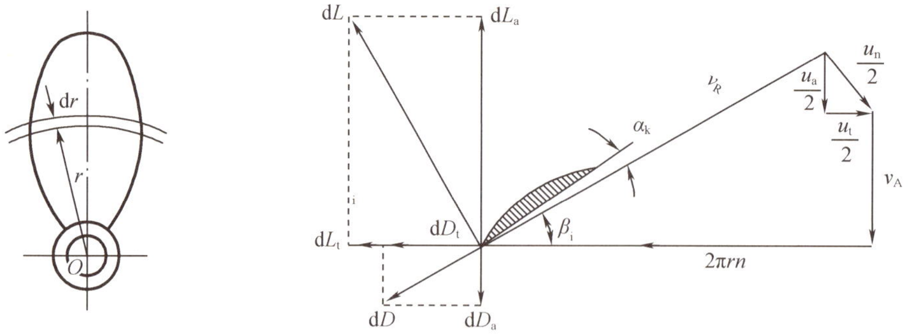

图 8-22 速度多角形及叶元体上的作用力

$\eta_\varepsilon=\dfrac{1-\varepsilon\tan\beta_i}{1+\dfrac{\varepsilon}{\tan\beta_i}}$，是因螺旋桨运转于具有黏性的实际流体中所引起。在实际流体中，因 $\varepsilon\neq0$，故 $\eta_\varepsilon<1$，说明螺旋桨在实际流体中工作的效率比在理想流体中要低。应从改善每一叶元体的 η_{iA}、η_{iT} 和 η_ε 入手，尽量减少尾流中的能量损失和降低阻升比 ε 之值。

从上述我们已知螺旋桨桨叶任意半径处叶元体上的作用力及效率，由此可通过积分求得整个螺旋桨上的作用力及效率。则：

$$T = Z\int_{r_0}^{R} \mathrm{d}T \tag{8-36}$$

$$Q = Z\int_{r_0}^{R} \mathrm{d}Q \tag{8-37}$$

$$\eta_0 = \frac{Tv_A}{2\pi nQ} \tag{8-38}$$

式中，Z 为螺旋桨叶数；r_0 为桨毂半径；R 为螺旋桨半径；v_A 为螺旋桨进速；n 为螺旋桨转速。

四、进速系数和滑脱比

如果螺旋桨是在刚性介层中工作，像螺钉在螺母中运动一样。无疑地，旋转一周在轴线上前进的距离将等于几何螺距 P。但螺旋桨是在船后工作的，其前进的距离决定于船速。螺旋桨旋转一周在轴向前进的距离称为进程，以 h_p 表示。进程 h_p 将小于几何螺距 P，其差值（$P-h_p$）为滑脱，如图 8-23 所示。滑脱与冲角有一定联系，正是由于有滑脱才会产生推力。滑脱与螺距之比称为滑脱比，以 S 表示，即：

$$S = \frac{P-h_p}{P} = 1-\frac{h_p}{P} \tag{8-39}$$

或

$$h_p = (P-SP) = (1-S)P \tag{8-40}$$

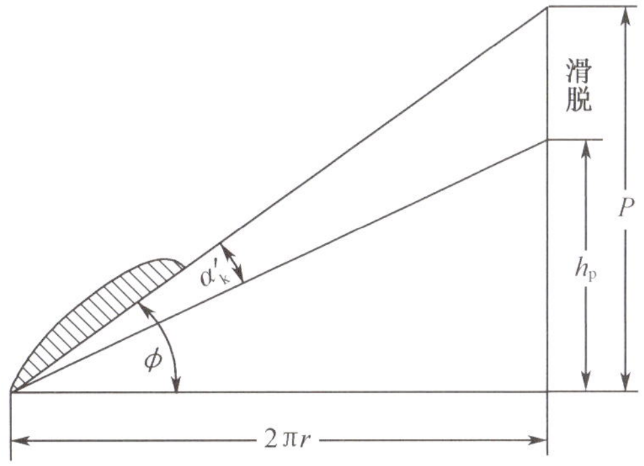

图 8-23　进程三角形

进程 h_p 与螺旋桨直径 D 之比称为进速系数，因螺旋桨每秒钟前进的距离为 $nh_p = v_A$，故进速系数可写成：

$$J = \frac{h_p}{D} = \frac{v_A}{nD} \tag{8-41}$$

式中，v_A 为螺旋桨进速，m/s；n 为螺旋桨转速，r/s。

由式（8-40）及式（8-41）可得进速系数 J 与滑脱比 S 之间的关系为

$$J = \frac{P}{D}(1-S) \tag{8-42}$$

在螺距 P 一定的情况下，若不考虑诱导速度，则滑脱（或滑脱比 S）的大小即标志着冲

角 α_k 的大小；滑脱比 S 大（进速系数 J 小）即表示冲角 α_k 大，则螺旋桨的推力和转矩亦大。因此，滑脱比（或进速系数 J）是影响螺旋桨性能的重要参数，对于几何形状一定的螺旋桨来说，其推力系数和转矩系数只与进速系数 J（或滑脱比 S）有关。

五、螺旋桨的性征曲线

螺旋桨的水动力性能是指一定几何形状的螺旋桨在水中运动时所产生的推力、消耗的转矩及效率与进速 v_A 和转速 n 之间的关系。在研究它们之间的关系时，通常不是应用推力和转力矩的绝对数量，而是以无因次系数来表示。这样可使所得到的结果不受几何尺寸的限制。它们的表达式分别为：

推力系数

$$K_T = \frac{T}{\rho n^2 D^4} \tag{8-43}$$

转矩系数

$$K_Q = \frac{Q}{\rho n^2 D^5} \tag{8-44}$$

效率

$$\eta_0 = \frac{T v_A}{\omega Q} = \frac{K_T \rho n^2 D^4 v_A}{K_Q \rho n^2 D^5 \omega} = \frac{K_T}{K_Q} \cdot \frac{J}{2\pi} \tag{8-45}$$

式中，T 为推力，N；Q 为转矩，N·m；ρ 为水的密度，kg/m^3；n 为螺旋桨转速，r/s；D 为螺旋桨直径，m。

对于几何形状一定的螺旋桨而言，推力系数 K_T、转力矩系数 K_Q 及效率 η_0 与进速系数 J 有关。通常把螺旋桨在不同进速系数时的推力系数 K_T、转矩系数 K_Q 和效率 η_0 绘在同一图上，见图 8-24。因 K_Q 的数值太小，常增大 10 倍（$10K_Q$）与 K_T 共用一纵坐标。表示螺旋桨水动力系数 K_T、K_Q 和 η_0 与进速系数 J 之间关系的曲线称为螺旋桨的敞水性征曲线。通常它是根据敞水螺旋桨模型试验结果绘制的，也可以用理论方法求得。它表示螺旋桨在正车状态时的全面性能。

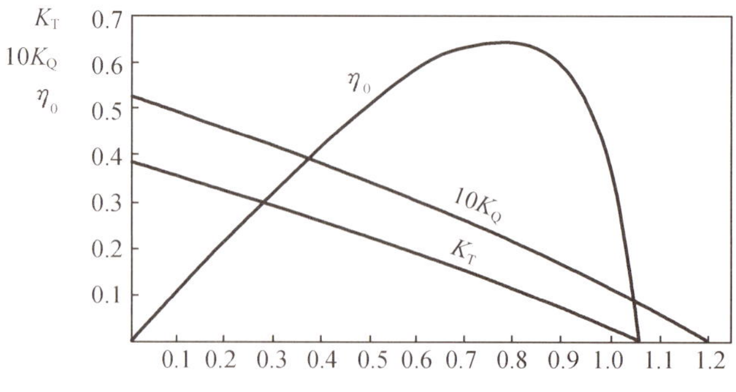

图 8-24　螺旋桨性征曲线图

从图 8-24 中可以看出：

（1）推力系数 K_T 和转矩系数 K_Q 随进速系数 J 的增加而减小，其原因主要因为冲角的改变。因为 J 大则冲角小，J 小则冲角大，在一定的范围内，冲角的增大，会使升力和阻力增加。

（2）当螺旋桨的转速以为一定时，当 $J=0$ 时，K_T 和 K_Q 均达最大值。船在系泊试验时，即为此种情况，这是检验螺旋桨在最大推力及转矩作用下能否满足强度要求的办法之一，也可检查系柱推力是否与设计要求相符。由于系柱试验时转矩大，因而主机会超负荷。一般情况下，柴油机在额定转速时，其功率不能超过额定功率的 110%，而且超功率时不能多于 1 小时，如发生这种情况，必须降低转速。

（3）当 J 为某一数值时 $K_T=0$，即没有产生推力，但此时 K_Q 并不为零，但数值很小。例如，当主机由全速变换为低速运转时，由于船舶有惯性，仍会保持一定航速前进，即进速系数变化小，而螺旋桨的转速已很低，致使水流的实际冲角为零升力角，螺旋桨不产生推力。

（4）从效率 η_0 曲线可知，当 J 为某一数值时，效率出现最高值，但对不同螺距比的螺旋桨，效率的最高值大小是不同的。螺距比越大（在一定的范围内），则最高效率数值也越大。此时所对应的 J 值也大，即在一定的 D、n 之下船速较快；或在一定航速下 D、n 较小，换句话说，负荷轻的螺旋桨，其螺距比稍大一些，所对应的 J 值也大一些。

第六节　螺旋桨与船体的相互影响

螺旋桨模型单独地在静水中的试验称为敞水试验，试验可以在船模试验池或空泡水筒中进行。它是检定和分析螺旋桨性能较为简便的方法。

螺旋桨模型试验对于研究螺旋桨的水动力性能有极其重要的作用，由于模型试验可以在一定条件下进行重复试验和多次观察，因而能充分分析各种现象的本质，为螺旋桨理论的建立和发展以及螺旋桨性能的改进提供可靠的基础，为螺旋桨设计提供丰富的资料。

一、螺旋桨敞水试验的目的

（1）进行螺旋桨模型的系列试验，将所得的结果绘制成专用图谱，以供螺旋桨设计之用。当前各类螺旋桨的各种形式的设计图谱都是根据系列试验结果绘制而成的。

（2）根据系列试验的结果，可以全面系统地分析螺旋桨各种几何要素对性能的影响，以供设计时正确选择各种参数，并为改善螺旋桨性能提供方便。

（3）为配合自航试验和进行同一螺旋桨的敞水试验时，以分析推进效率成分，比较各种设计方案的优劣，便于选择最佳的螺旋桨。

从“流体力学”及“船舶阻力”课程中知道，在流体中运动的模型与实物要达到力学上的全相似，必须使模型与实物几何相似、运动相似及动力相似。对于螺旋桨模型（简称桨模）和实船螺旋桨（简称实桨）来说也无例外。由相似理论可以证明，要使几何相似的螺旋桨成为动力相似，主要具备的条件是进速系数 J 相等（运动相似）。就是说，不论实际螺旋桨与模型螺旋桨之间的绝对尺度和运动速度怎么不同，只要保持它们之间的几何相似、进速系

数 J 相等，则无因次系数 K_T、K_Q 和 η_0 均相等（雷诺数达到一定数值），因此可将螺旋桨的模型试验结果应用于与其几何相似的实际螺旋桨计算中。当几何形状或进速系数 J 改变时，则 K_T、K_Q 及 η_0 亦随之改变；因此对于几何形状一定的螺旋桨来说，其水动力性能只与进速系数 J 有关，而 K_T、K_Q 及 η_0 为进速系数 J 的函数，因此可写成：

$$K_T=\frac{T}{\rho n^2 D^4}=f_1(J) \tag{8-46}$$

$$K_Q=\frac{Q}{\rho n^2 D^5}=f_2(J) \tag{8-47}$$

$$\eta_0=\frac{K_T}{K_Q}=f_3(J) \tag{8-48}$$

螺旋桨试验的目的就是要测定螺旋桨的性能数据，即求出上述 K_T、K_Q 及 η_0 与 J 的变化规律，一般是采用保持模型的转速 n 不变，而以不同的进速 v_A 进行试验来改变进速系数 J 的值。

通常，将试验测得的结果（v_A、n、T 及 Q）按公式算出无量纲系数 K_T、K_Q、η_0 及 J，并以 J 为横坐标，K_T、K_Q 及 η_0 为纵坐标绘制成图 8-24 所示的螺旋桨性征曲线。

二、敞水试验设备及测试仪器

螺旋桨模型敞水试验，是把桨模安装在流线型敞水箱前方，如图 8-25 所示。敞水箱由拖车带动，以获得一定的进速（等于拖车速度）。用于驱动桨模转动及测量其推力、转矩和转速的动力仪安装在敞水箱内。为了防止敞水箱对桨模周围流场的影响，一般把桨模置于敞水箱(2~3)D 处，且保持 $h_s \geqslant D$，以避免螺旋桨兴波的影响。

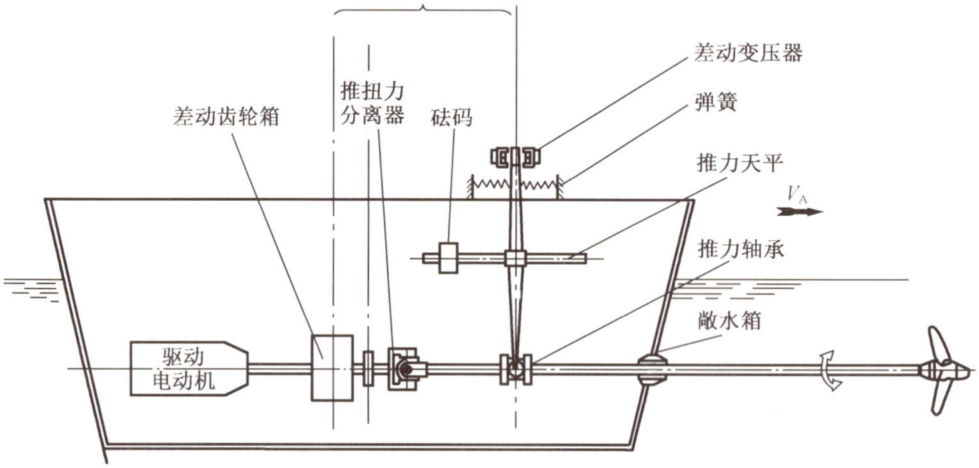

图 8-25　敞水试验装置示意图

图 8-25 是为试验螺旋桨装置的动力仪图，它是目前大型水池广泛采用的一种装置。螺旋桨转速通过桨轴上转速传感器（可以是光电式、磁电式或电接触式）检测，其推力通过推力轴承作用于推力天平上，推力天平借砝码平衡大部分推力。余下小部分推力使弹簧发

生变形，利用差动变压器（或其他微变形传感器）检测弹簧的变形，而后用图线记录仪记录，或数字化后打印输出。

转矩是通过一个差动齿轮机构来测量的，驱动马达的转矩借差动齿轮机构的外壳作用于螺旋桨转轴上，因此螺旋桨转轴同时给外壳的一个大小相等、方向相反的作用力矩，用天平各机构测得这反作用力矩的大小，也就是螺旋桨的转矩。测量转矩天平的原理同推力天平完全一样，因此在图 8-25 中没有画出。为了使推力只作用于推力天平上，必须采用图中的推扭力分离器，有了分离器可使推力全部传至推力天平，而转矩传至齿轮箱，互不干扰。

三、螺旋桨模型系列试验及性征曲线组

为了研究螺旋桨几何参数对性能的影响，各试验池常以成组的螺旋桨模型做系统的试验，并将其结果以最方便的形式绘制成专门图谱，以供设计螺旋桨或分析船舶试航时使用。此种试验数据称为螺旋桨模型系列试验组，其方法是将一定类型的螺旋桨按一定的秩序变更某些主要参数，以构成一个螺旋桨系列。在同一系列中，将叶数 Z 和盘面比 A_E/A_0 相同，而螺距比 P/D 不同的五个或六个桨模称为一组。通常将同一组螺旋桨的敞水性征曲线绘制在同一张图内，如图 8-26 所示。

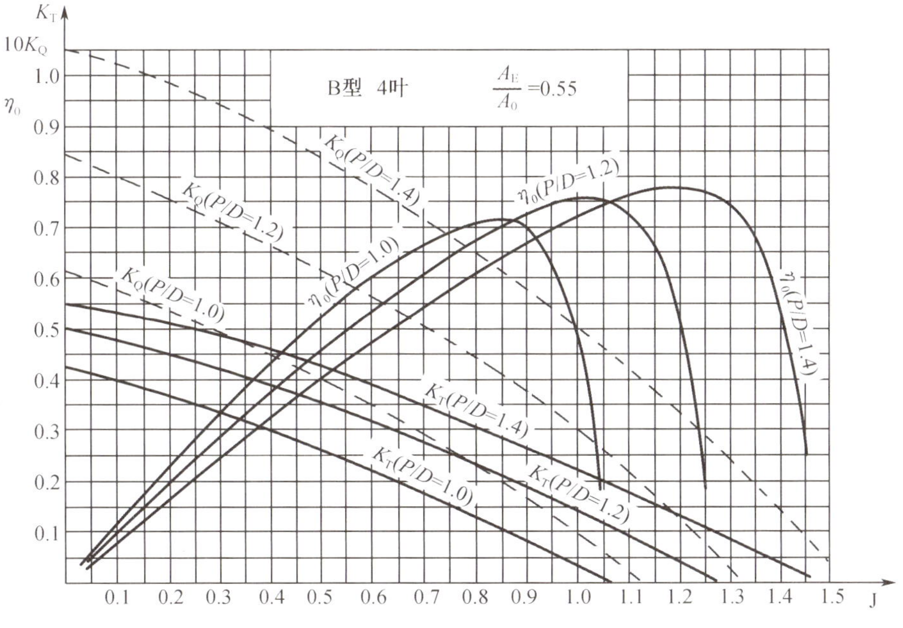

图 8-26　B-4-55 图谱

目前世界上已有不少性能优良的螺旋桨系列，其中比较著名、应用较广的有：荷兰的 B 型螺旋桨、日本的 AU 型螺旋桨和英国的高恩螺旋桨等。B 型和 AU 型螺旋桨适用于商船，而高恩螺旋桨则适用于水面高速军舰。图 8-26 是根据 B 系列螺旋桨中 B-4-55 组模型系列试验结果绘制的性征曲线。其中第一个字母“B”表示螺旋桨的型式，第二个数字表示叶数，第三个数字表示盘面比。B-4-55 表示 B 型四叶盘面比为 0.55 的螺旋桨。

下面举例说明性征曲线的应用：

例题 已知螺旋桨型式为 B-4-55，直径 $D=2.6$ m，转速 $n=200$ r/min，进速 $v_A=$ 12.65 kn，要求发出 98 100 N 推力，如轴系效率为 0.97，试求该螺旋桨所需之螺距比及主机功率。

解 (1)预备计算

$$n=\frac{200}{60}=3.33\ \text{r/s}$$

$$v_A=0.5144\times12.65=6.507\ \text{m/s}$$

$$\rho n^2D^4=1\,000\times3.33^2\times2.6^4=506\,736.12\ \text{N}$$

(2)计算 J 与 K_T

$$J=\frac{v_A}{nD}=\frac{6.507}{3.33\times2.6}=0.752$$

$$K_T=\frac{T}{\rho n^2D^4}=\frac{98\,100}{506\,736.12}=0.194$$

(3)按算出的 J 和 K_T 值查 B-4-55 性征曲线图得：

$$\frac{P}{D}=1.07$$

$$K_Q=0.035$$

(4)求螺旋桨收到的主机功率

$$P_D=2\pi nQ$$

$$Q=K_Q\rho n^2D^5=0.035\times1\,000\times3.33^2\times2.6^5=46\,112.987\ \text{N}\cdot\text{m}$$

$$P_D=2\times3.14\times46\,112.987\times3.33=964.333\ \text{kW}$$

(5)求主机功率

$$P_B=\frac{P_D}{\eta_s}=\frac{964.333}{0.97}=994.158\ \text{kW}$$

第六节 螺旋桨与船体的相互影响

在上面各节中，我们只讨论了孤立螺旋桨在敞水中（或称在均匀流场中）的水动力性能，而在“船舶阻力”课程中也只研究了孤立船体（即不带有螺旋桨的船体）在静水中航行时所遭受的阻力。实际螺旋桨是在船后工作的，螺旋桨和船体成为一个系统，两者之间必然存在相互作用。这种相互作用表现为船体所形成的速度场和螺旋桨所形成的速度场之间的相互影响。在船后工作的螺旋桨因受到船体的影响，故进入桨盘处的水流速度及其分布情况与敞水者不同，而船体周围的水流速度分布及压力分布受螺旋桨的影响也与孤立的船体不同。因此，船后螺旋桨与水流的相对速度不等于船速，螺旋桨发出的推力也不等于孤立船体所遭受的阻力。

如何把孤立螺旋桨和孤立船体联系起来,正是研究螺旋桨和船体相互影响的目的。严格来说,应把船体与螺旋桨作为统一的整体来考虑。近年来也确有一些学者从事这方面的研究,但由于问题相当复杂,未能付诸实施。所以,目前仍采用近似方法来解决,即分别研究船体和螺旋桨的单独性能,然后再近似地考虑两者之间的相互影响。这种近似方法的实质是:把船体和螺旋桨仍然看作是孤立的,即认为螺旋桨是在船后流场中单独工作,而船体位于螺旋桨所影响的水流中运动。这样就可以把孤立螺旋桨和孤立船体联系起来,亦即考虑到上述情况以后,可以把螺旋桨敞水试验的结果和船模阻力试验的结果用于船体-螺旋桨的整个系统。

一、伴流——船体对螺旋桨的影响

1. 伴流的成因和分类

船在水中以某一速度 v 向前航行时,附近的水受到船体的影响而产生运动,其表现为船体周围伴随着一股水流,这股水流称为伴流。由于伴流的存在,使螺旋桨与其附近水流的相对速度和船速不同。在船舶推进中通常所指的伴流即为船尾装螺旋桨处(即桨盘处)的伴流。

船后伴流的速度场是很复杂的,它在螺旋桨盘面各点处的大小和方向是不同的。一般来说,伴流速度场可以用相对于螺旋桨的轴向速度、周向(或切向)速度和径向速度三个分量来表示。测量结果表明,与轴向伴流速度相比较,周向和径向两种分量为二阶小量,在螺旋桨设计问题中,常可不予考虑。因此,在本书中如无特别说明,所谓伴流均指轴向伴流。伴流的速度与船速同方向者称为正伴流,反之则为负伴流。伴流按形成的原因有以下三种:

(1)摩擦伴流

因水具有黏性,故当船在运动时沿船体表面形成边界层,边界层内水质点具有向前的速度,形成正伴流,通常称为摩擦伴流。摩擦伴流在紧靠船身处最大,由船身向外急剧减小,离船体不远处即迅速消失,但在船后相当距离处摩擦伴流依然存在。图 8-27 表示船身附近的边界层(或称摩擦伴流带),边界层(实际上是艉流)在艉部后具有相当的厚度,与螺旋桨直径相差不多,故摩擦伴流常为总伴流中的主要部分。摩擦伴流的大小与船型、表面粗糙度、雷诺数及螺旋桨的位置等有关。

(2)形势伴流

船在水中以速度 v 向前航行时,船体周围水流的流线分布情况大致如图 8-28 所示。艄艉处的水流具有向前速度,即产生正伴流,而在舷侧处水流具有向后速度,故为负伴流。由此而形成的伴流称为形势伴流或势伴流。因流线离船身不远处即迅速分散,故在离船体略远处其作用即不甚显著,亦即离船体愈远,形势伴流之数值愈小。

(3)波浪伴流

船在航行时水面形成波浪,若螺旋桨附近恰为波峰,则水质点具有向前速度;如恰为波谷,则具有向后速度。由于船舶本身兴波作用而形成的伴流称为波浪伴流,其数值常较前两者为小。但对于高速双桨船(例如驱逐舰)因其艉部常为波谷,且螺旋桨的位置处于船后两侧,摩擦伴流和势伴流较小,故其总伴流可能为负值。

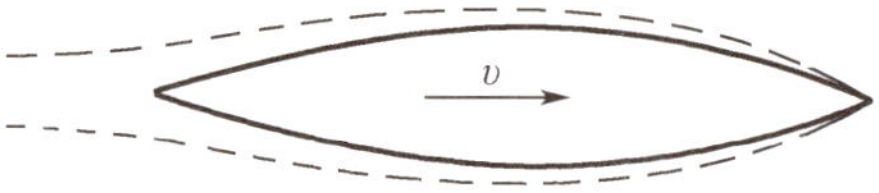

图 8-27　船身附近的边界层

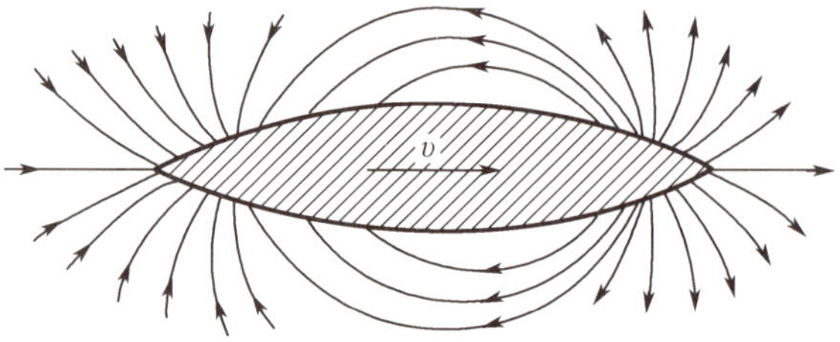

图 8-28　船体周围的流线分布

由伴流之成因可知，伴流是一股很复杂的水流，在螺旋桨盘面各处伴流速度的大小和方向各不相同。因而，在利用螺旋桨系列敞水图谱设计螺旋桨时，常取盘面处伴流的平均轴向速度近似地估计桨盘处的速度场。若船速为 v，桨盘处伴流的平均轴向速度为 u，则螺旋桨与该处水流的相对速度（即进速）

$$v_A = v - u \tag{8-49}$$

根据伴流的成因，可将伴流速度 u 写成：

$$u = u_f + u_p + u_w \tag{8-50}$$

式中，u_f 为桨盘处摩擦伴流的轴向平均速度；u_p 为桨盘处形势伴流的轴向平均速度；u_w 为桨盘处波浪伴流的轴向平均速度。

2. 伴流分数

伴流的大小通常用伴流速度 u 对船速 v 的比值 ω 来表示，称为伴流分数，即

$$\omega = \frac{u}{v} = \frac{v - v_A}{v} = 1 - \frac{v_A}{v} \tag{8-51}$$

若已知伴流分数，则可由下式决定螺旋桨的进速：

$$v_A = (1 - \omega) v \tag{8-52}$$

根据伴流的成因，伴流分数也可写作：

$$\omega = \omega_f + \omega_p + \omega_w \tag{8-53}$$

式中，ω_f 为摩擦伴流分数；ω_p 为形势伴流分数；ω_w 为波浪伴流分数。

各类船舶的伴流分数数值大致如表 8-2 所示。

表 8-2　各类船舶的伴流分数

船舶类型	伴流分数	船舶类型	伴流分数
快速船和邮船	0.10~0.18	轻巡洋舰	0.035~0.10
单桨商船（C_B=0.5~0.7）	0.20~0.30	大型驱逐舰	0.00~0.10
双桨商船（C_B=0.5~0.7）	0.08~0.20	驱逐舰和护卫舰	0.00~0.03
肥大型船（C_B 为 0.8 左右）	0.30~0.40	潜艇	0.10~0.25
主力舰及重巡洋舰	0.15~0.20	鱼雷艇	0.00~0.04

3. 伴流的测定

伴流的大小一般用试验方法求得，因测量的方法不同，伴流可分为标称伴流和实效伴

流两种。在未装螺旋桨之船模（或实船）后面，用各种流速仪测定螺旋桨盘面处水流速度，可得标称伴流；根据船后螺旋桨试验或自航试验结果与螺旋桨敞水试验结果比较分析可得实效伴流。

经验证明，上述两种测量结果是不同的。其差别在于是否考虑了螺旋桨工作的影响。因为当船尾有螺旋桨工作时，螺旋桨产生抽吸作用，从而改变了船尾的流线、边界层厚度、波形等。由于螺旋桨在船后工作，以实效伴流分数来计算螺旋桨进速比较合理，故通常说的伴流分数均指实效伴流分数，下面我们主要介绍测量实效伴流的方法。

当船速和螺旋桨的转速一定时，伴流的大小直接决定螺旋桨的进速，因而决定螺旋桨所发生之推力及吸收之转矩，故根据螺旋桨的推力或转矩可测定实效伴流。

如图 8-29 所示，首先在船模后试验螺旋桨，量出船模速度 v 及螺旋桨的转速 n、推力 T_B、转矩 Q_B。然后，将螺旋桨进行敞水试验，保持转速 n 不变，调节进速直到发出之推力等于上述 T_B 值时，量取其进速 v_A 及转矩 Q_0，则 $u=v-v_A$ 即为实效伴流速度。

上述测定实效伴流的方法使螺旋桨在船后与敞水中于同一转速时发生相同的推力，故称为等推力法，但此时 $Q_B \neq Q_0$。

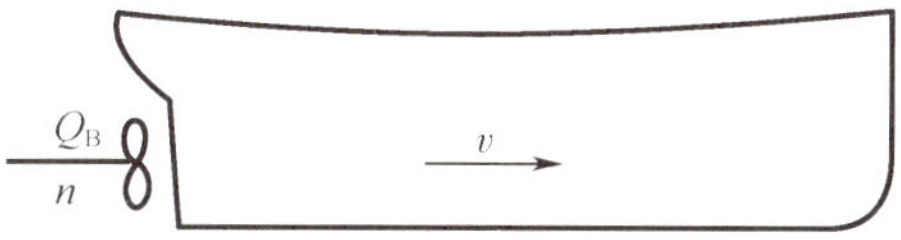

图 8-29　测量实效伴流

若螺旋桨进行敞水试验时，保持转速 n 不变，调节进速直至 $Q_B=Q_0$ 时，量取其进速 v_A 及推力 T_0，则得 $u_1=v-v_A$，也为实效伴流速度。这种方法称为等转矩方法，但此时 $T_B \neq T_0$。用等推力法得到的实效伴流与等转矩法得到的实效伴流是不相等的，一般来说，以等推力法所得的实效伴流较等转矩法所得者约大 4%。等推力法是目前为大家广泛采用的方法。

在实际工作中，当无法进行模型试验时，伴流分数可应用近似公式来估算。这些公式都是根据几类船型的实船试验和模型试验的结果归纳而成，应用时应根据船型的特点选择合适的公式。

（1）泰勒公式（适用于海上运输船）

单螺旋桨船：

$$\omega=0.5C_B-0.05$$

双螺旋桨船：

$$\omega=0.55C_B-0.02 \tag{8-54}$$

式中，C_B 为方形系数。

（2）海克休公式

对于单桨船（$C_B=0.54\sim0.84$）：

$$\omega=0.7C_P-0.18$$

对于双桨船（$C_B=0.54\sim0.84$）：

$$\omega=0.7C_P-0.3$$

对于单桨渔船：

$$\omega = 0.77C_P - 0.28 \tag{8-55}$$

式中，C_P 为纵向棱形系数。

(3)巴甫米尔公式(用于内河船)

$$W = 0.165C_B^x\sqrt{\frac{\sqrt[3]{\nabla}}{D}} - \Delta W \tag{8-56}$$

式中，C_B 为方形系数；x 为方形系数 C_B 的指数，$x=1$ 时适用于船中螺旋桨，$x=2$ 时适用于船侧螺旋桨；∇为船舶排水体积；D 为螺旋桨直径；ΔW 为伴流分数修正值，与弗劳德数 $Fr=\frac{v}{\sqrt{gL}}$ 有关，当 $Fr>0.2$ 时，$\Delta W=0.1\times(F_N-0.2)$，当 $Fr<0.2$ 时，$\Delta W=0$。

关于上列各公式的使用情况：

①单桨船：海船以泰勒公式误差较小，内河船以巴甫米尔与海克休公式的平均值为佳。

②双桨船：以海克休公式最好，巴甫米尔公式次之。当方形系数较小时，海克休公式误差较大，仍以巴甫米尔公式较好。

二、推力减额——螺旋桨对船体的影响

1. 推力减额的成因

螺旋桨在船后工作时，由于它的抽吸作用，使桨盘前方的水流速度增大。根据伯努利定理，水流速度增大压力必然下降，故在螺旋桨吸水作用所及的整个区域内压力都要降低，其结果改变了船尾部分的压力分布状况。如图 8-30 所示，曲线 A 表示孤立船体周围的压力分布曲线，曲线 B 为螺旋桨在敞水中工作时桨盘前后的压力分布曲线。螺旋桨在船后工作时船体周围的压力分布状况可近似地认为是上述两种压力的叠加，故图中曲线 C 即表示螺旋桨在船后工作时压力沿船体周围的分布情况，其阴影部分即为压力减小的数值，导致船体压阻力增加。此外，艉部水流速度的增大，使摩擦阻力也有所增加，但其数值远较压阻力的增加为小。

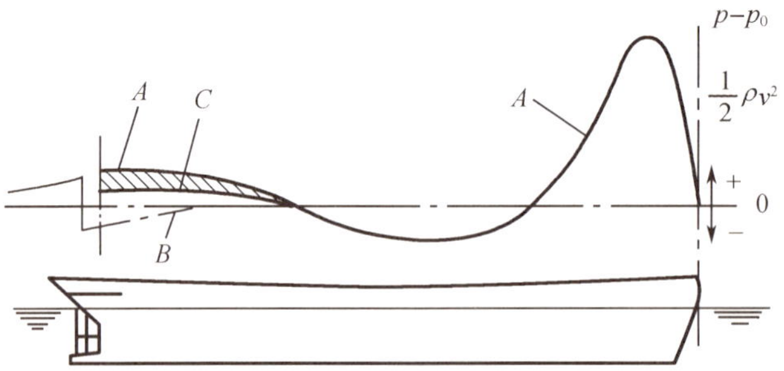

图 8-30　船体周围的压力分布情况

由于螺旋桨在船后工作时引起的船体附加阻力称为阻力增额。若螺旋桨发出的推力为 T，则其中一部分用于克服船的阻力 R(不带螺旋桨时的阻力)，而另一部分则为克服阻力增额 ΔR，即

$$T=R+\Delta R \tag{8-57}$$

由式(8-57)可见,螺旋桨发出的推力中只有($T-\Delta R$)这一部分是用于克服阻力 R 并推船前进的,故称为有效推力 T_e。在习惯上,通常将 ΔR 称为推力减额,并以 ΔT 表示。因此,螺旋桨的总推力 T 可写作:

$$T=R+\Delta T \tag{8-58}$$

上式也可写作:

$$R=T-\Delta R$$

2. 推力减额分数

在实用上,常以推力减额分数来表征推力减额的大小,推力减额 ΔT 与推力 T 的比值称为推力减额分数 t,即

$$t=\frac{\Delta T}{T}=\frac{T-T_e}{T}=\frac{T-R}{T} \tag{8-59}$$

由此可得船体阻力 R 和螺旋桨推力 T 之间的关系为

$$R=T(1-t) \tag{8-60}$$

推力减额分数的大小与船型、螺旋桨尺度、螺旋桨负荷以及螺旋桨与船体间的相对位置等因素有关。通常都是根据船模自航试验或经验公式来决定的。当不可能进行模型试验时,推力减额分数可按下述经验公式近似选取。

(1)商赫公式

对于单螺旋桨船:

$$t=k\omega \tag{8-61}$$

式中,ω 为伴流分数;$k=0.50\sim0.70$,适用于装有流线型舵或反应舵;$k=0.70\sim0.90$,适用于装有方形舵柱之双板舵;$k=0.90\sim1.05$,适用于装有单板舵者。

对于双螺旋桨船装有轴包架者:

$$t=0.25\omega+0.14$$

对于双螺旋桨船装有轴支架者:

$$t=0.70\omega+0.06$$

(2)泰勒公式

对双螺旋桨船:

$$t=0.55C_B-0.20 \tag{8-62}$$

式中,C_B 为船的方形系数。

(3)海克休公式

对单螺旋桨船:

$$t=0.50C_P-0.12$$

对双螺旋桨船:

$$t=0.50C_P-0.18$$

对拖网渔船:

$$t=0.77C_P-0.30 \tag{8-63}$$

式中,C_P 为船的棱形系数。

(4)系泊时推力减额分数 t_0 可按下式估算

$$t_0=t(1-\frac{J}{P/D}) \tag{8-64}$$

式中,P/D 为螺距比;J 为设计状态进速系数;t 设计状态推力减额分数。

表 8-3 中列举了各类船舶推力减额分数 t 的大致范围。

表 8-3 各类船舶推力减额分数

船舶类型	推力减额分数 t	船舶类型	推力减额分数 t
快速船和邮船	0.06~0.15	轻巡洋舰	0.05~0.10
单桨商(C_B=0.5~0.7)	0.08~0.20	大型驱逐舰	0.07~0.08
双桨商(C_B=0.5~0.7)	0.10~0.22	驱逐舰和护卫舰	0.06~0.08
肥大型船(C_B 为 0.8 左右)	0.17~0.25	潜艇	0.10~0.18
主力舰及重巡洋舰	0.18~0.22	鱼雷艇	0.01~0.03

三、功率及效率

船舶推进系统由主机、轴系、推进器(主要是螺旋桨)组成,它们在推进系统中各施其责。主机负责提供能量,是船舶能量的提供者;轴系负责把主机的能量传递给螺旋桨,是能量的传递者;推进器负责吸收能量并把能量转换为推力,是能量的吸收者和转换者。推进系统在能量的提供、传递、吸收并转换的过程中,其功率及效率成分如下。

(一)功率

1. 主机功率 P_S

推进船舶所需要的功率由主机供给,主机发出的功率称为主机功率,以 P_S 表示。

2. 螺旋桨的收到功率 P_{DB}

螺旋桨在船后必须克服转矩 Q_B,才能以转速 n 转动,因此船后螺旋桨的收到功率 P_{DB} 为

$$P_{DB}=2\pi nQ_B \tag{8-65}$$

若螺旋桨敞水转矩为 Q_0,则螺旋桨敞水收到功率 $P_{D0}=2\pi nQ_0$。

3. 螺旋桨的推功率 P_T

船后螺旋桨在收到功率 P_{DB} 后发出推力 T,其进速为 v_A,故螺旋桨的推功率 P_T 为

$$P_T=Tv_A \tag{8-66}$$

4. 船的有效功率 P_E

主机发出的功率 P_S 中真正有用的部分是克服船舶阻力 R 使船以航速 v 前进,把 $R\times v$ 称为船的有效功率 P_E,即

$$P_E=Rv \tag{8-67}$$

（二）效率

1. 传送效率 η_S

主机功率经过减速装置、推力轴承及主轴等传送至螺旋桨，由于推力轴承、轴承、艉轴填料函及减速装置等具有摩擦损耗，故螺旋桨的收到功率总是小于主机功率，两者之比值称为传送效率或轴系效率，以 η_S 表示，它表示轴系性能的好坏：

$$\eta_S = P_D / P_S \tag{8-68}$$

若主机直接带动螺旋桨，螺旋桨的转速亦为主机转速，则中机型船 $\eta_S = 0.97$；艉机型船 $\eta_S = 0.98$。

2. 船后螺旋桨效率 η_B、螺旋桨敞水效率 η_0、相对旋转效率 η_R

螺旋桨推功率 P_T 与船后螺旋桨的收到功率 P_{DB} 之比值称为船后螺旋桨的效率：

$$\eta_B = \frac{P_T}{P_{DB}} = \frac{Tv_A}{2\pi nQ_B} = \frac{Tv_A}{2\pi nQ_0}\frac{Q_0}{Q_B} = \eta_0\eta_R \tag{8-69}$$

式中，$\eta_0 = \frac{Tv_A}{2\pi nQ_0}$为螺旋桨敞水效率；$\eta_R = \frac{Q_0}{Q_B}$为相对旋转效率；$\eta_R$ 也可写作螺旋桨敞水收到功率 P_D 与船后收到功率 P_{DB} 之比，即

$$\eta_R = \frac{P_D}{P_{DB}} \tag{8-70}$$

3. 船身效率 η_H

把船的有效功率 P_E 与螺旋桨推功率 P_T 之比值称为船身效率 η_H，即

$$\eta_H = \frac{P_E}{P_T} = \frac{Rv}{Tv_A} = \frac{1-t}{1-\omega} \tag{8-71}$$

由式（8-71）可见，船身效率 η_H 表示伴流与推力减额之合并作用。

4. 推进效率 η_D

把船的有效功率 P_E 与船后螺旋桨的收到功率 P_{DB} 之比值，称为推进效率 η_D（或称为准推进系数 QPC），即

$$\eta_D = \frac{P_E}{P_{DB}} = \frac{P_E}{P_T}\frac{P_T}{P_{DB}} = \eta_H\eta_{DB} = \eta_H\eta_0\eta_R \tag{8-72}$$

5. 推进系数 P. C

把船的有效功率 P_E 与主机功率 P_s 之比值称为推进系数，即

$$\mathrm{P.C} = \frac{P_E}{P_S} = \frac{P_E}{P_T}\frac{P_T}{P_{D0}}\frac{P_{D0}}{P_{DB}}\frac{P_{DB}}{P_S} = \eta_D\eta_S = \eta_H\eta_0\eta_R\eta_S \tag{8-73}$$

推进系数 P. C 表示由主机、船体及螺旋桨三者组成的整个推进系统的综合性能，推进系数越高，船舶的推进性能越好。

思考与练习

一、简答题

1. 什么是螺旋桨的敞水性征曲线？

2. 什么叫伴流分数和推力减额分数?

3. 推进效率的成分有哪些?

4. 什么叫推进系数?

二、判断题

1. 将能源发出的功率转换为推船前进的功率的专门装置或机构统称为推进器。 (　　)

2. 螺旋桨的叶面通常是螺旋面的一部分。 (　　)

3. 等螺距螺旋桨各半径处螺距角一定相等。 (　　)

4. 螺旋桨的螺距比是直径 D 与螺距 P 的比值。 (　　)

5. 螺旋桨正车旋转时桨叶先入水的一边为随边。 (　　)

6. 内河船采用隧道尾的主要原因是为了增大螺旋桨的直径,从而提高桨的效率。 (　　)

7. 螺旋桨导管的主要作用是为了保护螺旋桨。 (　　)

8. 螺旋桨在水中工作时使水产生的附加速度称为诱导速度。 (　　)

9. 船舶的设计纵倾主要是为了减小船舶的阻力。 (　　)

10. 螺旋桨性能预报及设计中,通常可以不考虑伴流的径向分量。 (　　)

11. 理想螺旋桨的效率高于理想推进器的效率。 (　　)

12. 船身效率表示了船桨间的相互作用。 (　　)

13. 推力减额分数小于 1。 (　　)

14. 船体对螺旋桨的影响是伴流,螺旋桨对船体的影响是推力减额。 (　　)

15. 空泡有汽化空泡、气化空泡和似是空泡之分。 (　　)

16. 在均匀流场中不产生空泡的螺旋桨,在船后伴流中也不产生空泡。 (　　)

17. 螺旋桨的螺距修正是螺旋桨设计中的一个必不可少的步骤。 (　　)

18. 螺旋桨的设计问题分为初步设计和终结设计,其中初步设计的主要目的是选桨,而终结设计的主要目的是配机。 (　　)

19. 一般来说,螺旋桨的盘面比越大,则桨的效率越高,同时桨越不易发生空泡现象。 (　　)

20. 设计螺旋桨时,需要留有功率储备。 (　　)

项目九

操纵性简介

● 学习目标

知识目标

1. 了解船舶操纵性主要有哪些方面。
2. 了解回转圈的几何要素。

能力目标

1. 能掌握船舶横倾时的两个阶段。
2. 能掌握改善操纵性的措施。

第一节 操纵性概述

船舶在航行时能按照驾驶员的意图，保持或改变航速、航向和位置的性能称为船舶操纵性。船舶操纵性主要包括以下几个方面：

①航向稳定性：船舶在水平面内的运动受扰动而偏离平衡状态，当扰动完全消除后，保持原有航向运动的能力。

②回转性：船舶应舵做圆弧运动的能力。

③转艏性及跟从性：船舶应舵转艏及迅速进入新的稳定运动状态的能力。前者称为转艏性，后者称为跟从性。

④停船性能：船舶对惯性停船和倒车停船的响应能力。

船舶在航行时，总是会受到各种偶然的外界干扰作用，如风、浪、流等因素的影响，使船偏离原来的运动状态。如果这些外界干扰因素去掉之后，船舶能够恢复到原来的运动状态，则运动是稳定的，否则是不稳定的。

船舶运动稳定性可以分成：

①直线稳定性——船舶受瞬时扰动后，最终能恢复直线航行状态，但航向发生变化。

②方向稳定性——船舶受扰后，新航线为与原航线平行的另一直线。

③位置稳定性——船舶受扰后，最终仍按原航线的延长线航行。

显然，具有位置稳定性必同时具有方向和直线稳定性；具有方向稳定性必同时具有直线稳定性。反之，若不具有直线稳定性，也不可能具有方向和位置稳定性。

上述各种运动稳定性根据是否操舵分为自动稳定性和控制稳定性。

①不操舵情况下的稳定性称为自动稳定性。

②操舵或使用其他操纵装置条件下的稳定性称为控制稳定性。

自动稳定性取决于船体和舵的几何形状，是船舶的固有属性。以下如不特别指出，均指自动稳定性。

航向稳定性可减少船舶航线偏离从而减少不必要的功率消耗和时间损失。转艏性、回转性，则是避免碰撞、防止触礁、航行安全的保障。军舰为了保证炮火、鱼雷和火箭的发射精度，要求它具备航向稳定性；但为防止被敌方炮火所击中，又要求它具备良好的转艏性、回转性和快速性。内河船舶和船队在狭窄的弯道水域内行驶时，其最重要的航行性能是回转性。

因此，提高和改善船舶操纵性是设计和用船部门不可忽视的问题。具有良好操纵性的船舶，在直线航行时能保持运动方向，需要转向时能迅速地改变航向，使船舶按照预定的航线航行，并且具有适当的停船性能。

船体的形状对船舶操纵性有重要的影响，但是如果没有专门的操纵装置，船舶是不能按预定的航线航行的。为了使船舶具有合适的操纵性，必须配备专门的操纵装置，以提供按驾驶者的意图迫使船舶改变航向的力矩。

操纵装置有舵、转动导管、平旋推进器、主动转向装置等。其中，舵的结构简单，工作可靠，造价低廉，是目前应用最广泛的操纵装置。至于其他装置仅在少数对操纵性能有特殊要求的船上使用。

在本项目的学习中，我们主要学习船舶回转运动和改善操纵性的措施等知识，有关舵的工作原理及设计问题将在其他相关课程详细学习。

第二节　船舶回转运动

在船舶操纵性的分析中，除船舶运动的稳定性之外，另一个重要方面是机动性，其中研究得最多的是船舶的回转运动，一方面是因为回转运动是船舶操纵中常见的一种运动，另一方面是因为回转运动的最后阶段是定常运动，便于进行理论分析。直线运动的船舶，将舵转至某一舵角，并保持此舵角，船将做曲线运动，称为船舶回转运动。

一、回转圈的几何要素

在船舶回转运动中，船舶重心运动的轨迹称为回转圈，如图 9-1 所示。

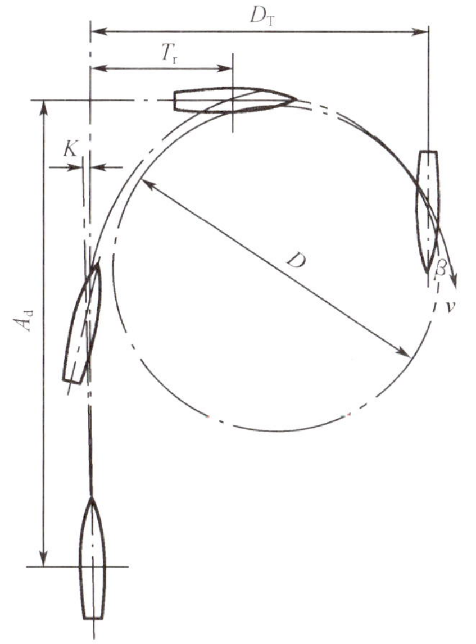

图 9-1 船舶回转时重心的运动轨迹

1. 回转运动的三个阶段

(1)转舵阶段

船舶从开始执行转舵命令起到实现命令舵角止的阶段(时间为 8~15 s),称为转舵阶段。舵角从 0°逐渐增大至命令舵角,同时产生舵力和回转力矩。如图 9-2 所示,若向右转一舵角,舵上受到一个指向左舷的水动力 P 作用。这个力在 y 轴上的分量 P_y 使船向左舷方向横移(反向横移)。在 x 轴上的分量 P_x 使船舶前进阻力增加,航速开始下降。舵力对船舶重心的力矩,迫使船舶向右舷回转。由于船的惯性很大而舵力较小,转舵阶段中漂角和回转角速度都很小,只有舵力起主要作用,船几乎是按原方向航行。

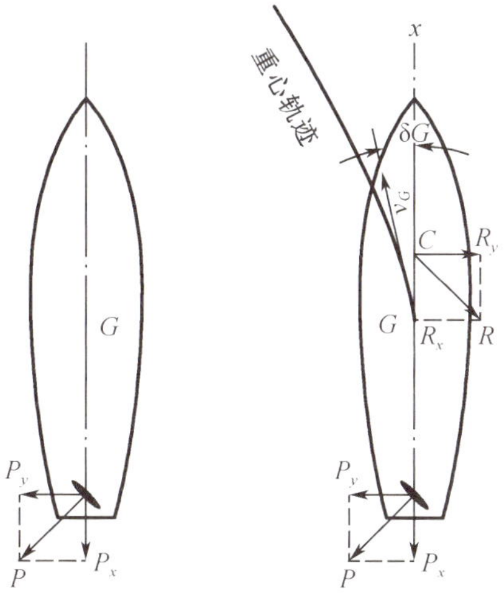

图 9-2 转舵

(2)过渡阶段

从转舵终止到船舶进入定常回转的中间阶段,称为过渡阶段。船舶在回转力矩的作用下,重心处的漂角和角速度不断增加,船体水动力迅速增大,在数值上超过舵力。这样,使船反向横移的加速度逐渐减小至零并改变方向,反向横移逐渐停止,而产生向回转一侧的正向横移。船首一直保持向右舷回转。

过渡阶段的主要特征是作用在船体上的水动力随时间而变化,所以船舶的运动参数也是随时间而变化的。

(3)定常阶段

在回转运动中,过渡阶段终了,船舶运动参数开始稳定,达到新的平衡阶段,称为定常阶段。在定常阶段中,作用于船体上诸力矩达到平衡,船以一定的角速度匀速回转,重心的轨迹呈圆形。

2. 回转圈的几何要素

(1)定常回转直径 D

在回转运动中,船舶进入定常阶段后的回转圈的直径称为定常回转直径。满舵条件下的定常回转直径称为最小回转直径。定常回转直径与船长的比值称为相对回转直径。

在船舶设计中,对各类船舶的定常回转直径都有一定要求。回转性好的船,最小相对回转直径为 3 m 左右,回转性差的船为 10 m 左右,大多数船为 5~7 m。各类船舶的最小相对回转直径的大致范围见表 9-1。

表 9-1 各类船舶的最小相对回转直径的大致范围

船型	最小相对回转直径/m	船型	最小相对回转直径/m
驱逐舰	5.0~7.0	大型客货船	5.0~7.0
大型货船	5.0~6.5	中型客货船	4.0~5.0
中型货船	4.0~5.0	油船	3.5~7.5
一般小型船	2.0~3.0		

(2)战术直径 D_T

艏向改变 180°时,其重心距初始直线航线的横向距离称为战术直径。它是军舰回转性的重要指标,一般 $D_T=(0.9\sim1.2)D$。

(3)纵距 A_d

艏转舵开始时的船舶重心沿初始直线航向至艏向改变 90°时的船舶重心间的纵向距离称为纵距。

纵距的大小可用来表征船舶的回转性和跟从性。纵距越小,表示船的定常回转半径小(即回转性好),以及船舶在操舵后进入新的稳定运动状态快(即跟从性好);反之,纵距大,则船舶回转性和跟从性差,或其中一个特性很差。

当然一艘回转性好跟从性差的船,其纵距可能和另一艘回转性差跟从性好的船非常接近。根据不同类型的船舶,纵距大致为 $A_d=(0.6\sim1.2)D$。

(4)正横距 T_r

船舶转艏90°时,其重心至初始直线航线的横向距离称为正横距。

(5)反横距 K

船舶离开初始直线航线向回转中心的反侧横移的最大距离称为反横距。

通常 $K=(0\sim0.1)D$。

反横距是一个很重要的特征参数。例如在两船相遇时,由于两船的距离很近,若两船同时操舵避让,则两船可能突然靠拢而发生碰撞,这正是两船同时产生反横距的结果。内河船舶在狭窄航道中回转时,反横距也是一个重要参数。

船舶做回转运动时,在某一瞬时,船舶中纵剖面上各点的速度大小和方向是不同的。中纵剖面上漂角为零的点,即在该点上速度的方向与中纵剖面相一致,横向速度为零,称为回转枢心,图9-3中的 P 点即为回转枢心。船舶的回转运动可以分解为沿 x 轴的前进运动和绕回转枢心的自转。位于回转枢心 P 点操纵船舶可方便地观察到船舶的前进运动,该点是驾驶台位置的最佳选择。

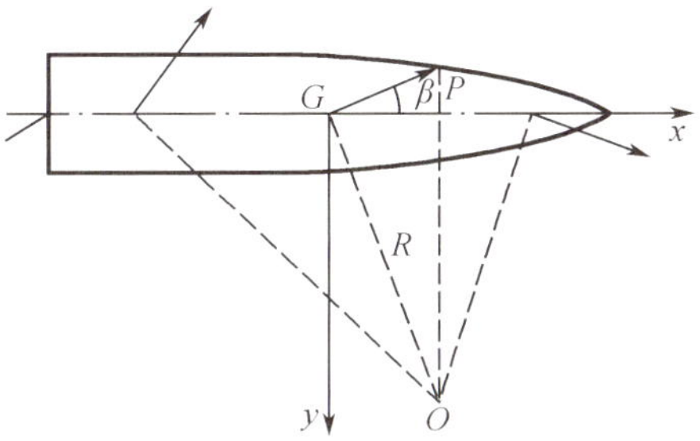

图9-3　船舶回转枢心

通常漂角是比较小的,因此可以得出:

$$\overline{GP}=R\sin\beta=R\beta$$

在定常回转阶段,由于 R 和 β 保持不变,因此枢心的位置也保持不变,通常位于船首与离船首 $L/4$ 处之间。因为较小的回转半径 R 伴随较大的漂角 β,而大的回转半径 R 伴随较小的漂角 β,因此不同的船或者同样的船在不同回转半径条件下,枢心位置的变化是不大的。

二、船舶回转时的横倾

船舶在回转时,作用在船体上的力有:舵上水压力的横向分力 P_y,流体动力的横向分力 R_y 和离心惯性力的横向分力 F_y。由于各力的作用点不在同一高度而形成了横倾力矩,使船舶横向倾斜。这种倾斜有时造成严重后果,必须引起注意,尤其是高速船,情况更为严重。

船舶横倾方向及横倾角大小与船舶所处的回转阶段有关。船舶横倾时分为两个阶段。

1. 横倾的第一阶段——向内倾斜

船舶在船舶回转的转舵阶段,由于漂角很小,作用在船体上的流体动力 R_y 可略去不计,只需计算作用在舵上水压力所产生的横向分力 P_y(作用点在舵叶面积中心 B 点)和离心惯性力的横向分力 F_y(作用点在船舶重心 G 点)。

由于转舵阶段，在力 P_y 作用下，船舶向回转的外侧移动。回转曲线的曲率中心在船舶回转的外侧。船舶的离心惯性力的横向分力 F_y 指向回转的内侧，如图 9-4 所示。此时在二力所形成的力偶作用下，船舶向回转的内侧横倾。由于转舵阶段时 P_y 很小，所以横倾角 φ 也很小，而且向内倾斜持续的时间也极短。

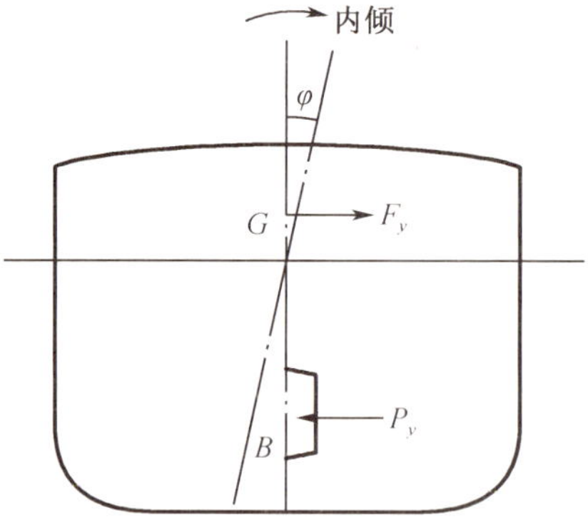

图 9-4　船舶回转时的内倾

2. 横倾的第二阶段——向外倾斜

如图 9-5 所示，船舶在过渡阶段，随着漂角 β 增大，作用在船体上的流体动力 R_y 逐渐增大到不能忽略的地步。R_y 的作用点可以近似认为作用在吃水的一半 $d/2$ 处的 E 点。

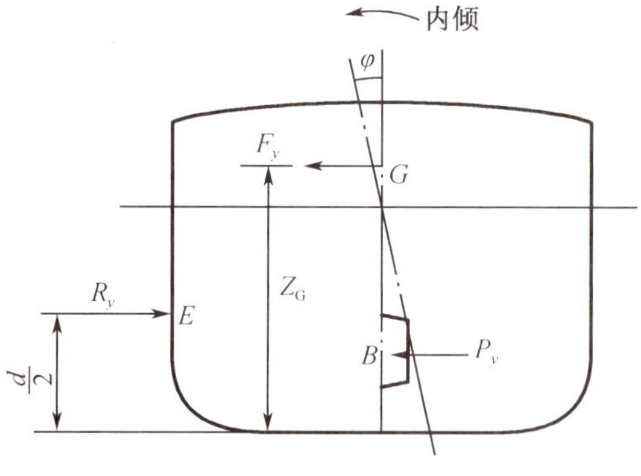

图 9-5　船舶回转时的外倾

当流体动力的横向分力 R_y 对船舶重心 G 的力矩，大于舵压力 P_y 对于重心 G 的力矩时，船舶即由向内倾斜变为向外倾斜。

由于在过渡阶段中漂角总是不断增大，因而 R_y 的值也是不断增大的，所以船舶向外倾斜的横倾力矩也不断增大，当船舶达到稳定回转阶段时，漂角达到最大值，使横向流体动力 R_y 及横倾力矩也达到最大值，故横倾角为最大。

船舶的离心惯性力横向分力 F_y 随着船舶重心轨迹曲率的变化而变化。从过渡阶段起，惯性力方向指向回转内侧改为指向回转外侧。

横倾角 φ 的大小取决于航速 v、回转半径 R、稳心高度 G_M、重心高度 Z_G 和吃水 d 等因素，其中航速 v 影响最大。这就是高速船在回转时应特别注意横倾现象的原因。

最后，还应指出，船舶在定常回转阶段中，舵上的水压力 P_y 的作用是减少船舶横倾的；但若在船舶回转过程中，突然将舵转至相反的方向，这时力 P_y 将突然改变方向，其作用将变为增大船舶的横倾。因此船舶的横倾角将增大，甚至会引起危险，为了防止转舵时过大的横倾危险，需要采取以下措施：

①在力求增大稳心高度的同时，要采取措施防止自由液面和货物的移动。

②减低航速，缓缓操舵，用小舵角进行回转，尽量增大回转直径。

③应选择可使风浪的作用力矩与舵产生的船舶最大横倾能够错开的时机操舵。

第三节　改善操纵性的措施

为了使船舶具有良好的操纵性，以保证航行安全，对于设计工作者来说，可以从以下三方面着手：

①舵的正确设计；

②船体主要尺度和型线的正确选择；

③设计特种操纵装置。

一、舵的设计

当船体的形状和螺旋桨决定之后，舵是影响操纵性的主要因素。船舶无论是维持航向或者改变航向，都需要靠操舵来完成。为了满足船舶对操纵性的要求，要使舵设备经济、可靠、耐用，所以在舵设计中应合理选择舵的几何要素，使所设计的舵质量轻、体积小、舵机功率小、抗沉性好，并有较适宜的转船力矩和灵敏的舵效应。

二、船舶主尺度和形状对操纵性的影响

船舶主尺度和型线通常不是根据操纵性的要求设计的，而是由诸如快速性、稳性等因素选择的。但是，如果在设计中考虑对操纵性的影响，将会使船舶的航行性能更为完善。

1. 船长（水线长 L_{WL}）

在船舶主要尺度中，对操纵性的影响主要是船长。一般说来，船越长，定常回转直径越大，回转性能越差。

在实际的航行过程中，定常回转直径的大小很重要。因为船舶是否能在狭窄航道中转向，能否绕过一定距离处的障碍物等都取决于回转直径的大小。随着船长的增加，将给操船带来困难。

2. 主尺度比

①随着 L/B 增加，船舶的直线稳定性有所提高，而回转性变差，定常回转直径增加。

②B/d 增加，船舶扁而宽，回转性有所提高。

但由于船的横向阻力、回转阻尼减小，因此在风浪中船舶不易操纵。同时如果吃水过

小，舵的沉没深度受到限制，使得舵的展弦比过小，舵效较低。

3. 方形系数 C_B

方形系数 C_B 增加，船的直线稳定性变差，回转性提高。

4. 纵中剖面面积

船体形状对操纵性的影响主要是船尾水下部分纵中剖面的形状。艉部纵中剖面的面积增加，有利于提高航向稳定性，使回转性能变差。实践表明，艉部纵中剖面的面积和船尾型的微小变化对船舶的操纵性都有明显的影响。

为了提高船舶的航向稳定性，可以采取增加艉部纵中剖面的面积，使纵中剖面的面积形心后移。例如，增加艉呆木，增加艉倾，切去前踵等。如果上述措施仍不能满足航向稳定性的要求，可在艉部两侧加装艉鳍。

为了提高船舶的回转性，可减小艉呆木或在呆木上开孔，对于设有中舵的船舶可以不用艉呆木。但还需要保证船舶要具有一定的航向稳定性。

5. 艉部形状

船舶的艉部形状不仅对快速性有很大的影响，对操纵性影响也很显著。

若干试验表明，一般形式的巡洋舰船尾，回转力矩比普通船尾的回转力矩大 25%左右。对于单桨船，艉框不宜过大，过大将使回转力矩明显下降。如果纵中剖面的面积不变，后体丰满度的增加，即采用 U 形剖面，回转力矩减少，可以提高船舶的回转性。

6. 艏部形状

为了提高静水航速，很多船装有球艏，它相当于增加了中纵剖面艏部面积，使直线稳定性变差，提高了回转性。球艏的安装，特别是突出量比较大的球艏，可以大大改善船舶倒航的直线稳定性。

艏部形状对操纵性的影响并不显著，只有像破冰船那样，前踵切去很多，对回转性才产生明显的影响，使定常回转直径加大，倒航稳定性变坏。

二、舵对操纵性的影响

舵的作用是由舵上产生的舵压力提供使船舶回转的力矩。回转力矩愈大则表示回转性愈好。影响回转力矩的因素除了舵面积的选择外还与其他的因素有关，如：

1. 航速

在航行中，影响操纵性的重要因素之一是航速。航速越高，舵压力及回转力矩就越大，故回转性越好。但航速过高会使横倾角增大。

2. 舵的布置

舵布置得离船舶重心尽可能地远，以增大回转力矩的力臂值，从而改善船舶的回转性能。舵是处在螺旋桨的艉流中工作，受到螺旋桨诱导速度影响，将增加舵效率而改善船舶的回转性能。

3. 特种操纵装置

长期以来，为了提高推进效率，改进船舶操纵性能，曾在各种不同类型的船舶上广泛采用各种型式的操纵装置。这些操纵装置不同于普通舵的装置，称为特种舵。按其工作特点大致可以分为下述三类：

(1)推进、操纵合一装置

属于这一类的有平旋推进器、转动导管、Z 形推进器(亦称回转式推力器)及各种喷水推进器等。它们主要是从推进的角度进行设计，兼顾操纵性的要求。

海船一般不采用平旋推进器,它只用于个别的港口浮动建筑物上及短途运输的小型渡船上。转动导管基本上用于拖船以提高牵引力,也有的用于渔船和救生艇,只在少数情况下用于运输船。喷水推进器主要用于内河浅水船上。在消防船、港作船上采用 2 个 Z 形推进器,操纵非常灵活。

(2)主动式转向装置

当船舶处于系泊状态或低速航行状态时,能使船获得足够的转船力矩的操纵装置,诸如转柱舵、主动舵和侧推器(亦称固定式推力器,常位于艏部)等。

它们在操纵机构上都有附属的能源装置,故称为主动式转向装置。

(3)特种舵

在普通舵的基础上进行适当的改造,如鱼尾舵、襟翼舵、反应舵、整流舵及麦鲁舵等,属于被动式特种舵。

随着科学技术的发展和对操纵性的更高要求,近年来主动式转向装置和特种舵迅速发展。特别在多种类型的内河船上安装的特种操纵装置表明,无论是推进性能还是操纵性能都有很大的提高。这些特种操纵装置有些结构并不复杂,成本也不高,但效果显著,因此应广泛推广。

下面分别介绍几种常见的操纵装置。

(1)转柱舵

在水中高速旋转的圆柱体可以在垂直于水流及旋转轴的方向产生很大的升力。在普通舵的前缘安装一圆柱,用电机带动,需要时可以高速旋转,称为转柱舵。如图 9-6 所示。

(2)主动舵

在流线型舵叶中部的后缘装一个带短导管的小螺旋桨,驱动电机装在舵体内。转舵时,小螺旋桨随舵一起转动,其推力与舵力的侧向分量一起对船起控制作用。如图 9-7 所示。

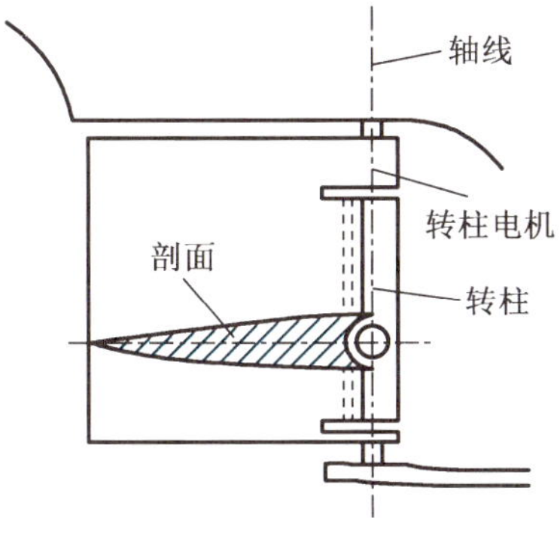

图 9-6　转柱舵

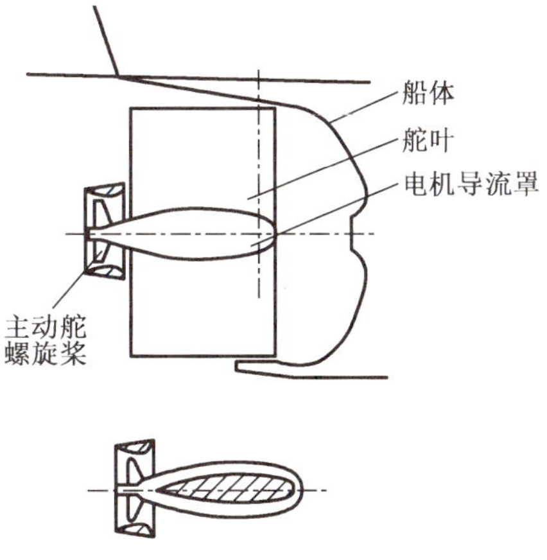

图 9-7　主动舵

(3)侧推器

利用安装在船体首、尾端的水泵或在左右舷贯通管道中的螺旋桨横向喷射出水柱所产生的侧向反作用式推力，使船转向的装置，称为侧推器。如图 9-8 所示。

(4)鱼尾舵

它是在普通流线型舵的后缘加装一组楔形板和艉封板而成。转舵后，鱼尾舵后缘使舵叶后部的水压力加大，明显地提高舵效，同时使压力中心后移。但鱼尾舵的前进阻力会增加，并且使舵的倒航性能变坏。如图 9-9 所示。

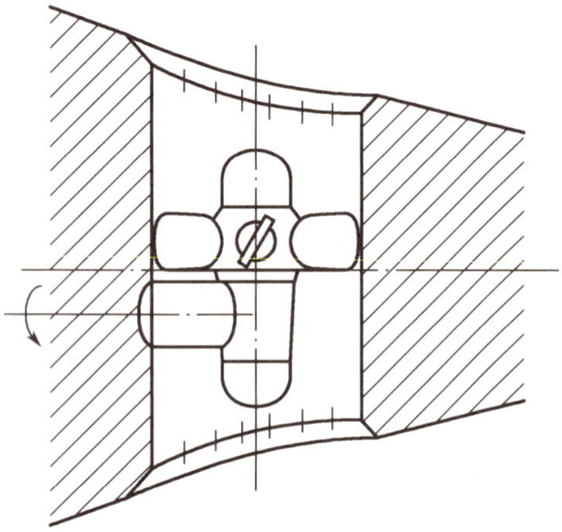

图 9-8　侧推器

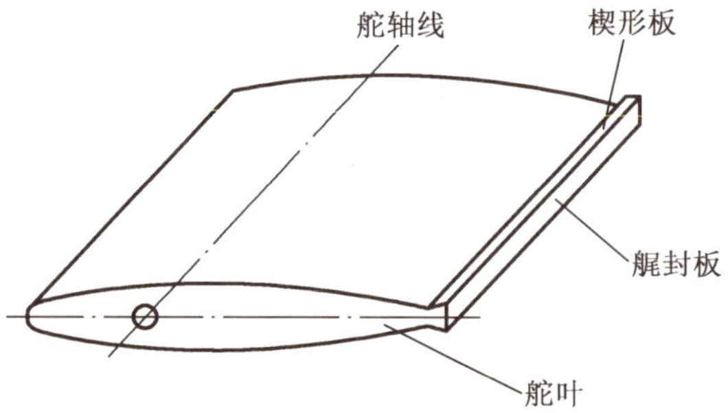

图 9-9　鱼尾舵

(5)襟翼舵

在普通流线型舵的后缘再接一个小的流线型舵，即襟翼。转舵时襟翼也可相对于主舵转动，因此转角比主舵大。如图 9-10 所示。

(6)反应舵

舵叶的前部以螺旋桨轴线为界，上、下端向左右舷相反方向扭曲，具有整流作用并能吸收螺旋桨艉流旋转能量的舵，称为反应舵。如图 9-11 所示。

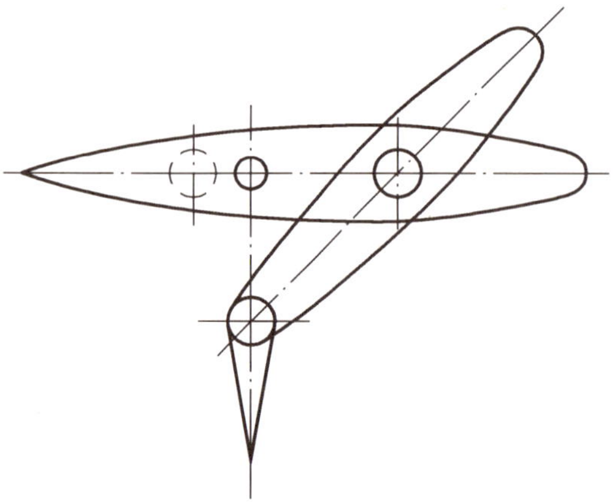

图 9-10　襟翼舵

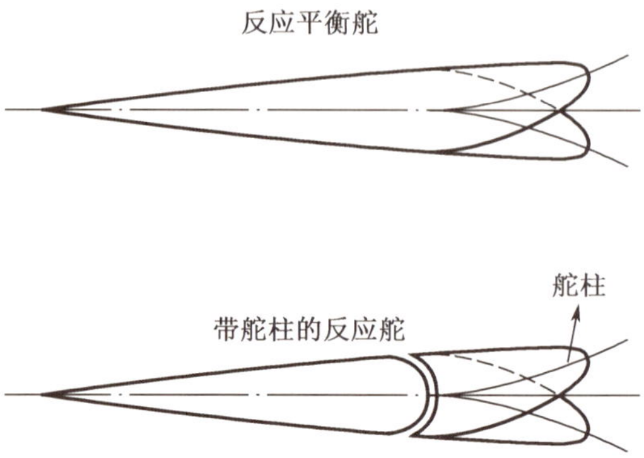

图 9-11　反应舵

(7)整流舵(亦称导流罩舵)

在普通舵的舵叶中部位于螺旋桨轴线处装有回转体状的导流体,称为导流罩舵。如图9-12所示。

(8)麦鲁舵

在普通流线型舵叶的前后缘交叉焊很多的圆管,管的进口位于舵叶两侧,不封口。如图9-13所示。

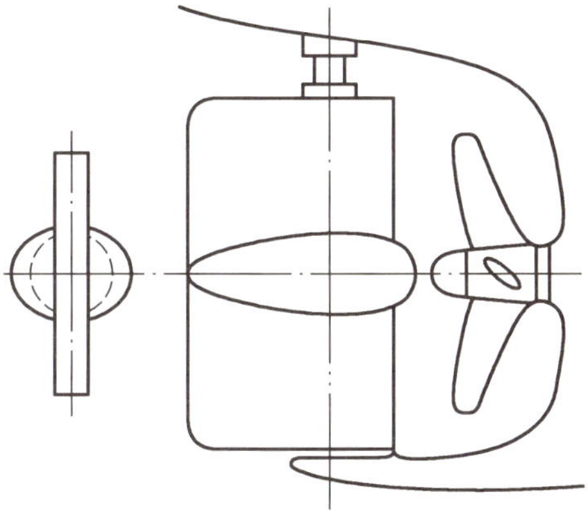

图9-12　整流舵(导流罩舵)

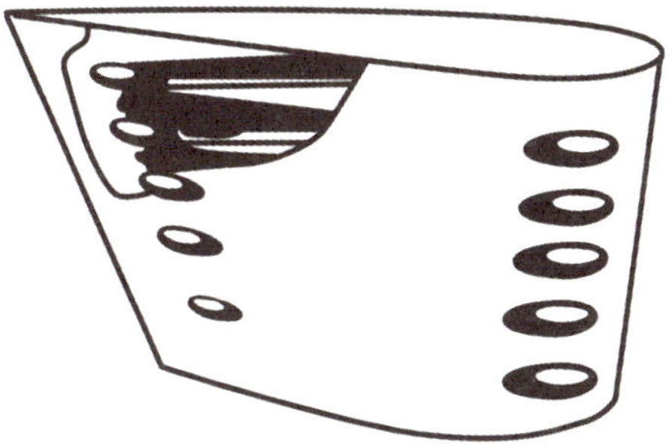

图9-13　麦鲁舵

思考与练习

一、简答题

1. 什么叫船舶操纵性?它包括哪些内容?有何要求?
2. 船舶操纵性与哪些因素有关?
3. 船舶回转运动的三阶段是怎样划分的?
4. 什么叫船舶的回转直径、进程、反向横距?
5. 改善船舶操纵性的措施有哪些?

二、判断题

1. 船舶应舵转艏及迅速进入新的稳定运动状态的能力,称为回转性。(　　)
2. 船舶按照驾驶员的意图保持或改变其运动状态的能力,称为航向稳定性。(　　)
3. 舵是船舶主要的操纵装置。(　　)
4. 内河船舶和船队在狭窄的弯道水域内行驶时,其最重要的航行性能是航向稳定性。(　　)
5. 船舶在转舵阶段,向回转的内侧横倾。(　　)
6. 中纵剖面上漂角为零的点,即横向速度为零的点,称为枢心。(　　)
7. 提高船舶回转性的最为有效的措施是增大船长。(　　)
8. 船长吃水比越小,船回转越灵活。(　　)
9. 在船舶回转运动中,船舶浮心运动的轨迹称为回转圈。(　　)

10. 一般说来,船越长,定常回转直径越大,回转性能越差。 (　　)

11. 方形系数增加,船的直线稳定性变差,回转性提高。 (　　)

12. 航速越高,舵压力及回转力矩就越大,故回转性越好,同时横倾角减小。 (　　)

项目十

耐波性简介

● 学习目标

知识目标

1. 船舶摇摆对船舶的危害；
2. 船舶静水摇摆周期、波浪周期、波浪表观周期；
3. 船舶谐摇对船舶的危害及如何避免；
4. 减摇装置及减摇原理。

能力目标

1. 能计算船舶静水摇摆周期、波浪周期及波浪表观周期。

第一节 耐波性概述

一、耐波性（或称适航性）的概念

耐波性是船舶在风浪海况下航行时的运动性能，即船舶在风浪中遭外力干扰而产生各种摇荡运动，以及砰击、上浪、失速和飞车等时，仍能维持一定航速在水面上安全航行的能力。

船舶在波浪中的运动是不可避免的，问题在于如何防止船舶在波浪中发生过大的运动，保证船舶安全和维持其使用功能不受损害，这是船舶设计中要考虑的重要课题。

研究为什么船舶在波浪中会产生一系列运动的原因，是学习耐波性的首要目的；了解船舶在波浪中运动机理后，就可以探讨保证船舶在波浪中航行安全和维持其使用功能的措施，这是学习船舶耐波性的第二个目的。

二、波浪对耐波性的影响

在海上航行的船舶，像任何刚体一样，可以产生六个自由度的运动。

1. 船舶摇荡

船舶摇荡是波浪干扰引起的往复运动。其中，运动显著而影响严重的是横摇、纵摇和垂荡，它们是研究船舶摇荡运动的主要内容。运动形式的习惯名称如表 10-1 所示。

表 10-1　运动形式的习惯名称

坐标轴	转动		直线	
	单向运动	往复运动	单向运动	往复运动
x	横倾	横摇	前进或后退	纵荡
y	纵倾	纵摇	横漂	横荡
z	回转	艏摇	上浮或下沉	垂荡

产生何种摇荡运动形式取决于艏向与风浪传播方向之间的夹角，称为遭遇浪向。船的遭遇浪向如图 10-1 所示。所谓艏向是船舶首尾线指向船艏的方向，即坐标系中 Ox 轴的方向。当艏向与风浪传播方向相一致时，遭遇浪向为零度。

当遭遇浪向在左、右舷 0°~15°时称为顺浪。遭遇浪向在左、右舷 165°~180°时称为顶浪。顺浪和顶浪统称纵向对浪，纵向对浪主要产生纵向运动，它包括纵摇、纵荡和垂荡，其中主要是纵摇和垂荡。

遭遇浪向在左、右舷 75°~105°时称为横浪。横浪主要产生横向运动，它包括横摇、艏摇和横荡，其中主要是横摇。

遭遇浪向在左、右舷 15°~75°时称为艉斜浪。遭遇浪向在左、右舷 105°~165°时称为艏斜浪。艉斜浪和艏斜浪既产生纵向运动，也产生横向运动。

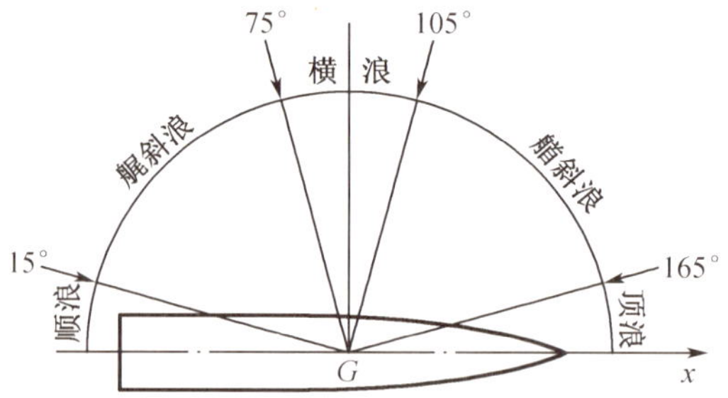

图 10-1　船的遭遇浪向

2. 砰击

由于严重的纵摇和垂荡，船体与风浪之间产生猛烈的局部冲击现象称为砰击。砰击多发生在船首部。砰击发生时艏柱底端或船底露出水面，然后在极短的时间内以较大的速度落入水中而发生猛烈的撞击。

3. 上浪

船舶在风浪中剧烈摇荡时风浪涌上甲板的现象称为上浪。上浪时船艏常常埋入风浪中，海水淹没艏部甲板边缘，甲板上水。上浪主要是由严重的纵摇和垂荡引起的。

4. 失速

它包括风浪失速和主动减速。风浪失速是指推进动力装置功率调定后，由于剧烈的摇荡，船舶在风浪中较静水中航行时航速的降低值。主动减速是指船舶在风浪中航行，为了减小风浪对船舶的不利影响，主动调低主机功率，使航速比静水中速度下降的数值。

5. 螺旋桨飞车

船舶在风浪中航行时，部分螺旋桨叶露出水面，转速剧增，并伴有强烈振动的现象称为螺旋桨飞车。

三、船舶航行的环境条件和耐波性之间的关系

船舶大多数情况都在风浪中航行，因此在设计中必须考虑船在风浪中的性能。

一般来说，在静水中诸如稳性、快速性优良的船舶，在有风浪的海面上耐波性不一定优良。有些船在风浪中的最大航速不是由主机功率决定，而是由船的耐波性决定的。

由此看来，耐波性的优劣是衡量船舶性能好坏的重要指标之一。

船舶耐波性和船舶摇荡显然不是一回事，但是船舶摇荡是耐波性的主要内容，耐波性所涉及的其他内容主要是由船舶摇荡引起的，因此估计船舶摇荡是评定耐波性最基本的条件。

一般来说，船舶摇荡较缓和，则耐波性也较优良。船舶航行的环境条件和耐波性之间的关系，可以用图 10-2 来表示。

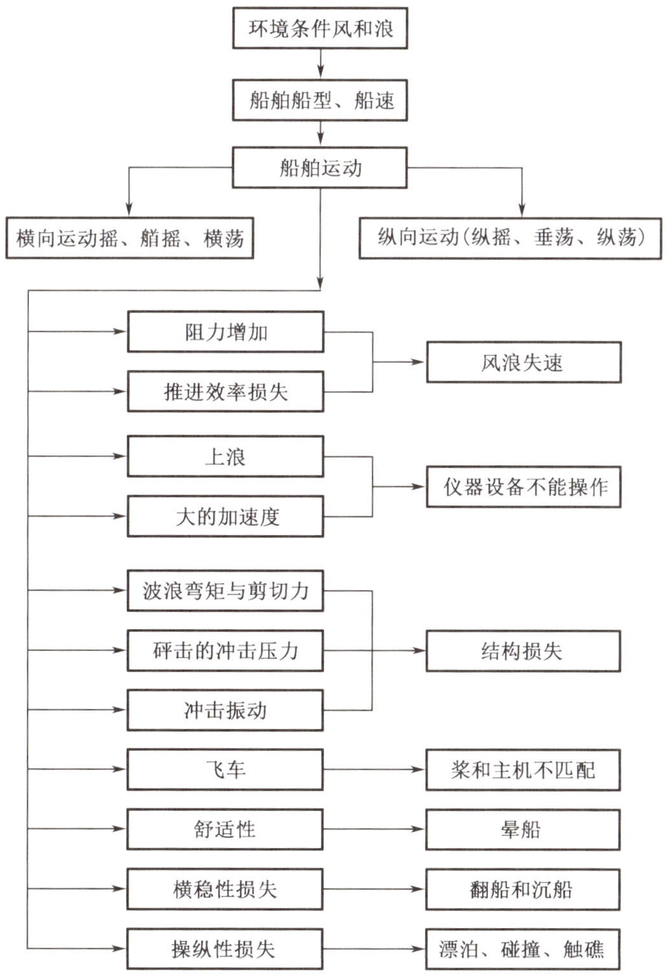

图 10-2　环境条件与耐波性之间的关系

剧烈的横摇、纵摇和垂荡对船舶产生一系列有害影响，甚至引起惨重后果，主要表现在以下三方面。

1. 对适居性的影响

船舶为了完成一定的任务，必须给乘员提供一个合适的环境，使他们能有效地进行工作。乘员的工作能力受两种运动特性的影响，即加速度和横摇幅值。加速度引起人们晕船。一般来说，发生晕船的频率随加速度增加而平行增加。横摇角影响人的运动能力。

2. 对航行使用性的影响

船员利用船上的全部设备，在预定的海洋条件下完成其规定使命的能力称为航行使用性。剧烈的摇荡对航行使用性产生极为不利的影响。由于纵摇和垂荡，使船舶造成失速，主机功率得不到充分利用。严重的砰击使船首部结构损坏，船体颤振。上浪使甲板机械损坏，给船员造成恶劣的工作条件。

螺旋桨飞车使主轴受到极大的扭转振动，主机突然加速和减速，损坏主机部件，推进效率降低。过大的摇荡使波浪负荷加大，可能损坏船体结构，甚至断裂。大的风和浪加上激烈的摇荡，给船舶操纵带来困难，使船舶难以维持或改变航向。

3. 对安全性的影响

当激烈的运动损坏了船舶的主要部件，如主机、螺旋桨、舵及导航设备等以后，船可能失去控制而造成惨重后果。大角度横摇可能使舱室进水、货物移动，由这些原因造成的海难事件是经常发生的。横摇降低了船舶的抗风能力，在风和浪的作用下，船舶出现了很大的横摇角。

第二节　船舶横摇

一、船舶在静水中的横摇

船在海上最易发生横摇，而且摇摆幅值最大，它影响船员生活和工作的各个方面。因此，总是希望设计横摇性能优良的船舶。

如图 10-3 所示，当船静止地漂浮在水面时，设想受到外力作用而倾斜一个角度，例如向一舷倾斜了最大横摇角度(称为最大摆幅)。当外力撤消后，船在回复力矩的作用下将使船复原，但由于惯性的作用，船继续由正浮时的位置向另一舷倾斜至最大摆幅角度。这时船又受回复力矩的作用，向正浮位置复原，由于惯性作用，又继续向对应的一舷倾斜。这样在回复力矩和惯性力的交互作用下，船舶绕 Ox 轴做往复摆动。这种摆动称为自由摇摆。

船从一舷横摇到另一舷，完成一个完整的摇摆过程后，回复到初始漂浮位置时所需要的时间称为横摇周期(自摇周期)。显然，若横摇周期大，则所需完成一个完整摇摆过程的时间长。这种情况，船舶的摇摆程度比较缓和，摇摆性能就比较好。反之，若船的横摇周期小，船就要发生剧烈的摇摆，其摇摆性就差。

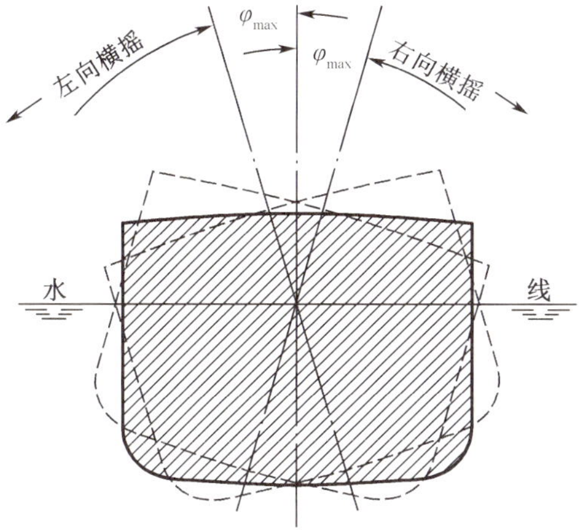

图 10-3　船舶在静水中的横摇

船在静水中横摇，若不计水对船舶横摇的阻尼作用，则横摇角与时间的关系是一条余弦曲线，如图 10-4 所示。

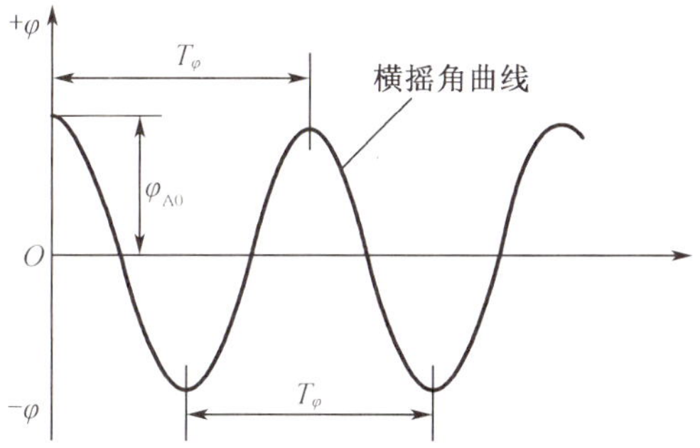

图 10-4　横摇角与时间的关系曲线

横摇周期为

$$T_\varphi = 0.58f\sqrt{\frac{B^2 + 4z_G^2}{\overline{GM}}}$$

船在静水中无阻尼横摇将有始无终，即开始横摇后就一直摇摆下去。实际上水对船舶横摇是有阻尼作用的，考虑了阻尼力矩作用后横倾角和时间的关系曲线如图 10-5 所示。在阻尼作用下横摇摆幅逐渐递减，最后恢复到正浮状态。

有阻尼的横摇周期略大于无阻尼的横摇周期。试验证明：

$$T'_\varphi = 1.005T_\varphi$$

由此可见，有阻尼和无阻尼横摇的周期实际上没有明显的差别。

二、船舶在波浪中的横摇

船舶在波浪中的摇摆可以当作在静水中的摇摆一样处理，所不同的是船舶在波浪中的摇摆是船舶相对于倾角做周期性变化的波面摇摆，船舶在静水中的摇摆是船舶相对于静止不动的水平面摇摆。因此讨论船舶在波浪中的摇摆除了考虑船舶本身的摇摆运动外，还需要同时考虑波浪的运动。

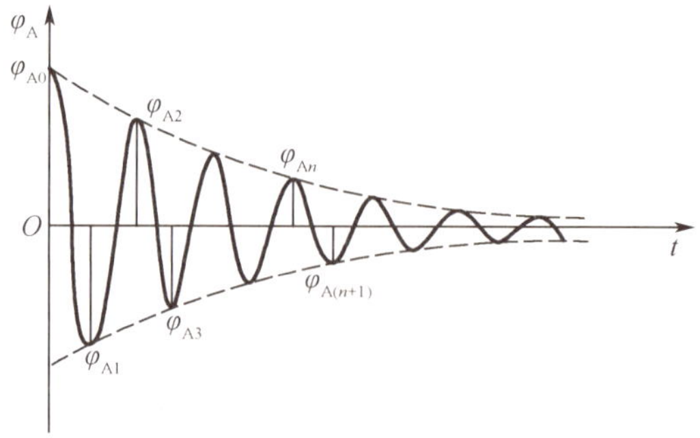

图 10-5　考虑阻尼力矩作用后横倾角和时间的关系曲线

如图 10-6 所示，海上波浪的波形有的是接近正弦曲线的正弦波，有的是接近摆线的坦谷波及其他不规则波。

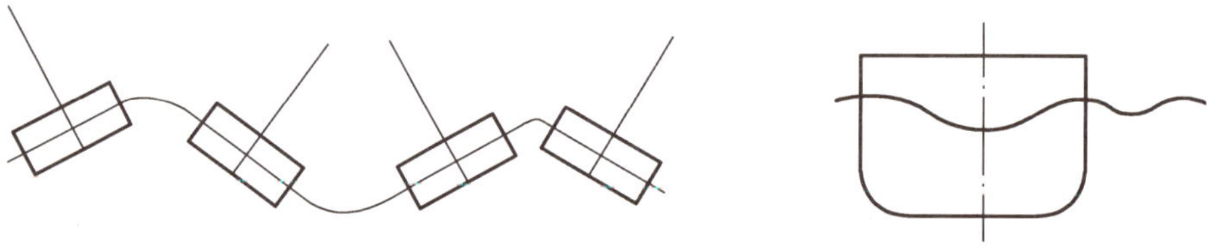

图 10-6　海上波浪的波形

关于船舶在波浪中的运动幅值的标准，不少学者进行过研究，但大都从某一船舶使用角度提出，只能说明某些情况或是某个实践的总结，因而未能获得一致的公认。如下几种建议可作为参考：

①为使救生艇和工作艇在风浪情况下能顺利下放到水面，通常要求横摇幅值不超过 15°。

②从对船上人员的身体运动能力的影响来看，横摇幅值不应超过 10°，相应的横摇周期应大于 5 s。

③为保证拖网渔船的正常工作，横摇幅值应不超过 10°。

④为保证直升飞机安全起飞和降落，应使横摇幅值小于 3°。

第三节　减摇装置

船舶摇摆对船舶的使用和航行性能确有较大的影响，为了减缓船舶的摇摆，在船上安装减摇装置,可以大大地改善船舶的摇摆性能。

不同的减摇装置虽在形式和结构上有很大的差别,但减摇原理基本相似,都是用产生稳定力矩的方法,以减小摆幅和增大周期达到缓和摇摆的目的。

各种类型的减摇装置名目繁多,根据减摇原理和控制方法,减摇装置可分成两种基本形式:被动式和主动式。被动式减摇装置靠船舶本身摇摆时产生的能量来工作,它不需要消耗额外的功率;主动式减摇装置依靠专门机构给减摇装置以工作能源,通常采用自动控制设备来进行操纵。

以下介绍几种常见的减摇装置。

一、舭龙骨

舭龙骨是由流体动力作用产生稳定力矩的一种被动式减摇装置。

舭龙骨在民用船上采用较普遍,其结构简单,效果好,造价低,结构形式为长条形板材,顺流线对称地安装于船体两舷舭部区域。当船舶摇摆时,舭龙骨产生阻力。这个阻力使摇摆速度减慢,摆幅下降,并使附连水质量惯性矩增大从而使摇摆周期增大。装舭龙骨能使摆幅减小 20%~25%。舭龙骨主要缺点是增加船舶航行阻力,并易受撞伤。

二、减摇鳍

减摇鳍是安装在船舶两旁伸出船外,可以转动其角度的两片水翼,也可以说是一种侧舵,在不使用时可将水翼收入船内。它根据船舶横摇时所提供的信号,通过自动控制调节水翼的冲角,使水对水翼产生流体动力而形成稳定力矩,以抵制船舶横摇。

减摇鳍的优点是质量轻,在各种波浪情况下都有极高的减摇效能。其缺点是必须设置动力、传动和控制装置,且其效能随着航速减低而急剧下降。

三、减摇水舱

减摇水舱是通过调节左右两水舱的水量,从而产生与波浪力矩反向的稳定力矩,好比重物横移,以达到减摇目的。

减摇水舱有被动式和主动式两类。被动式减摇水舱中的水在连通两舷水舱的连通管内自由流动,使两舷水舱中的水保持同一水平,水流经过连通管的流速用空气阀控制。主动式减摇水舱则须具备一套抽水设备及控制这套设备的自动调节装置,它是靠自动控制装置来调节水的流向和流量,以起减摇作用的。

减摇水舱的质量相当大,对小船为排水量的 3%~4%,对大船则为排水量的 1%~2%。被动式水舱的优点是构造和运用简单,但只在谐摇区才起减缓作用。主动式水舱可减缓各种情况下的船体摇摆,效率高,质量也较轻,不受航速高低的影响,但装置较复杂,成本较贵,且工作时也须消耗功率,需要安装一套较复杂的控制调节仪器。

四、回转仪减摇装置

回转仪减摇装置是利用陀螺产生的旋转力而产生的稳定力矩。陀螺仪以一定的结构形式固定在船上。

根据陀螺的原理，当它在高速旋转时，如受到外力作用会发生倾斜，陀螺产生的旋转力矩会使它回复到原来的位置。而陀螺仪是与船固为一体的，那么当船横向摇摆时陀螺当然也一起横向倾侧。由于陀螺的特性，它所产生的旋转力矩，就具有抵抗船舶横摇的能力，从而使船舶的摇摆减缓。

回转仪减摇装置优点是减摇效果灵敏，并能在各种情况下有效地减摇。缺点是设备价格昂贵，故一般船舶很少采用。

思考与练习

一、简答题

1. 什么叫横摇、纵摇、艏艉摇？什么叫升沉？
2. 船舶的剧烈摇摆，将会对船产生哪些不利影响？
3. 何谓摆幅、摇摆周期？
4. 无阻尼横摇周期怎样计算？
5. 常见的减摇装置分别有哪几种类型？

二、判断题

1. 船舶摇荡是波浪干扰引起的往复运动，其中横摇是一种单向转动。 (　　)
2. 一般来说，船舶摇荡较缓和，则耐波性也较优良。 (　　)
3. 一般来说，增大船宽对稳性有利，但对船舶的横摇不利。 (　　)
4. 若船的横摇周期小，船舶发生剧烈的摇摆，其摇摆性就差。 (　　)
5. 不同的减摇装置虽在形式和结构上有很大的差别，但减摇原理基本相似，都是用产生稳定力矩的方法，以减小摆幅和周期达到缓和摇摆的目的。 (　　)

参 考 文 献

[1] 盛振邦.船舶原理[M].上海:上海交通大学出版社, 2017.

[2] 刘雪梅.船舶原理[M].哈尔滨:哈尔滨工程大学出版社,2005.

[3] 刘应中.船舶兴波阻力理论[M].北京:国防工业出版社, 2003.

[4] 潘晓明.船舶原理[M].北京:人民交通出版社, 2007.

[5] 丁祖荣.流体力学[M].北京:高等教育出版社, 2018.

[6] 龚碧光.船舶操纵[M].大连:大连海事大学出版社,2008.